2訂版 事例ごとに モヤモヤ を解決！

査察お悩み相談室

弁護士 國重 愼二 著

東京法令出版

2訂版発刊にあたって

　初版は予想外の好評をいただき、版を新しくすることになりました。そこで、これを機に旧版を全面的に見直すこととし、法令の改正を反映させたほか、内容もより充実したものになりました。熟考の末に一部考えを改めたものもあります。なお、本版では、消防法令を「法」「令」「規則」と略称することとしました。

　また、消防大学校での講義の際に、査察の現場から問題提起されたテーマについて、考え方や対応等を、受講生の皆さんにお話をしておりますが、今回、版を改めるのを機会に、第6章として新たに1章を設け、提起された問題の中から重要と思われるテーマを30項目ほど選んで、内容を再検討し、より簡明に、かつ、分かりやすい形に整理して、読者の皆さんの参考に供することにいたしました。これら新しく加えた問題と合わせ、2訂版も引き続き査察担当の皆さんのお役に立てれば幸いに思います。

　今回も東京法令出版の浅野優香さんには大変お世話になりました。厚くお礼申し上げます。

　　　令和6年10月　　　　　　　　　　　　　弁護士　國重 愼二

はじめに

　数ある消防業務の中でも、査察業務は火災予防の観点から非常に重要な業務の1つといえます。また、警防業務や救急業務とは異なる、いわゆる「縁の下の力持ち」のような存在ともいえます。それであるがゆえに、査察の時に建物の責任者と頻繁に交渉をしたり、煩雑な事務手続の対応に追われたりすることもあるため、査察業務に苦手意識を持たれる方もいらっしゃるかもしれません。

　本書は『月刊消防』2016年5月号～2020年6月号までに連載された内容と、本書のための書き下ろし原稿を登載しています。実務でご苦労なさっている皆様にできるだけお力になれるような、現場で起こりうる事例を想定して執筆しました。

　『月刊消防』の連載を単行本化するにあたり、「名宛人をめぐる問題」「命令をめぐる問題」「証拠の収集をめぐる問題」「違反処理をめぐる問題」「告発をめぐる問題」「その他」と項目を分けて登載しています。読者の皆様は、目次からご自身がまさに今お知りになりたい項目を探してご参考にしていただければと思います。また、さまざまな事例を登載していますので、お時間のある方は是非初めから読んでみてください。

　「消防法の観点からみて、この指導はOKなのか」

　「この場合の名宛人は誰なのか」

　時には先輩や同僚に相談しても解決できない、又は自信を持って指導できない時もあると思います。そんな時に本書を開いていただき、解決の糸口が見つかれば幸いです。

　最後に、本書の刊行にあたり、東京法令出版の浅野優香さんには、本書の企画から出版に至るまで、きめ細やかなお世話をいただきました。紙面を借りて厚くお礼申し上げます。

　　令和3年2月　　　　　　　　　　　　　　弁護士　國重　愼二

凡　例

・目次において掲載頁の左側に表記した印については、次のとおりです。

名宛人	名宛人をめぐる問題についても書かれています。
命令	命令をめぐる問題についても書かれています。
証拠	証拠の収集をめぐる問題についても書かれています。
違反処理	違反処理をめぐる問題についても書かれています。
告発	告発をめぐる問題についても書かれています。
その他	第1章〜第5章には分類されない問題についても書かれています。

・本書で引用する判例集については、次のように略記しています。

【判例集略称】

民集	最高裁判所（大審院）民事判例集
刑集	最高裁判所（大審院）刑事判例集
行裁例集	行政事件裁判例集
判時	判例時報
判タ	判例タイムズ

・本書で引用する消防法令については、次のように略記しています。

法	消防法
令	消防法施行令
規則	消防法施行規則

・令和4年6月17日法律第68号により、「懲役」は「拘禁刑」に改正され、令和7年6月1日から施行されるため、本書内では「拘禁刑」としました。

目　　次

第1章　名宛人をめぐる問題

第 1 回　老人ホームの備品への防炎物品使用命令の名宛人 …………　命令　 2

第 2 回　区分所有建物における自動火災報知設備の設置命令の
　　　　名宛人等 …………………………………………………………　 6

第 3 回　建築基準法に違反した区分所有ビルの是正指導 …………　違反処理 10

第 4 回　相続財産清算人を名宛人とできるか …………………………… 14

第 5 回　管理組合が存在しない違反建物の名宛人 ……………………… 18

第 6 回　消防法違反の建物賃貸借をめぐる諸問題 ……………　違反処理 22

第 7 回　名宛人が判断能力を欠く場合の対応 …………………　告発　 28

第 8 回　所有者、経営許可者、実質経営者が異なるホテルの名
　　　　宛人 ………………………………………………………………… 32

第 9 回　建物のマスターリース契約における名宛人と賃借人の
　　　　地位の承継 ………………………………………………………… 36

第10回　法人における消防用設備等の設置命令及び防火管理者
　　　　の選任命令の名宛人 ……………………………………………… 40

第11回　破産をめぐる当事者の変動と警告の要否 ……………………… 44

第12回　譲渡担保権が設定されているホテルのスプリンクラー
　　　　設備の名宛人 ……………………………………………………… 49

第2章　命令をめぐる問題

第 1 回　命令の効力と標識の撤去 …………………………………　違反処理 54

第 2 回　履行期限前の用途の消滅 ………………………………………… 59

第 3 回　命令発令後の所有者の変動 ……………………………………… 63

第 4 回　違反是正命令の要否・名宛人 …………………………………… 67

第 5 回　命令書の交付に関する問題事例（その 1 ）………………………… 71

第6回	命令書の交付に関する問題事例（その2）…………………………	73
第7回	消防用設備等の不備に対する使用停止命令の発令要件 …………	76
第8回	屋内階段室にある存置物件への対応 ……………………………	80
第9回	点検・整備等をめぐる諸問題 ……………………………………	84

第3章　証拠の収集をめぐる問題

第1回	親が所有し子が占有する防火対象物への是正措置 ……………………………… **名宛人** **命令**	90
第2回	服役中の受刑者への是正措置と破産した場合の名宛人 …… **名宛人**	97
第3回	質問調書の作成をめぐるよくある疑問 …………………………	100
第4回	電話による質問調書の有効性 ……………………………………	105

第4章　違反処理をめぐる問題

第1回	違反是正の適用条項と除去予定建物への是正措置 ………………	108
第2回	破産した法人の危険物対策 ………………………………………	112
第3回	規制的行政指導 ……………………………………………………	116
第4回	特例認定取消し前の認定取下げの取扱い ………………………	120
第5回	消防用設備等の点検をめぐる問題 ………………………………	124
第6回	適法な防火対象物への行政指導 ……………………… **その他**	128
第7回	技術基準に沿って建物構造を変更するよう指導することの可否 ……………………………………………… **その他**	134
第8回	用途変更、増改築不明な防火対象物への対応 …………………	138
第9回	確認申請を受けていない建築物に対する消防用設備等設置指導	143
第10回	不動産競売をめぐる消防の対応 …………………………………	145
第11回	瑕疵のある危険物施設の設置許可をめぐる違反処理 …………	149
第12回	福祉施設の入居者に対する使用停止命令・退去勧告の当否 ……………………………………………… **その他**	154

2

第13回	防火管理者未選任のマンションへの対応	‥‥‥‥‥		160
第14回	マンションのベランダにあるサンルームへの消防対応 ‥		命令	164
第15回	標識設置拒否への対応と標識損壊の刑事責任	‥‥‥‥	その他	168
第16回	区分所有建物の点検未実施に対する消防対応	‥‥‥‥	命令	172
第17回	危険物の判定方法、弁明手続、代執行及び告発をめぐる問題 ‥‥‥‥‥‥‥‥‥‥‥‥‥‥‥‥‥‥‥‥‥‥‥‥			176

第5章　告発をめぐる問題

第1回	命令事項が消滅した場合の告発の当否	‥‥‥‥‥		182
第2回	規定違反事項が消滅した場合の告発の当否	‥‥‥‥‥		184
第3回	立入検査を拒否し続けている事案への対応	‥‥‥‥	証拠	187
第4回	非特定防火対象物の立入検査拒否への告発	‥‥‥‥‥		190
第5回	高齢で認知症と思われる者への告発の当否	‥‥‥‥‥		192

第6章　現場から寄せられた問題

第1回	居酒屋の前の廊下にある放置物件への措置命令の名宛人 ‥		名宛人	200
第2回	履行期限の設定のない命令の効力とその処理	‥‥‥‥	命令	203
第3回	命令の失効と催告との関係	‥‥‥‥‥‥‥‥	命令	205
第4回	機能従属部分を有する主たる用途部分の変動と命令の効力 ‥‥‥‥‥‥‥‥‥‥‥‥‥‥‥‥‥‥‥‥‥‥		命令	207
第5回	警告後命令前の再実況見分の要否	‥‥‥‥‥	証拠 違反処理	210
第6回	消防同意における同意事務審査基準の法的性質	‥‥‥‥‥		213
第7回	消防同意の瑕疵と同意した消防機関及び確認をした建築主事の責任 ‥‥‥‥‥‥‥‥‥‥‥‥‥‥‥‥‥‥‥			215
第8回	防火管理者は所有者の承諾なくして物品を移動できるか ‥		違反処理	218
第9回	統括防火管理と個別防火管理が重複した場合の対応 ‥‥‥‥‥‥‥‥‥‥‥‥‥‥‥‥‥‥‥‥		名宛人 命令	220
第10回	防炎性能表示以外の方法による性能確認	‥‥‥‥‥	違反処理	223

第11回	一部未使用建物に対する本則規定適用の当否	226
第12回	空室を無用途として取り扱うこと及び延べ面積から控除することの可否	違反処理 228
第13回	消防検査と現場確認の要否	違反処理 231
第14回	廃校を避難所とする防火対象物に対する設備の要否	違反処理 233
第15回	消火活動上必要な施設等を破損した場合の責任	235
第16回	用途の解釈・運用を変更した場合の取扱いと法的問題点	違反処理 238
第17回	居住権の主張と違反処理の制約	違反処理 241
第18回	複数の出入口のある特定一階段等防火対象物への対応	243
第19回	非特定防火対象物に係る消防用機械器具等の型式失効に対する対応の要否	246
第20回	権原者不明の地下タンク貯蔵所への消防対応	違反処理 249
第21回	判断能力が著しく不十分な本人、及びその長女や保佐人に対する是正指導	違反処理 名宛人 252
第22回	賃貸借で設備設置に争いがある場合の行政指導	違反処理 名宛人 255
第23回	工事中の対象物に対する是正指導の当否とその限界	違反処理 259
第24回	令第32条の特例適用の対象	262
第25回	令第32条適用とパッケージ型消火設備の関係	違反処理 264
第26回	点検報告期間の緩和に令第32条を適用できるか	違反処理 266
第27回	再告発と一事不再理との関係	命令 告発 268
第28回	消防用設備等設置届出書の作成と行政書士法との関係	271
第29回	建物図面、着工届出書を開示できるか	273
第30回	市境界線をまたいだ河川敷上での花火大会に対する指定催しの指定	違反処理 276

第7章　その他

第1回	消防の不作為の責任	280
第2回	公表制度の運用をめぐる問題（その1）	287
第3回	公表制度の運用をめぐる問題（その2）	291

第4回	有料老人ホームの用途区分について	295
第5回	消防活動の不備による再燃火災と失火責任法適用の有無	299
第6回	非特定防火対象物の危険性の判定	303
第7回	消防法上の命令に対する聴聞・弁明の機会の付与	306
第8回	立入検査時における警察官の立会い等について	311
第9回	店舗関係者による制服での立入検査等へのクレームについて	313

項目別！予防のモヤモヤを解決!!

「名宛人」のモヤモヤ

1	所有を裏付ける公的資料がない場合の名宛人の特定	318
2	固定資産税の納税義務者と名宛人	319
3	医院開設者と院長が異なる場合の名宛人	320
4	賃借人が名宛人となる契約条項	321

「命令」のモヤモヤ

1	立入検査拒否者に対する命令の発令	322
2	警告、命令、再警告、再命令の当否	323
3	当事者の死亡と既出命令の取扱い	323
4	階段への物件存置と法第5条の3の要件	324
5	命令解除通知書面の要否	325
6	判断能力を欠く者への命令が無効となる場合	325

「証拠収集等」のモヤモヤ

1	代理人に対する質問調書の可否	327
2	シヤチハタ印の当否	327
3	デジタルカメラと改ざん防止機能の当否	328
4	作成図面の署名者	329
5	認知症り患者に対する質問調書	330
6	消防作成図面の効力等	330

| 7 | 面談困難なケースでの質問調書作成の要否 | 332 |
| 8 | 建築部局見解を書面化することの当否 | 332 |

「違反処理」のモヤモヤ

1	実況見分、質問の拒否	334
2	違反を認めている場合の処理	334
3	防火管理義務のない建物への対応	335
4	使用していない工場への是正対応	336
5	協力に消極的な建築部局への対応	337
6	建築基準法違反が併存する場合の消防対応	338

「その他」のモヤモヤ

1	名宛人と連絡がつかない場合の対応	339
2	配達証明と内容証明の取扱い	340
3	令第35条をめぐる告示と訓令	341
4	異なる字体の使用基準	342
5	市が町から事務を受託した場合の消防事務の継続	342
6	工事着手届出による措置留保中の火災責任	343
7	違反店舗の利用回避を促す署内メールの当否	344
8	消防同意の瑕疵と国家賠償	345

第1章　名宛人をめぐる問題

第1章　名宛人をめぐる問題

第1回　老人ホームの備品への防災物品使用命令の名宛人

有料老人ホームに防災物品の使用を命令する場合、命令対象は誰になるのでしょうか。

命令対象について、説明していきましょう。

A社会福祉法人の経営する有料老人ホームの各入居者の個室内には、カーテンや絨毯が設備されていますが、これらの防炎対象物品には防炎処理がなされていません。

Q1 防炎物品の使用を命令する場合、その名宛人をA社会福祉法人である施設事業者と入居者個人のいずれとすべきでしょうか。

A1 施設事業者が防炎性能の保持義務者です。

1　有料老人ホームと入居者の地位

　有料老人ホームは、老人を入居させ、入浴、排せつ若しくは食事の介護、食事の提供又はその他の日常生活上必要な便宜の供与をする事業を行う施設ですが（老人福祉法第29条第1項）、養護老人ホームや軽費老人ホーム等と異なり、行政の指導は受けるものの、老人福祉法上は老人福祉施設とはされていません（同法第5条の3）。したがって、入居の形態については、施設事業者と入居者との間の入居契約によることとなりますが、この契約によって入居者は、入居一時金等の費用を支払って、原則として、個室及

びホーム内の各施設に対する終身利用権を取得するものとされているのが一般的のようです。

　入居者の個室にある畳、障子、ふすま、カーテン、絨毯等の備品については、入居時には全て施設側の所有ですが、入居後に取り替えたり、張り替えたりした場合の費用については、入居契約により施設側で負担するものと入居者側で負担するものがあり、ケースによって様々です。しかし、入居者が費用を負担した場合の備品の所有権は、入居者に帰属するとみるのが相当でしょう。

2 性能保持義務者と関係者

　消防法は、こうした有料老人ホームが使用する一定の物品は、一定の基準を満たした防炎性能を有するもの（これを「防炎物品」といいます。）でなければならない、と規定しています（法第8条の3第1項、第2項、令第4条の3第1項、第3項）。入居者の個室にある備品のうち、カーテンと絨毯は、この防炎物品に該当しますので、所定の防炎性能を有するものでなければなりませんが、消防法は、防炎性能の保持義務者について直接には規定していません（法第8条の3第1項）。しかし、同項は、防炎物品の使用に関わるものとして規定していますが、この使用すべき者を特に限定してはいませんので、同物品を使用する者全員を防炎性能の保持義務者とみることが可能です。

　そうしますと、本件有料老人ホームの所有者ないし設置者である施設事業者がカーテンと絨毯を設備している場合は、当該老人ホームにおいて防炎対象物品を使用する者として、性能保持義務があると解されます。

3 占有者である入居者は義務者となるか

　そこで問題は、現にカーテンや絨毯を使用している入居者もまたこの保持義務を有するのではないか、という点でしょう。特に、入居者が自らの費用でカーテン等を取り替えたような場合は、独立した備品として同人がそれらを所有し、かつ、占有することになりますので、入居者をして防炎

第1章 名宛人をめぐる問題

性能の保持義務者とみてよいようにも思われます。しかし、当該施設の入居者が、「主として」要介護状態にあったり（令別表第1(6)項ロ(1)）、避難に一定の介助が必要な蓋然性の高い高齢者であること（同項ハ(1)）を考慮すると、入居者に義務を負わせるのは相当とはいえず、むしろ、防炎性能を保持させることは、施設事業者に課せられた入居契約に付随する信義則上の安全配慮義務 (注) であると考えられます。そうすると、施設事業者のみが義務者となり、入居者にはそうした義務はない、との結論になります。

ただし、例外として、入居者がその個人的趣向や好みにより、任意にカーテン等を取り替えたような場合に限り、信義則上その責任で防炎性能を保持すべきであり、この場合は、施設事業者と並んで入居者もまた、防炎性能の保持義務があるというべきでしょう。

以上により、この例外的な場合を除き、カーテン等の実費負担の有無、あるいは取替え原因についての帰責事由の有無にかかわらず、施設事業者が防炎性能の保持義務者である、ということになります。

（注）安全配慮義務…契約の一方当事者が他方当事者の生命・身体・財産を保護すべき契約に付随する信義則上の義務（民法第1条第2項）をいいます。

Q2 命令の根拠法令について教えてください。

A2 法第5条第1項が根拠法令となります。

防炎物品使用命令の法令根拠

ここでは、命令を発令する際の根拠法令について考えてみます。本条が設けられた趣旨は、カーテンなど垂れ下がっているものは、一旦火が付くと、またたく間に天井やその周辺に燃え広がり、火災を初期のうちに消し止めることが困難となります。また、絨毯については、たばこの火などが

4

火気の着火源となりやすく、室内の他の可燃物への延焼媒体となりやすいことから、これらの物品に防炎性能の保持を義務付けたものです。

そうしたカーテンや絨毯が防炎性能を有していないとなれば、経験則上、何らかの原因で火災が発生したときに、延焼・拡大の危険が極めて大きいと考えられますので、防炎性能を有していないことは、法第5条第1項の「火災の予防に危険であると認める場合」に該当するとみるべきでしょう。よって、同条項が根拠法令となります。

この場合、法第5条の3第1項を根拠にすべきか、とも考えられますが、同条は、措置の内容として法第3条第1項各号に掲げる必要な措置をとるべきことと規定していますので、命令事項である「防炎物品の使用」が、同項各号に掲げられている使用の停止や制限、あるいは整理、除去といった措置とみることは困難であると思われます。よって、同条を根拠とすることは相当ではありません。

第1章　名宛人をめぐる問題

第2回　区分所有建物における自動火災報知設備の設置命令の名宛人等

未設置の消防用設備等を設置するよう管理組合に指導していますが、一部の所有者が反対しています。その場合の設置命令名宛人は誰にすればよいでしょうか。

設置命令の名宛人について、説明していきましょう。

　当マンションは、1階が飲食店、2階から5階までが共同住宅の全30戸からなる令別表第1⒃項イの防火対象物です。この建物には管理組合がありますが、自動火災報知設備が未設置ですので、管理組合の理事長に対し、その設置を指導しています。しかし、一部の区分所有者の反対で本日までに設置されていません。

Q1　設置命令の発令を検討していますが、誰を名宛人とすべきでしょうか。

A1　自動火災報知設備の設置命令の名宛人は管理組合になります。

1　自動火災報知設備の共用部分性

　当マンションは、管理組合が存在する区分所有建物ですので、まず、自動火災報知設備が建物の共用部分に当たるのか、それとも専有部分なのかについて検討してみます。前者であれば、設置命令の名宛人は管理組合となり、後者であれば、当該専有部分の区分所有者となる、ということになるからです。

同設備の設置場所に関しては、一般に感知器は専有部分である各区分所有建物内（住宅、店舗）、及び共用部分である共用廊下、階段、共同玄関、エレベーター上部等に設置され、これらの感知器が煙や熱を感知したときは、地区音響装置を通じて、全館、又はその一部に鳴動させて火災を報知する構造となっています。

このうち、各区分所有建物内の感知器は天井や天井裏等の専有部分に設置されますが、火災の際には、当該感知器を通して、全ての関係者に火災を知らせて、早期の消火や避難を容易ならしめるものですから、当該専有部分の居住者のみの利用に供されるものではありません。したがって、各感知器と天井裏の配線部分を含め、同設備の全体が不可分の構造を有し、一体的な管理が必要なものということができますので、「専有部分に属しない建物の附属物」として共用部分に該当します（建物の区分所有等に関する法律（以下「区分所有法」といいます。）第2条第4項）。消防法も同設備については、避難上の見地から、1棟の防火対象物全体を設置単位としていますので、同設備の共有部分性を反面で裏付けているとも考えられます（令第9条括弧書き）。

2 集会の普通決議

自動火災報知設備が建物の共用部分であるとすると、その設置には、区分所有者全員の同意がある場合を除いて、区分所有法が定める集会の決議が必要となります。この場合、同設備の設置が共用部分の変更に当たる場合は、区分所有者（各住宅及び店舗の所有者）及び議決権の各4分の3以上の賛成（特別決議）を要しますが（同法第17条）、共有部分の変更であっても、その形状又は効用の著しい変更を伴わないものは、共用部分の管理に関する事項として、区分所有者及び議決権の各過半数の賛成（普通決議）でよいことになります（同法第18条、第39条）。

では、同設備の設置には、いずれの決議によるべきでしょうか。この点について、同設備は、各住宅の天井（板）や天井裏の空間、建物のパイプスペース（縦管）、あるいは各階の共用スペースに設置されますが、いず

第1章　名宛人をめぐる問題

れも建物の躯体部分（基本的構造部分）の形状や効用を著しく変更するものではなく、建物の機能や効用を増進させるものと考えられます。したがって、同法第17条第1項に定める「形状又は効用の著しい変更を伴わないもの」に当たり、過半数の普通決議によって工事を実施することになります。

　そこで、管理組合は、集会を開いて、普通決議をもって建物全体に対する同設備の設置を決議し、請負業者との間で、工事契約を締結して、工事を実施します。この場合の工事費用は、共用部分の工事となりますので、その全額を管理組合が支弁し、原則として各区分所有者が負担することはありません。

　ただし、組合の資金が足りない場合には、区分所有者から個別的に不足分を徴収することになりますが、いずれにしても、管理組合の責任で工事を行わなければなりません。

　以上のとおり、自動火災報知設備の設置命令の名宛人は、管理組合（○○管理組合理事長××）となります。

Q2 区分所有者が非協力的な場合について教えてください。

A2 直接非協力者を相手に措置をすることはできません。管理組合として、反対者の住宅を除いた住宅と共用部分の設置工事を先行させ、反対者の住宅への設置は、期限を経過した後でも裁判手続を経るなどして設置工事を行うことになります。

　各住宅の天井に感知器を設置する場合には、当然のことながら各区分所有者の協力が必要となります。しかし、どうしても協力しない区分所有者がいる場合には、管理組合は、住宅の使用請求権（区分所有法第6条第2項）を行使して、非協力者を相手に訴訟を提起し、区分所有者の使用承諾に代わる判決を得たうえで、住宅内の工事を実施することになります。

　本件では、一部の区分所有者が設置に反対しているとのことですが、同

8

第2回　区分所有建物における自動火災報知設備の設置命令の名宛人等

設備の設置義務者は、権利能力なき社団^{（注）}あるいは法人（同法第1章第6節）としての管理組合ですから、消防機関が、直接、この反対者に違反是正を行うことは相当ではありません。管理組合の理事長に対し、早急に集会を開いて、同設備の設置を決議するよう指導するのが筋であり、現実の工事の実施についても、管理組合の取組に期待するほかはありません。

そこで、管理組合がこうした指導に応じない場合は、同組合宛に同設備の設置命令を発令せざるを得ませんが（履行期限は集会招集期間及び工事期間を見込む必要があります。）、反対者の存在が明白な場合には、事実上、履行期限内に工事を実施することが困難です。したがって、反対者の住宅を除いた住宅と共用部分の設置工事を先行させ、反対者の住宅への設置は、期限を経過した後でも前記裁判手続を経るなどして行うこともやむを得ないでしょう。この二度手間に要した費用は、別途管理組合から損害として反対者に請求することになります（同法第6条第2項後段）。

（注）権利能力なき社団…一般社団法人と同様の実体があるものの、法人格がない団体をいいます。この団体の管理者（代表者）が団体の名において取得・負担した権利義務は、構成員（組合員）各自には帰属せず、構成員全員に総有（持分権を持たず、分割の請求もできない共同所有の一形態をいいます。）的に帰属します。訴訟では、団体の名で原告、被告となることができます（民事訴訟法第29条）。

第1章　名宛人をめぐる問題

第3回　建築基準法に違反した区分所有ビルの是正指導

管理組合がある区分所有建物について、看板の撤去等是正指導を行う場合の名宛人は誰になるのでしょうか。

是正指導を行う場合の名宛人について、説明していきましょう。

　本件ビルは、地上7階建、延べ面積約4,000㎡で、飲食店や事務所が入っている令別表第1(16)項イの区分所有建物（全階無窓階）で、管理組合が存在しています。このビルの各階には、防火戸が設置されているほか、建物の外壁には、飲食店や事務所の一部が表示されている看板が設置されています。
　今般の立入検査によって、防火戸において建築基準法令に定められた開閉機能に不備があり、また、外壁の看板によって3階から7階までの非常用進入口が塞がれるなどの看板の設置障害があります。

Q1 看板の撤去又は移動指導は、誰を名宛人とすべきでしょうか。

A1 規約で看板が共用部分として定められている場合の是正指導は、管理組合宛に行います。

看板の撤去又は移動指導の名宛人

　区分所有建物に関する問題です。
　本件ビルは、管理組合が存在する区分所有建物ですので、看板が共用部分であるのか、特定の区分所有者（看板に広告を載せている広告主）の専

有部分であるのかが問題となります。これについては、規約で共用部分や専有部分の範囲について明記されているのが一般的です。本件ビルにも管理組合がありますので、規約で同様の定めがなされているものと思われます。そこで、この規約で看板を共用部分と定めていれば、是正指導の相手方は管理組合となり、専有部分との定めであれば、当該専有部分の区分所有者になります。

　したがって、規約を確認したうえで、所要の指導を行うことになります。規約の内容については、立入検査の際に、理事長や各区分所有者に、直接質問したり、場合によっては資料提出命令（法第4条）によって規約自体を入手するなどして確認すべきでしょう。

　なお、看板が共用部分である場合は、その撤去又は移動は、共用部分の変更に当たりますが、この変更が共用部分の「形状又は効用の著しい変更」に当たる場合は、管理組合の集会において、議決権及び組合員の各4分の3以上の賛成による特別決議によらなければなりません（区分所有法第17条第1項本文）。しかし、一般に著しい変更とは、建物の基本的構造部分の変更を意味していますので、看板の撤去は、この著しい変更には当たらないとみるべきでしょう。なお、看板の単なる移動は、この著しい変更には当たりません。

　いずれにしても、規約で看板が共用部分として定められている場合は、その撤去・移動は、管理組合の決議によるべきものですから、その是正指導は、管理組合宛（○○管理組合理事長××）に行うことになります。

第1章　名宛人をめぐる問題

Q2 防火戸の改修指導は、誰を名宛人とすべきでしょうか。

A2 防火戸の修繕が、管理事項に当たる場合及び少額修繕に関する規約の定めがある場合は、管理組合が修繕を行いますので、同組合がその名宛人となります。規約に修繕費に関する定めがなく、かつ、改修が保存行為に当たる場合は、争いの余地のない管理者を防火戸の改修指導の名宛人とするのが簡明です。

防火戸の改修指導の名宛人

(1)　防火戸の改修は管理事項か保存行為か

　防火戸は、このビルの法定共用部分（法律上当然に共用部分となるもの）に当たります。そこで、この防火戸の開閉不良を改修するといった行為が、この共用部分の形状又は効用の著しい変更に当たるか、管理事項（形状又は効用の著しい変更に当たらない場合）になるのか、あるいは保存行為になるのかが、まず問題となります。

　前二者の場合には、集会の決議によって管理組合がこれを行うことになりますが、保存行為の場合は、集会の決議を経ることなく、管理者又は各区分所有者が単独で改修することができるからです（区分所有法第26条、第18条）。

　まず、防火戸の改修が、その形状や効用の著しい変更を伴うものでないことは明らかでしょう。では、その改修が、管理事項なのか、保存行為なのか、という点ですが、一般に修繕積立金の取り崩しが必要な修繕は、管理事項（同法第18条第1項本文）に当たり、月々の管理費で賄える範囲内のもの（「少額修繕」といいます。）は、保存行為（同項ただし書）に当たると考えられています。したがって、本件防火戸の修繕費用がどの程度のものかによって、管理事項なのか、保存行為なのかが決まります。

　ただし、保存行為に当たる少額修繕のような場合でも、規約においてその費用を継続的な管理に要する経費として定めているのが通常ですので（国

12

土交通省マンション標準管理規約（単棟型）第27条第6号）、この場合は、防火戸の改修は管理組合が行うことになります。

したがって、防火戸の修繕が、管理事項に当たる場合及び少額修繕に関する規約の定めがある場合は、管理組合が修繕を行いますので、同組合がその名宛人（○○管理組合理事長××）となります。

(2) 修繕に関する規約の定めがない場合

次に、規約に修繕費に関する何らの定めがなく（ただし、修繕費に関し、規約に何の定めもないケースは極めて少ないと思われます。）、かつ、改修が保存行為に当たる場合は、管理者又は各区分所有者が名宛人となりますが、消防機関としては、管理者を名宛人とすることが実務的といえましょう。というのは、各区分所有者を名宛人とする場合は、次の両説がありうるからです。1つは、階ごとの防火戸について、その階の区分所有者のみが名宛人となる、という考え方です。もう1つは、全ての防火戸について区分所有者のいずれもが名宛人となるという考え方です（私は、各区分所有者が全部の防火戸について改修行為を行うことができるとする後者の説が正しいと考えていますが。）。したがって、争いの余地のない管理者を防火戸の改修指導の名宛人（○○管理組合管理者××）とするのが簡明です。

Q3 看板撤去等や防火戸改修を指導する法令根拠は何ですか。

A3 法第5条第1項若しくは消防組織法第1条です。

本件ビルの防火戸や非常用進入口は、いずれも建築基準法令に基づき、防火や火災の際の避難を確保するものですが、それらに不備があれば、火災危険や人命危険、消火活動の支障をもたらすことは明らかです。したがって、そうした危険・支障が具体的に認められるときには法第5条第1項が、また、抽象的な危険にとどまるときは、消防組織法第1条がその根拠となります。

第1章　名宛人をめぐる問題

第4回　相続財産清算人を名宛人とできるか

家庭裁判所により選任した相続財産清算人に命令や警告はできるのでしょうか。

相続財産清算人に対する警告や命令について、説明していきましょう。

　本件ビルは、個人Aが所有する3階建て、延べ面積350㎡のビルで、Bがビル全部を飲食店として賃借していますが、このビルは、自動火災報知設備の機能不良があり、早急に改善を促す必要があります。今般、所有者のAが死亡し、その相続人が不明ということで、家庭裁判所がCを相続財産清算人に選任しました。

Q1 Cに対して自動火災報知設備の機能を回復させるよう警告や命令を行うことは可能ですか。

A1 Cを名宛人とすることは可能です。

1　相続財産清算人による管理

　所有者が死亡してその相続人のあることが明らかでないとき（相続人が不明のとき）は、利害関係人又は検察官の請求によって、家庭裁判所が相続財産清算人を選任し、清算手続を開始します（民法第952条第1項）。そこで、相続財産清算人が選任された場合の清算手続について、簡単に述べておきます。

第4回　相続財産清算人を名宛人とできるか

　相続財産清算人が選任されると、家庭裁判所が相続財産清算人を選任したこと、及び相続人があるのならば6か月を下ることを得ない期間を定めて、その権利を主張するよう公告します（同法第952条第2項）。この公告があったときは、相続財産清算人は、全ての相続債権者と受遺者に対して、2か月以上の期間を定めて、相続財産に権利があるのであればその旨を申し出るよう公告します（同法第957条第1項）。相続債権者とは、死亡した被相続人に対する債権者のことですが、この場合の債務者は、相続によって債務を承継した者を指します。また、受遺者とは、遺言で財産を受ける（これを「遺贈」といいます。）者として指名された者をいいます。この手続も実質上は相続人が出てくるのを待つ期間です。

　そして、相続債権者らの申出があれば、この期間経過後に、申出人に対し弁済しますが、先に定めた6か月以上の期間を経過しても相続人が現れないときは、家庭裁判所は、被相続人と生計を同じくしていた者や療養看護に努めた者など、死亡した者と特別の縁故があった者（「特別縁故者」といいます。）に、その請求を受けて、相続財産の全部又は一部を分与することができます（同法第958条の2）。この相続財産の分与は無償の贈与と解されています。そして、最後に残った相続財産があれば、これらは全て国庫に帰属することになります（同法第959条）。

2　相続財産清算人は名宛人になるか

　こうした清算手続の中で、相続財産清算人が自動火災報知設備の機能を回復できるかは、同人がそうした権限を有しているか否かにかかりますが、この権限については民法が、保存行為、利用行為、改良行為の3種類に限定しています（同法第953条、第28条、第103条）。

　「保存行為」とは、財産の現状を維持する行為であり、家屋を修繕したり、腐敗した物を処分したりする行為を意味します。「利用行為」とは収益を図る行為であり、家屋を賃貸したり、金銭を利息付きで貸し付けたりする行為等です。「改良行為」とは、物の性質を変更しない範囲で、使用価値又は交換価値を増加する行為です。家屋に造作を付けたり、畑を宅地にし

15

第1章　名宛人をめぐる問題

たりする等の行為はこれに該当します。

　そこで、相続財産清算人が本件ビルに設置されている自動火災報知設備の機能不全を回復することが、この権限に含まれるかどうかがポイントとなりますが、同設備の機能を回復させることは、元あった機能を元どおりにするということですから、財産（自動火災報知設備）の現状を維持する保存行為とみてよいと思われます。また、機能を回復させるために多少の改良を加えても、当該設備の性質に変更がない限り、改良行為とみられます。

　よって、自動火災報知設備の機能を回復させ、あるいはその機能の改良を図る行為は、いずれも相続財産清算人の権限に含まれるとみられますから、Cを法第17条の4第1項の名宛人とすることは可能となります。

3　相続財産清算人の名宛人としての限界

　本件ビルは、亡Aの相続財産であり、Cがこれを管理していますが、清算手続が終了したり、辞任したりするなどしてCがその地位を喪失し、あるいは相続財産がCの管理から離脱した場合は、Cを名宛人とすることはできません。管理から離脱する典型的な例としては、Cが債権者への弁済資金や、相続財産の管理費用を支弁するために本件ビルを売却する等の処分をしたような場合です。この場合は、その所有名義が処分先である買主に移転しますので、その買主が名宛人となり、Cを名宛人とすることはできません。

　また、家庭裁判所が、本件ビルを特別縁故者に分与したり、本件ビルを国庫に帰属させたりする場合も同様に、その所有権が特別縁故者や国に移転しますので、本件ビルはCの管理から離脱します。また、清算手続が終了した場合（管理終了報告を家庭裁判所に行ったとき）も、Cは相続財産清算人の地位を喪失しますので、Cを名宛人とすることはできません。

第4回 相続財産清算人を名宛人とできるか

Q2 賃借人Bを名宛人とすることはできますか。

A2 Cと並んでBもまた名宛人となる場合があります。

賃借人が名宛人になるか

　この質問は、相続財産清算人以外にもビルのテナントを名宛人とすることができるか、ということです。自動火災報知設備のような固定式設備は、原則として建物と付合^(注)し（民法第242条）、建物所有権の一部となっていると考えられますので、建物の所有者が、自動火災報知設備の保全又は改良を行う権原を有していることになります。Bは賃借人として飲食店を占有してはいますが、その所有者ではないので、原則として名宛人とはなりません。ただし、亡Aとの賃貸借契約において、Bが自動火災報知設備の維持・改善を行う義務を負担する等の特段の合意があれば、Cと並んでBもまた名宛人となります。

　（注）付合…所有権を異にする2つ以上の物が結合して、これを分離することが社
　　　　会経済上不利益な状態にあることをいいます。
　　　　不動産の所有者は、原則として、従としてこれに付合した物の所有権を取得
　　　　します。所有権を失った者は、所有権を取得した者に対して償金を請求する
　　　　ことができます（民法第248条）。

第1章　名宛人をめぐる問題

第5回　管理組合が存在しない違反建物の名宛人

管理組合が存在しない建物の違反に対して、誰を名宛人とすればよいのでしょうか。

誰を名宛人にすればよいのか、説明していきましょう。

　本件建物は、1階が飲食店、2階から5階が共同住宅の特定複合用途防火対象物ですが、管理組合がありません。建物の管理は、個々の区分所有者と管理を専業とする管理会社とが管理契約を結んで、この管理会社が行っています。この建物は、自動火災報知設備が未設置で、防火管理者も選任されていません。

Q1 自動火災報知設備の設置について指導等を行いたいと思いますが、誰を名宛人にしたらよいでしょうか。

A1 専有部分の所有者全員に対して指導するのが実務的でしょう。

自動火災報知設備の名宛人

(1) 共用部分への設置の性質・手続

　本件建物は区分所有建物ですので、管理組合が存在するのが通常ですが、築年数の古い建物や、小規模のマンション等では管理組合が存在せず、建物の管理は建物管理を専業とする管理会社に委託している例をよく見かけます。本件建物もそうした管理組合がないケースですが、消防法上義務付

けられている自動火災報知設備が未設置である場合、誰を名宛人として違反是正を行うべきか、まず検討しましょう。

ところで、本件と異なり、管理組合がある建物では、区分所有の対象である各居室等の専有部分であると、玄関ホール、廊下、階段室等の共用部分であるとを問わず、そうした場所への自動火災報知設備の設置は管理組合が主体となってこれを行う（名宛人となる）ことになります。この点についての詳細は、第1章第2回を参照してください。

しかし、管理組合がない建物では、専有部分への自動火災報知設備については、各区分所有者が所有者としてその設置義務を負担します。そこで、共用部分への設置についてですが、まず同設備の設置行為の性質が問題となります。これについては、この設備を設置しても、建物の躯体部分（基本的構造部分）の形状や効用を著しく変更するものではなく、建物の機能や効用を増進させますので、管理行為に該当すると考えられます。

次に、設置する場合の手続についてですが、共用部分は区分所有者全員の共有であり、その共有持分は専有床面積の割合によりますので、結局、専有部分の合計床面積の過半数の持分を有する区分所有者で決することになります（区分所有法第11条第1項、第14条第1項、第18条第1項、第38条）。

(2) 不可分債務の規定の準用

そうすると、仮に過半数の持分を有する区分所有者が設置に反対した場合には、設置できないことになりかねません。しかし、消防用設備等の設置義務は、法律に基づくものであり、当事者の意思決定によりこれを排除することはできません。そして、この設備は建物の共用部分全体に設置すべきものですから、共用部分の共有者全員がこれを設置する義務があるとみるのが相当です。

また、各共有者がその持分に対応する部分のみを設置することは物理的に不可能ですから、結局、全員が設備全部について不可分的に履行すべき義務を負担するとみるべきでしょう。そうすると、民法の不可分債務の規定（同法第430条、第436条）を準用し、消防機関は共有者のうちの1人

第1章　名宛人をめぐる問題

又は全員に対し、同時に又は順次に、全部の履行を求めることができると
解されます。

　したがって、専有部分の所有者の誰か1人に対して設置を指導してもよ
いし、その全員に対して、同時に設置を指導してもよいことになります。
ただし、専有部分への設置については、区分所有者の全員に対し指導する
ことになりますので、共用部分への設置についても、専有部分と併せて全
員に設置指導をするのが実務的でしょう。

Q2 防火管理者の選任指導を行いたいと思いますが、誰を名宛人としたらよいでしょうか。

A2 区分所有者の全員が名宛人となりますが、これと併せ、管理会社を名宛人とする余地があります。

防火管理者選任の名宛人

(1)　選任は不可分的債務

　防火管理者を選任する者は、建物の管理について権原を有する者（管理
権原者）です（法第8条第1項）。具体的には、建物における火気の使用
又は取扱い等の防火の管理について、法律、契約又は慣習上、当然行うべ
き者とされています。

　本件建物においても、仮に管理組合がある場合は、原則としてこの管理
組合が名宛人となりますが、これが存在しない場合では、建物の所有者が
名宛人とならざるを得ません。区分所有者の全員が名宛人となるのか、1
人でもよいのかについては、防火管理の対象が当該建物全体に及ぶもので
すから、その全員が名宛人となるとみるべきでしょう。防火管理者の選任
も、自動火災報知設備の設置の場合と同様に、全員の不可分的債務とみら
れますので、前述したとおり、区分所有者の1人に対しても選任を求める
ことができますが、建物の規模や区分所有者が比較的少人数であること等
から、全員を名宛人とすべきです。ただし、当該の1人が防火管理者を選

20

任した場合は、その余の区分所有者の選任義務は消滅します。

(2)　管理業者は名宛人となるか

　ところで、本件建物では管理を専業とする業者が管理をしているとのことですので、この業者を名宛人とできないかが少し問題となります。

　世上よくあるのは、マンションの分譲業者（売主）が、マンションの買主との間で管理規約に準じた管理委託契約を結び、分譲後も引き続き建物の管理を行っている事例です。こうした場合は、この業者が管理権原者としての機能を有している場合がありますので、管理契約の中身にもよりますが、この業者を名宛人とすることは可能です。消防機関としては、管理期間の長さや管理形態（管理人の常駐の有無、管理業務の範囲、内容等）、及び管理契約を精査し、業者の業務に防火に関する事項を含んでいると認めた場合には、これを名宛人としてよいでしょう。

　また、これらの例とは別に、管理業者が国土交通省のマンション管理業者登録簿に登録されており（マンションの管理の適正化の推進に関する法律第44条）、各区分所有者との間の管理委託契約において、防火に関する取り決めがなされているような場合には、この業者を管理権原者として名宛人とすることは、十分可能です。

　よって、本件の管理業者を名宛人とすべきかについては、こうした判断の結果によることになりますが、仮にこれを名宛人とみたとしても、区分所有者が名宛人であることに変わりはありません。

第1章 名宛人をめぐる問題

第6回 消防法違反の建物賃貸借をめぐる諸問題

消防用設備等が未設置の建物を借りている占有者に対する指導について、いくつか教えてください。

当該占有者に対する指導について、説明していきましょう。

自動火災報知設備が未設置の建物について、これを賃借している占有者がいます。

Q1 賃貸借契約書において賃借人が名宛人となる場合の特約事項には、どのようなものがありますか。また、この特約があった場合、所有者である賃貸人の設置義務は免除されますか。

A1 （賃借人が）「消防用設備等を設置する」「防火設備を設備する」あるいは「消防用設備等（防火設備）の工事を行う」等です。この場合、賃貸人も設置義務は免れません。

1 特約事項の具体例

　賃貸借契約において、賃借人が消防用設備等の設置を義務付けられるのは、賃借人が消防用設備等あるいは防火設備を設置（設備）する又はこれらの設備工事を行うといった明確な設置義務、工事義務又は設備義務規定がある場合です。
　義務を定めるものであっても、修繕義務、維持管理義務を負担するという場合は、消防法上の義務と認めることはできません（ただし、後述のサ

第6回　消防法違反の建物賃貸借をめぐる諸問題

ブリース契約のように、契約形態によっては別異に解する余地があります。）。また、修繕費用や維持管理費用を負担する旨の規定も同様です。

　ただ、消防用設備、防火設備の設置費用を負担するといった場合は、賃借人がその設置義務までを負担する内容の場合もありますので、質問調書等で、当事者の意向をよく確認することが肝要です。そこまでの義務はないということであれば、賃借人を義務者とはできません。

　このように明確な設置義務規定がない限り、賃借人が義務者と認められないのは、消防用設備等といった初期消火や避難、消防活動を支援する設備は、本来、建物所有者が設備すべきもので、賃借人が建物を使用するために直接必要な設備とはいい難く、賃借人が費用を支出して設備する範囲外のものと考えられるからです。

2 賃貸人の免責の有無

　次に、賃借人に設備の設置義務が認められた場合に、賃貸人の義務が免除されるかとの点ですが、一般に賃借人に建物の修繕義務（設置義務ではありません。）を認めた特約がある場合、通説・判例は、賃貸人は修繕義務を免れる、つまり免責されると解しています。したがって、消防用設備等設置義務が建物の修繕義務に含まれる、あるいは修繕そのものとみた場合、賃貸人の設備設置義務も免責されると解する余地が生じます。

　しかし、賃貸人の修繕義務とは、賃借人が契約目的（居住・店舗等）に従って使用収益することができる状態にしておく義務を意味します（民法第606条第1項）。ところが賃貸人が負担する設備設置義務は、火災を初期の段階で抑制し、速やかに避難させ、消防隊による活動を円滑ならしめるところに目的があるのであって、賃借人の使用収益を可能な状態にしておくためのものではありません。

　このように、賃貸人の設備設置義務は、民法上の建物修繕義務とは似て非なる別個の義務であると考えられますので、賃貸人の設備設置義務の有無については、消防法の立場から独自に考えるべきものです。そうしますと、自動火災報知設備といった固定式の消防用設備等については、その設

第1章　名宛人をめぐる問題

置により建物と付合（P.17参照）し、建物所有権の一部となりますので、その所有者が設置義務者となるとするのが素直な解釈となります。そして、特約により賃借人が設備を設置した場合でも、所有権の一部になることに変わりはありません。したがって、所有者が自ら設備を設置して、その所有権を取得した場合であると、特約により賃借人の行為で取得した場合であるとを問わず、設備の所有権を取得しうる地位にある以上、その設置義務に変更はないと考えられます。

　したがって、所有者は依然として義務を負うことになります。賃借人が設置した費用については、有益費として、賃貸借契約終了時に償還請求をするか（民法第608条第2項）、当事者間の合意により清算する（しない）ことで処理すればよいでしょう。

Q2 この建物が、いわゆる1棟貸しの店舗であり、賃借人も自動火災報知設備の必要性を自覚している場合、消防機関から同設備の設置に向け、双方で話し合うよう働きかけることは可能ですか。

A2 本来、賃借人には設置義務がない以上、消防機関がそうした仲介の労をとるのは相当ではありません。

　1棟貸しの店舗であるとはいえ、自動火災報知設備の設置義務者は、建物所有者であることに変わりはありません。しかし、この建物の全てが店舗の用に供されており、火災危険や延焼拡大危険、人命危険は、ひとえに店舗の利用によるものといっても過言ではありません。そうであれば、店舗経営に当たり自動火災報知設備の必要性を自覚している賃借人が、賃貸人との話し合いによって、設備の設置をすることを否定する理由は何もありません。したがって、消防機関が調整的行政指導^(注)の一環として、消防組織法第1条を根拠に、話し合いの成立に向けて仲介、あるいは調整の労をとることは可能と考えられます。

　ただし、仲介の労をとるのは、賃貸人が賃借人による設置を主張する等して義務履行に消極的であって、賃貸人に対し、警告、命令が予定されて

24

いるような場合に限られるでしょう。賃貸人が改善指導に積極的に応じて設備を設置するのであれば、話し合いの必要もないからです。また、賃貸人の同意がないのに賃借人が一方的に設備を設置すれば、賃貸借契約に違反するおそれがありますので、仮に賃借人に設置意向がある場合でも、賃貸人の同意がない中での設置を求めることは避けなければなりません。

なお、仮に話し合いが成立し、賃貸人の同意の下で、賃借人が設備を設置した場合でも、将来、当事者間で争いが生じ、賃借人が退去した場合には、この賃借人から消防機関に対し、元々義務のない設備の設置を強要された等のクレームが出されるおそれがあることは、想定しておくべきでしょう。また、仲介の労をとりうるのは1棟貸しの店舗である特質を踏まえたものであり、1棟貸し以外の一般の賃貸借関係においては、本来、賃借人には設置義務がない以上、そうした仲介の労をとるのは相当とは思われませんので、留意してください。

(注) 調整的行政指導…関係者相互間に生じた対立を調整し、又は争いを解決する目的で行われる行政指導をいいます。

Q3 賃貸人と賃借人との間でサブリース契約が締結されている場合には、賃借人を設置義務者とすることは可能ですか。

A3 消防用設備等について規定の有無及び規定の仕方（新設なのか補修等にとどまるのか等）を含め、ケースバイケースで判断することになります。

サブリース契約の名宛人

サブリースとは、土地所有者が建築した建物を、賃貸ビル業者（サブリース業者）が一括して借り上げて、自らの採算でこれを個々の転借人（テナント）に転貸し、建物所有者に対して契約で定められた賃料を支払うというものですが、これは契約の当初から転貸借が予定された建物賃貸借契約の一種ということができます。

このサブリースにも、大きく分けて、サブリース業者に用地確保、建物

第1章　名宛人をめぐる問題

建築、賃貸借管理まで一貫して委託する「総合事業受託方式」、サブリース業者が所有者の建築した建物を借り上げて最低賃料の保証をする「事業受託方式」、サブリース業者が自らも利用するが、第三者にも転貸する「転貸方式」があります。

　こうした賃貸形式は、賃貸人と賃借人との共同事業とみられる面がありますし、サブリース業者が賃貸人から賃貸権限を委嘱されている、といった性格もあります。そうすると、自ら建物を使用するものではなく、テナントに使用させることを業態とする以上、初期消火や早期の避難、消防活動の利便に資するための消防用設備の設置等は、建物所有者（オーナー）と共に、あるいは所有者に代わってサブリース業者が負担するとみても不合理とはいえません。

　ただし、サブリース業者が現実に設備設置義務を負担するかどうかは、具体的な賃貸借契約（サブリース契約）の条項によらなければならない点に変わりはありません。

　こうした契約書では、テナントに賃貸するうえで必要とされる設備、施設の新設、改修、補修についての実施及びその費用負担について規定され、サブリース業者がこれらを実施し負担する旨の約定、あるいはこれに類似した約定が多く見受けられます。

　例えば、「建物設備（施設）等の改修、改善、新設の必要が生じたときは、賃貸人、賃借人の協議で実施し、費用は賃借人の負担とする。」といった規定があれば、消防用設備等の新設の必要がある以上、設備設置権限を賃借人に認め、サブリース業者を名宛人としてよいと考えられます。

　しかし、最終的には、消防用設備等について規定の有無及び規定の仕方（新設なのか補修等にとどまるのか等）を含め、ケースバイケースで判断することになります。

第6回　消防法違反の建物賃貸借をめぐる諸問題

Q4　賃貸人と賃借人が自動火災報知設備の設置費用を巡って裁判で係争中の場合、どのように対応すべきですか。

A4　所有者である賃貸人が名宛人であることに変わりはありません。

裁判係争中の対応

　賃貸人と賃借人が設備費用の負担に関し係争中とはいえ、所有者である賃貸人が名宛人であることに変わりはありません。したがって、所有者である賃貸人に対し、設置の指導を行うことになります。

　しかし、係争中の場合、原則どおり所有者に是正を指導しても、事実上これに応じないことが予想されます。そこで、賃借人が設置義務を負担する旨の特約が認定できれば、所有者、賃借人双方に是正指導が可能となりますので（この場合は係争中であることの影響は少ないと思われます。）、消防機関としての調査は尽くすべきでしょう。

第1章　名宛人をめぐる問題

第7回　名宛人が判断能力を欠く場合の対応

建物所有者が認知症である場合の名宛人等について教えてください。

建物所有者が認知症の場合における名宛人等について、説明していきましょう。

　住宅兼用の店舗で、消防用設備等が未設置の建物があります。この建物では高齢の親とその息子夫婦が同居して、店を経営していましたが、親が認知症となり、施設に入所しました。建物は親の所有名義ですが、建物の管理は全て息子が行っています。

Q1　消防用設備等の設置命令の名宛人を息子に変更できますか。

A1　親と並んで息子も名宛人とすることが可能と解します。

　近時は、建物所有者や個人経営事業者の高齢化により、消防法令の違反が是正されないまま、所有者の高齢による判断能力の低下や認知症などにより、果たして違反状態を解消できるのかどうかが疑問となるケースが見受けられるようになりました。そこでこの回では、そうした場合の典型的なケースを取り上げて、消防機関としての対応を検討してみます。
　親が認知症で、施設に入所してもその息子が名宛人となることはありません。しかし、この親に対して是正命令を発令しても、果たして命令を理解して、是正を行う能力があるのか、大いに疑問があるところです。他方、

第7回　名宛人が判断能力を欠く場合の対応

是正対象の建物には息子夫婦が居住し、かつ、店も経営しているということですから、この息子を名宛人として是正を進めてよいのかどうかが問題となります。

そこで、消防法上の名宛人とは何かをもう一度確認しますと、それは、命令の内容である消防用設備等の設置及び維持の行為を法律上正当になすことのできる者ということです。つまり、この息子が消防用設備等を法律上正当になすことができるか否かにかかることになります。

この観点から設例をみると、息子はその妻とともに建物に居住しているわけですから、建物を事実上管理していることになります。また、経営もしていますので、事業税や固定資産税等の税金も息子が納付しているとみられます。

しかし、そうした建物の管理や店の経営、税金の納付等は、本来、親が行うもの、あるいは行うべきものであって、この親の行為を一種の事務とみるならば、息子はこの事務を親に代わって行っているとみることができます。こうした関係は、息子が他人である親の事務をその事務の性質に従って、かつ、親の利益になるように、事務を管理しているとみてよいように思われます。そうすると、親と子との間には、民法上の事務管理が成立していることになります（民法第697条）。事務管理ということになりますと、管理者である息子には、親又はその相続人が管理をすることができるときまで、この事務管理を継続しなければならない義務が発生します（同法第700条）。

そこで、この事務管理の継続義務に消防法上の義務の履行（一種の改良行為の履行）を含むと解することができれば、息子は、法律上正当に義務を履行しうる地位にある、つまり名宛人となると解する余地が出てきます。この点は筆者の私見ですが、こうした場合の1つの解釈の手がかりとなればと考えられます。

よって、親と並んで息子を名宛人として対応することが可能と解しておきます。

第1章　名宛人をめぐる問題

Q2 息子が親の成年後見人に選任されている場合の名宛人は誰になりますか。

A2 名宛人は親ですが、措置の相手方は息子とするのが妥当です。

　認知症で判断能力を欠き、単独で法律行為や自己の財産管理を行うことができない人のために、成年後見制度があります。すなわち、精神上の障害によって、事理を弁識する能力（第5章第5回参照）を欠く常況にある場合、家庭裁判所が本人や親族等の利害関係人の申立てによって、成年後見人を選任します（民法第7条、第8条）。

　成年後見人には、配偶者や兄弟などの親族のほか、弁護士や司法書士等が選任されるのが一般的です。本件でも親族である息子が成年後見人として選任されています。成年後見人の職務としては、本人の生活、療養看護に関する「身上監護」のほか、財産に関する法律行為について包括的な代理権があります（同法第859条）。そこで、この法律行為の代理権を有する息子を相手方として、警告・命令等の是正措置（以下「措置」といいます。）を行うことになります。この場合の表示は、「○○成年後見人　××」となります。この措置は、本人の代理人に対するものですので、その法律効果は、本人たる親に帰属します。したがって、名宛人自体は親です。

　なお、成年後見人である息子ではなく、被後見人である親に対する措置も可能ですが、その場合は、息子が措置の存在を知るまでは、消防機関は親に対し措置を対抗できません。この対抗とは、親の方で措置が無効であることを主張できるという意味です。しかし、息子が親宛の措置の存在を知った後は、親に対する措置として効力を有することになります（同法第98条の2）。

　結局、消防機関としては、息子・親のいずれを相手方としても、措置を講ずることができますが、親に対する措置は、息子が知るまでは効力を有しませんし、親が単独で是正措置である消防用設備等の工事契約等をしても、同法第9条により常に取消しが可能ですので、息子を相手方として措置をするのが妥当でしょう。

第7回　名宛人が判断能力を欠く場合の対応

Q3 告発を行うため警察と相談したところ、親は心神耗弱ではないかと言われています。この場合は、親を消防法違反で告発することは可能ですか。

A3 告発は可能です。

　心神耗弱とは、行為の是非を弁識して、その判断に従って行動を抑制する能力が著しく減じているものをいいます。つまり、自分の行為、行動が許されるものかどうかを判断して、自制する能力が大変弱くなっているのです。

　これは、許されるか許されないかといった刑事責任能力のことをいっているので、物事を判断する能力、つまり事理弁識能力（第5章第5回参照）を欠くか否かといった民事上の意思能力とは必ずしも一致しません。しかし、いずれにしても、刑事上の心神耗弱が、民事上の事理弁識能力を欠くことには必ずしもなりませんので、原則として、消防法上の是正能力があることになります。

　ところで、心神耗弱の場合は、刑法で刑を減軽するとありますが（刑法第39条第2項）、消防法との関連では、告発すべきかどうかという際に問題となります。刑事手続上、心神耗弱の場合は起訴猶予処分となるケースがありますので、心神耗弱として起訴猶予処分となれば、結局、刑事処罰を受けないことになり、告発の効果がありません。しかし、心神耗弱かどうかの認定は、告発後に司法警察員から事件の送致を受けて、検察官が行うのが通常ですから（刑事訴訟法第246条）、この事件送致前の司法警察員の許では、そもそも起訴猶予となる余地は全くありません。したがって、消防機関としては、心神耗弱が疑われるケースでも、違反の内容・状況が重大なものか否か、過去の違反状況はどうであれ、それに向けた改善の努力や意思はどうであったか等を個別的、具体的に判断して、告発を決すべきであり、単に警察による心神耗弱の疑いありとの意見のみで告発を躊躇すべきではありません。

第1章　名宛人をめぐる問題

第8回　所有者、経営許可者、実質経営者が異なるホテルの名宛人

経営者、所有者等複数人いる場合の、命令の名宛人について教えてください。

複数の権利関係者がいる場合の命令の名宛人について、説明していきましょう。

　本件ホテルは、消防法上の重要な消防用設備等が不備、あるいは未設置であるほか、建築基準法上の防火・避難に関する設備についても、多くの不備がありますので、消防用設備等の設置維持命令のほか、ホテルの使用禁止命令を発令したいと考えています。
　このホテルはAが実際上の経営者ですが、旅館業法で経営の許可を受けているのはBとなっており、しかもホテルの所有者は、AやBと異なるCといった複雑な権利関係となっています。

Q　この場合、消防用設備等の設置維持命令及び使用禁止命令それぞれの名宛人は誰になりますか。

A　消防用設備等の設置に関しては、BとCが、またその維持及び使用禁止命令に関しては、A・B・Cのいずれもが名宛人となります。

1　消防用設備等の設置維持の名宛人

(1)　名宛人は所有者が原則

　法第17条の4の消防用設備等の設置維持命令の名宛人は、当該命令の内容を法律上履行できる地位にある者です。この観点から、屋内消火栓設備やスプリンクラー設備等の消防法上重要な固定設備は、これを設置する

ことで建物に付合し、建物の所有権の一部となりますので（民法第242条）、建物の所有者がその名宛人となるのが原則です。

これに対し、消防用設備等の維持については、やはり同設備等の所有者が原則的な義務者であり、名宛人となりますが、建物の用途や所有者と占有者との関係いかんによっては、占有者が維持命令の名宛人となる場合があります。

以上を踏まえ、本件をみてみると、まず、Cはホテルの所有者ですから、消防用設備等の設置及び維持についての名宛人となることは明らかです。設置についてはもちろんのこと、維持についても、これを法律上履行できる地位にあることは否定できないからです。

⑵　旅館業法上の名宛人

次に、旅館業法上の経営許可を受けているBについて考えてみましょう。旅館業法では、ホテル営業も同法の適用を受けますが（旅館業法第2条第1項）、Bはホテル営業者（営業の許可を受けてホテル業を営む者をいいます（同法第3条の2第1項）。）としてホテルの施設について、換気、採光、照明、防湿等宿泊者の衛生について必要な措置を講ずるほか（同法第4条）、施設の構造設備も政令の定める基準に適合することが必要です（同法第3条第2項）。しかし、この基準には消防用設備等に関するものはありません（同令第1条第1項）。つまり、旅館業法では、条例で特段の定めがある場合（同令第1条第1項第8号）を除き、消防用設備等に関する規制は何らなされていないということですから、同法上はBに同設備等の設置維持義務はなく、これを名宛人とすることはできません。

しかし、ホテルといった不特定多数の宿泊者が出入りする建物において、火災が発生すれば、多数の人命が失われる危険性があることは、ホテルニュージャパンの火災の例を待つまでもなく、自明の理でしょう。このホテルの経営許可者であるBに、そうした宿泊者の生命、身体、財産を保護するための消防用設備等の設置維持義務がないというのは、明らかに不合理です。

ホテルの経営者は、宿泊者との宿泊契約の一方当事者ですから、Bには宿泊者の生命・身体・財産を保護するための信義則上の義務（民法第1条

第1章　名宛人をめぐる問題

第2項）があるとみるべきでしょう。こうした義務は、一種の安全配慮義務（P.4参照）とみて、宿泊契約に伴う付随義務と考えられます。

　そうすると、Bには前記条例の特別規定の有無にかかわらず、消防用設備等の設置義務があり、かつ、設置後はその維持義務があるとみるべきです。よって、Bは同設備設置維持命令の名宛人となると考えられます。

(3)　実質経営者の名宛人性

　最後に、ホテルの実質上の経営者であるAについて検討します。同人は、ホテル営業の許可を受けているわけではありませんが、営業を実質上取り仕切って、現実に接客、対応を行っているとみられますので、ホテル営業の管理者、あるいは少なくともホテルの占有者であることは明らかです。

　しかし、設備の設置に関しては、ホテルの所有者であるCないし、設置維持権原を有するBから、その旨の権限を付与されていない限り、設備の設置義務を認めうるだけの根拠が見当たらず、名宛人とすることまでは困難と思われます。

　ただし、設備の維持に関しては、ホテルを実質上管理し、宿泊者と日々接触し、宿泊者の生命・身体の安全の確保に最も身近な存在であることを考慮すると、Aに対し、信義則上、維持の義務を負わせることは可能と解されます。よって、Aもまた設備の維持を法律上履行できる地位にある者として、名宛人となります。

(4)　結　論

　以上、消防用設備等の設置に関しては、BとCが、またその維持に関しては、A・B・Cのいずれもが名宛人となります。

2　使用禁止命令の名宛人

　法第5条の2による命令の名宛人は、「防火対象物の使用」について権原を有する関係者です。この観点から本件をみてみると、まず、ホテルの所有者はCですので、Cは当然、ホテルを使用する権原を有しています。よって、名宛人となります（民法第206条）。

　次に、ホテル経営許可者Bは、経営のために当然ホテルを使用する者と

第8回　所有者、経営許可者、実質経営者が異なるホテルの名宛人

評価できますので、やはり名宛人となります。

　最後に、実際上のホテル経営者であるAは、設備の維持について権原を有しているほか、経営に伴うホテルの管理又は占有があると考えられますので、Cとの間で賃貸借契約その他の利用契約が存在していなくても、同人から黙示的にホテル使用の承諾があるとみるのが合理的でしょう。よって、このAもまた関係者（占有者又は管理者）として、ホテル使用の権原を有しているとみられますので、名宛人となります。

　以上によれば、本件では、法第5条の2による使用禁止命令に係る名宛人は、A、B、Cの全員ということになり、各人に対し、それぞれ同命令を発令すべきことになります。

第1章　名宛人をめぐる問題

第9回 建物のマスターリース契約における名宛人と賃借人の地位の承継

マスターリース契約の建物における警告書の交付における名宛人について、教えてください。

マスターリース契約の建物における名宛人について、説明していきましょう。

　本件建物は、地上４階建の雑居ビルですが、建物全体に必要な自動火災報知設備が設置されていません。この建物の所有者は、賃借人との間でマスターリース契約を締結しており、この賃借人が各テナントの間で賃貸借契約（転貸借契約）を締結し、各テナントからの賃料は、賃借人が取得しています。

　所有者と賃借人との契約書には、(1)建物施設や設備に改修・改善あるいは新設の必要があるときは、賃借人が費用を負担して実施する。(2)賃借人はその管理のもとに消防用設備等の修理、補修等の工事を行い、その費用を負担する。(3)賃借人は、法定の消防検査の費用を負担する、との規定があります。

　こうした中で、今般、所有者と賃借人及び第三者との間で、この建物のマスターリース契約における賃借人たる地位を第三者に承継させるとの合意がなされました。

Q
(1) 所有者・賃借人・各テナントの関係者全員に対し、自動火災報知設備設置の警告書を交付したいと考えていますが、適正といえますか。
(2) 同設備の設置命令書は、賃借人の地位を承継した第三者に交付したいと考えていますが、適正といえますか。

警告、命令のいずれも、名宛人は所有者と第三者の両者です。

1 マスターリース契約

　マスターリース契約とは、賃借している建物を転貸することを前提として、建物所有者から当該建物1棟全部を賃借する契約のことをいいます。この契約は、建物の賃借人が、その所有者である賃貸人に固定賃料を保証する傍ら、それ以上の高い賃料で入居者（各テナント）に転貸（サブリース）する形態が一般的です。この所有者とマスターリース契約を締結して、各テナントにサブリースする立場の者をマスターレッシー兼サブレッサー（賃借人兼転貸人）と一般に呼ばれています。こうしたマスターリース契約は、いわゆるサブリース契約の中の「事業受託方式」（サブリース業者が、所有者が建築した建物を借り上げて最低賃料の保証をする方式）の一種といってよいでしょう（サブリース契約については、本章第6回参照）。本件では、賃借人がマスターレッシー兼サブレッサーということになります。

2 マスターリース契約上の借主地位の承継

　本件では、マスターリース契約における賃借人たる地位が第三者に承継されたということですから、賃借人が有していたマスターレッシー兼サブレッサーの地位が第三者に移転したことになります。これによって、賃借人はその地位を喪失し、以後は第三者が賃借人となり、かつ、各テナントに対する転貸人となるということを意味します。

　近時は、複数のマスターレッシー兼サブレッサーの地位を統合して賃料収受業務を一本化したり、証券化したりする事業形態もあります。この場合、特定の事業者へその地位を集約（地位の譲渡・承継）するケースが見受けられます。

第1章　名宛人をめぐる問題

3 警告、命令の名宛人の一致

　質問の(1)、(2)によれば、警告書は所有者、賃借人及び各テナントに対し交付し、命令書は第三者のみに交付したいとのことですが、そうすると、警告と命令の名宛人が一致しないことになります。しかし、警告は行政指導の一環とはいうものの、命令の前段階として位置付けがなされていますので、両者は一致させるべきです。

4 本件の名宛人は誰か

(1)　賃借人

　次に、自動火災報知設備の設置義務者（名宛人）は、設置命令の内容を法律上履行できる地位にある者です。そうすると、同設備は付合によって建物の所有権の一部となりますので（民法第242条）、建物の所有者がその名宛人となるのが原則です。ただし、所有者が建物占有者又は管理者に対し、同設備を設置する権限を付与していれば、こうした占有者や管理者もまた所有者と並んで名宛人となります。

　本件では、マスターリース契約がなされていますが、この契約条項によれば、建物の施設、設備等に改修、改善、新設の必要が生じた場合は、その費用は賃借人が負担するとされ、また、賃借人はその管理のもとに消防用設備等の修理、補修等の工事を行い、その費用を負担し、さらには賃借人は法定消防検査の費用も負担するとされています。こうした条項を総合すると、賃借人は、既存の消防用設備等の維持にとどまらず、建物の設備の一種である消防用設備等の新設が必要である以上、新たな自動火災報知設備の設置についても、所有者からの権限を付与されているとみてよいでしょう。これは、マスターリース契約が、いわば賃借人が所有者に代わってテナント（転借人）に建物を賃貸（転貸）するといったサブリース契約としての性格を有していることの反映であるとみてよいと思われます。

　よって、賃借人たるマスターレッシー兼サブレッサーが自動火災報知設備の設置の名宛人であったと解されます。

38

第9回　建物のマスターリース契約における名宛人と賃借人の地位の承継

(2)　第三者、所有者

しかし、本件では、第三者がこのマスターレッシー兼サブレッサーの地位を含む賃借人たる地位を承継していますので、この第三者が賃借人に代わって名宛人となります。賃借人は名宛人たる地位から離脱し、名宛人とはなりません。

なお、所有者は、消防用設備等の設置を法律上履行できる地位にあることに変わりはありませんので、所有者もまた第三者と並んで名宛人となります。

(3)　各テナント

次に、各テナント（転借人）は、所有者とは直接の契約関係にはなく、所有者との関係で、設置義務を負担する余地はありませんが、転貸借契約において、賃借人が有していた又は第三者が有している自動火災報知設備の設置権限を、各テナントに付与しているといった特段の合意があれば、各テナントもまた設備の設置権限があるとみてよく、名宛人としてよいと思われます。しかし、そうした合意がない場合には、各テナントは、命令はもちろん、警告においても名宛人とはなりません。

5 結　論

以上から、警告、命令のいずれも、名宛人は所有者と第三者の両者となります。よって、質問(1)は賃借人と各テナントを名宛人とする点で（ただし、各テナントについては転貸借契約で前記特約の合意がある場合を除きます。）、また質問(2)は第三者だけを名宛人とする点で、いずれも適正ではありません。

第1章　名宛人をめぐる問題

第10回　法人における消防用設備等の設置命令及び防火管理者の選任命令の名宛人

所有者、賃借人、代表者が異なる建物における名宛人について、教えてください。

複数の権利者がいる場合の名宛人について、説明していきましょう。

　A法人が所有する3階建ビルをB法人が賃借して使用しています。このビルでは必要な屋内消火栓設備が未設置で、防火管理者の選任もありません。なお、この両法人の代表者をCが兼任しています。

Q　この場合、屋内消火栓設備の設置命令及び防火管理者の選任命令の名宛人は、A法人、B法人若しくは代表者としてのCのいずれになりますか。

A　A法人が屋内消火栓設備設置命令の名宛人です。防火管理者の選任命令の名宛人についても、A法人がこれに該当し、慣習上、B法人もまたA法人と並んで防火管理者の選任命令の名宛人になるとみてよいでしょう。

1　屋内消火栓設備設置命令の名宛人

　法第17条の4第1項によれば、当該防火対象物の関係者で権原を有する者に対し、屋内消火栓設備の設置を命ずることができると規定しています。この権原を有する者とは、設備設置を法律上正当になすことのできる者のことですが、本件では、この名宛人として、建物所有者のA法人（以下Aといいます。）、同占有者のB法人（以下Bといいます。）及び業務執行の一環として建物を管理している代表者C（以下Cといいます。）が一

第10回　法人における消防用設備等の設置命令及び防火管理者の選任命令の名宛人

応考えられます。

　ここで、「法律上正当になすことができる」のは、消防法上の法的義務の主体であることが前提ですから、この主体となりうるのは誰かという観点から検討してみます。

　まず、Cについてみてみましょう。Cは法人の代表者、つまり法人の機関として、法人の意思決定や法人の行為を執行する地位にあります。しかし、法的な権利義務の帰属主体とはなりえません。例えば、ある地方公共団体が公有財産を購入する場合、同団体の代表者（機関）である市長等は、団体を代表して売買を行いますが、買い受けの法律効果は団体に帰属し、市長等の機関には帰属しません。これと同様に、Cが代表者として設備設置義務を負担することはなく、法人たるAないしBがこれを負担する帰結となります。

　これについては、消防基本法制研究会編著に係る『逐条解説　消防法（第五版）』（東京法令出版）の両罰規定の解説の中で、「（同法第45条の）『行為者を罰するほか』とあるのは、法人が義務規定や措置命令の名宛人となる場合に、自らは名宛人とならない行為者に対する罰則の適用の有無が不明確となることから、行為者をも処罰する旨を定めているものである。」（同書1002頁）として、両罰規定は、法人が名宛人となる場合の規定であるとしています。これに関連し、消防庁の違反処理標準マニュアルでも、告発書の作成に際し、自然人のほか、法人を被告発人とする場合の留意事項が述べられており、法人が被告発人、つまり名宛人である場合が想定されています。

　したがって、屋内消火栓設備の設置命令の名宛人は、法人の代表者である機関としてのCではなく、法人たるAないしBということになります。ただしBは、Aから設備設置に関する権原を付与されているなどの特段の合意がない限り、名宛人とはなりません。代表者が共通であっても、両者は別人格ですから、Aの法人格が否認され (注1)、AがBと実質上同一と評価できるなど例外的な場合を除き、Bに設置義務が生ずることはありません。結局、Aのみが屋内消火栓設備設置命令の名宛人となります。

第1章　名宛人をめぐる問題

2　防火管理者選任の名宛人

⑴　大洋デパート火災事故の判例

　次に、防火管理者選任命令の名宛人について検討してみましょう。

　法第8条第3項は、防火対象物の管理について権原を有する者（以下「管理権原者」といいます。）に対し、防火管理者の選任を命ずることができると規定しています。

　この管理権原者とは、火気の使用や取扱い、その他防火管理に関する事項を、法律、契約又は慣習上当然行うべき者とされています。では、どういった者を管理権原者というのかという点に関連して、大洋デパート火災事故の上告審判決が、次のように判示しています。

　「多数人を収容する建物の火災を防止し、右の火災による被害を軽減するための防火管理上の注意義務は、消防法8条1項がこれを消防計画作成等の義務として具体的に定めているが、本来は同項に定める防火対象物を使用して活動する事業主が負う一般的な注意義務であると考えられる。そして、右の事業主が株式会社である場合に右義務を負うのは、一般には会社の業務執行権限を有する代表取締役であり、取締役会ではない。すなわち、株式会社にあっては、通常は代表取締役が会社のため自らの注意義務の履行として防火管理業務の執行に当たっているものとみるべきであ（る）。」（最判H3.11.14判時1411・45）

　これによると、防火管理上の注意義務を負うのは、会社の代表取締役であるとされ、一見すると同人が管理権原者であるようにもみえますが、これは防火管理上の注意義務違反、つまり刑法上の過失の存否を問題としているものであって、消防法上の管理権原の所在を直接判示しているものではありません。

　代表取締役には、会社の業務執行の一環である防火管理業務の執行を行ううえでの注意義務があるということであって、管理権原の主体と管理権原を執行する主体が常に一致するものではなく、別個の主体に帰属することは当然ありうるところでしょう。よって、この判例をもって、直ちに代

42

第10回　法人における消防用設備等の設置命令及び防火管理者の選任命令の名宛人

表取締役が管理権原者であることを根拠付けるものともいえません。

(2)　実務上の見解・取扱い

　前記『逐条解説　消防法』でも管理権原者の代表例として、マスターリース契約における借主たる不動産会社や、不動産証券化する場合の信託銀行や特定目的会社^(注2)等の法人が掲げられているほか（同書125頁）、令第2条に規定する同一敷地内に管理について権原を有するものの例として、小学校については、当該市町村教育委員会が掲げられています（前記編著に係る『消防法施行令解説（第二版）』（近代消防社）45頁）。また、法第8条第2項では、管理権原者による防火管理者の選任又は解任の消防長等への届出義務を規定していますが、この届出書には、届出人が法人の場合は、名称及び代表者氏名を記載することとされています（規則第3条の2第1項、別記様式第1号の2の2）。このように、実務上も管理権原者が法人である場合を想定していることになります。

(3)　結　論

　以上から、防火管理者の選任命令の名宛人についても、法人であるＡがこれに該当し、機関たる代表者Ｃは名宛人とはなりません。ただし、本件ではＣがＡＢ両法人の代表者を兼ねており、かつ、Ｂが建物を賃借している関係から、慣習上、ＢもまたＡと並んで防火管理者の選任命令の名宛人となるとみてよいでしょう。

　（注1）法人格の否認…法律の適用を回避するため法人格を濫用する場合や、全くの形骸にすぎない場合に、その法人格を認めずに、その背後にある実態に即した法律的取扱いをすることをいいます。

　（注2）特定目的会社…「資産の流動化に関する法律」に基づいて設立された社団の名称です。この会社は、特定の資産を裏付けとした株券に類する証券（「資産対応証券」といいます。）を発行し、この証券を流通させることで資産の流動化を図ることとされています。

第1章　名宛人をめぐる問題

第11回　破産をめぐる当事者の変動と警告の要否

破産手続が開始されている指導中の対象物について、指導の名宛人は誰になるのでしょうか。

破産対象物の名宛人について、説明していきましょう。

　Aが所有する工場について、Bがこれを賃借して使用していますが、必要な消防用設備等の設置がありません。そこで、Aに対し警告書を交付したところ、その後になってAが破産手続開始決定を受けたことが判明しました。この工場には多額の税金の滞納があり、課税当局により滞納処分による差押えがなされています。

Q1　消防用設備等の設置命令の名宛人は誰になりますか。

A1　破産の場合の名宛人は原則として破産管財人ですが、Bが設置義務を負う場合はBも名宛人となります。なお、破産管財人が工場を放棄した場合はAが名宛人となり、同じく工場を売却した場合は、その買受人が名宛人となります。

破産した場合の名宛人

　Aが破産しますと、Aの一切の財産は破産財団を構成し（破産法第34条）、破産管財人がこの破産財団に属する財産の管理処分権を専有するに至ります（同法第78条第1項）。そして、消防用設備等を設置することは、この

第11回　破産をめぐる当事者の変動と警告の要否

破産財団に属する工場の管理又は処分に該当しますので、破産管財人の権限に含まれます。そこで、消防用設備等の設置命令の名宛人は、破産管財人となるのが原則です。ただ、工場は、Ｂが破産前から賃借人として使用しているとのことですので、Ｂは賃借権を破産管財人に対抗でき、破産管財人はこの賃貸借契約を解除できません（同法第53条第1項、第2項、第56条第1項）。Ｂは従前どおり工場を使用できます。また、破産管財人は、賃貸借契約の当事者たる地位を承継しますので、Ｂが消防用設備等の設置を行う旨の特約がある場合には、Ｂは破産管財人に対し設置義務を負担します。そこで、Ｂもまた破産管財人と並んで、設置行為を法律上正当になすことができる者として、名宛人となります。

また、破産管財人は、債権者への配当原資を収集するため、工場の売却を試みることになりますが、Ｂが工場を占有したままでの売却が困難であれば、立ち退き料を支払って明け渡しを求めたうえで（賃貸借契約は合意解除します。）売却します。この売却により工場の所有名義が第三者に移りますので、この第三者が名宛人となります。しかし、売却が功を奏さない場合には、破産財団から工場を放棄せざるを得ません（同法第78条第2項第12号）。この場合は、工場の管理処分権がＡに復帰しますので、名宛人はこのＡになります（前記の特約がある場合は、Ｂも名宛人となることは放棄前と同様です。）。

次に、本件工場には滞納処分による差押えがあるとのことですので、破産管財人は、この滞納金全額を課税庁に支払い、差押えを抹消してから売却するのが通例です。しかし、この支払原資を確保できず、売却ができないときは、この場合も破産財団から放棄することになり、これによりＡが名宛人となります。

よって、破産の場合の名宛人は、原則として破産管財人ですが、Ｂが設置義務を負う場合はＢも名宛人となります。また、破産管財人が工場を放棄した場合はＡが名宛人となり、更に工場を任意に売却した場合には、その買受人が名宛人となります。

なお、工場に対する差押えは、滞納者に対する法律上又は事実上の処分

第1章　名宛人をめぐる問題

を禁ずる効力があるだけであって、名宛人の変更をもたらすものではありません。

Q2 破産管財人が名宛人である場合、再度、警告書を交付する必要がありますか。

A2 破産管財人に既にAに対し警告済みであることを伝え、その早急な対策を求めるといった対応が相当と思われます。

破産管財人への警告の当否

　破産管財人が名宛人となるのが原則ですが、その場合、改めて破産管財人に警告書の交付が必要か、という問題です。

　まず、破産前に行ったAに対する警告の効力が破産管財人に及ぶか、という問題がありますが、警告についても、その履行期限を経過すれば、その効力は消滅しますので、履行期限が経過していれば、そもそもその効力が破産管財人に及ぶことはありません。また、仮に警告の効力が存続していても、その内容は、所定の消防用設備等を設置せよ、というものですから、Aが破産によって工場の管理・処分権を失っている以上、この設置義務も消滅した、とみるべきでしょう。

　よって、いずれにしても、Aに対する警告の効力は消滅していますので、破産管財人にその効力が及ぶことはありません。そこで、改めて破産管財人に対する警告を検討することになりますが、破産管財人としては、警告を受けた段階で、消防用設備等を設置しうるだけの十分な財団資力がある場合は別として、一般にはその履行期限内での履行の見通しが立たないことが想定されますし、また前述のとおり財団から工場を放棄することも考えられます。

　したがって、消防機関としては、警告の実現性については疑問がありますので、破産管財人に対し、消防法上の設置義務のある消防用設備等が未設置であって、火災予防上危険な工場であり、既にAに対し警告済みであ

第11回　破産をめぐる当事者の変動と警告の要否

ることを伝え、その早急な対策を求める、といった対応が相当と思われます。破産管財人としても、消防機関からそうした状況が伝えられた以上、その善管注意義務[注]（破産法第85条）として、その管理下にある限り、消防法上の義務を尽くすべきものと思われます。

> （注）善良なる管理者の注意義務（「善管注意義務」と略されます。）…民事上の責任の前提となる注意義務の程度を示す概念です。ある人の職業、その人の属する社会的経済的な地位などにおいて、一般的に要求されるだけの注意を尽くす義務をいい、売主であるか、賃借人であるか、運送人であるか、あるいは破産管財人であるか等に応じて、その地位にある者が通常加えるであろう注意を標準として義務の存否が判断されます。

Q3 滞納処分による公売がなされ、新しくCが工場の所有権を取得した場合、このCに対しても警告書を交付する必要がありますか。

A3 Cに対し、改めて警告する必要があります。

公売買受人への警告の当否

Aに対する破産手続が開始しても、その前から工場に国税滞納処分、あるいは国税滞納処分の例による処分としての差押えがなされている場合には、この滞納処分の続行が可能です（破産法第25条第1項、第43条第2項）。したがって、課税当局は、破産手続外において工場を換価（公売）することができます（国税徴収法第89条第1項、第94条）。この結果、Cが工場を入札等により取得した場合は、工場は破産財団から離脱し、Cが新しく名宛人となります。

そこで、Cに対し、改めて警告の必要があるか、という問題ですが、Cが警告がなされている火災危険の大きい工場であることを承知のうえで取得したというような場合は、再度の警告は必要がない、ともいえるでしょう。そこで、Cは公売によって工場を取得しているので、この公売手続の中で警告の存在を知りえたのかという点が重要です。そうすると、公売に

47

第1章　名宛人をめぐる問題

参加する者が、物件の状況について知りうる機会は、見積価額の公告（同法第99条）のほかは、公売公告（同法第95条）によるしかありません。ところがこの公告事項には、消防機関による警告の有無については明示がありません（公告事項として同条第1項第9号に「公売に関し重要と認められる事項」がありますが、警告の有無は「公売に関するもの」とはいえません。）。したがって、Cは警告の存在について知りえなかったといえますので、改めて警告する必要があるというべきでしょう。

第12回 譲渡担保権が設定されているホテルのスプリンクラー設備の名宛人

所有者と所有名義人が異なる防火対象物において、指導を行う場合の名宛人について教えてください。

所有者と所有名義人が異なる防火対象物の名宛人について、説明していきましょう。

　本件建物は、Aが所有する土地上に建設されているホテルと分譲マンションが混在する11階建の建物ですが、全館でスプリンクラー設備が設置されていません。このうち、ホテルについては登記上譲渡担保を原因として、専有部分と共用部分に対する共有持分の所有名義がB法人からCに移転しており、現在のホテルの所有名義人はCとなっています。

Q スプリンクラー設備の設置を指導したいと考えていますが、名宛人をどのように考えたらよいでしょうか。

A B法人及びCの双方が名宛人となります。

1 ホテル・マンションの専有部分の名宛人

　本件建物は、区分所有権の対象であるホテルと分譲マンションから成る複合用途防火対象物で、かつ、11階建ということですから、原則として全館にスプリンクラー設備が必要です（令第12条第1項第3号）。このスプリンクラー設備の設置義務者は、ホテルやマンションの関係者である所有者、管理者又は占有者ですが（法第17条第1項）、設置命令の対象とな

第1章　名宛人をめぐる問題

る名宛人は、そのうちの権原を有するものということになります（法第17条の4第1項）。この権原を有するものとは、設置命令の内容を法律上履行できる地位にあるものを指しますが、スプリンクラー設備等の固定式の消防用設備等については、その設置によってスプリンクラー設備が建物に付合して建物所有権の一部となりますので（民法第242条）、原則として、当該設備が設置される部分の建物の区分所有者が「権原」を有するものとして、設置義務があります。

　本件建物のように、区分所有者であるホテルとマンションとが混在している建物についても同様であり、スプリンクラーヘッドが設置される箇所がホテル内の各客室や廊下、エレベーター室であれば、当該ホテルの区分所有者（ホテル内に倉庫や駐車場等、構造上独立したスペース部分があるときは、当該部分が独立した専有部分となりますが、そうした部分がなければ、ホテル全体が1個の専有部分となります。）が権原者であり、マンションの専有部分に設置される場合は、当該マンションの区分所有者が権原者となって、いずれもスプリンクラー設備の設置義務があることになります。

　なお、Aは本件建物の敷地（土地）の所有者ですが、土地自体は消防法上の防火対象物（法第2条第2項）ではありませんので、スプリンクラー設備の設置、維持の対象とはなりません。

2　ホテル・マンションの共用部分の名宛人

　スプリンクラー設備のうち、水源としての水量貯留施設や水源に連結する加圧送水装置、送水管等が全館に共通する共用部分に設置される場合、あるいはホテル、マンションに共通する廊下やホール、集会所等の共用部分に設置される場合には、当該共用部分への設置義務者は、管理組合が存在しているのであれば、スプリンクラー設備の設置行為は、通常、防災や組合員の共同利益増進のための管理組合の業務に含まれますので、原則として当該管理組合であり、管理組合が存在していないのであれば、区分所有者全員となります。

第12回　譲渡担保権が設定されているホテルのスプリンクラー設備の名宛人

3 譲渡担保とは

　ところで、ホテルについては、登記上、その専有部分の上に譲渡担保権が設定されており（共有持分へは、この設定された担保権の効力が当然に及んでいます（区分所有法第15条第1項）。）、所有名義がB法人からCに移転され、現在の所有者はCである、とのことです。そこで、ホテルの区分所有者が設置義務者であるとしても、この義務者を譲渡担保を設定したB法人とみるのか、それとも譲渡担保権者のCとみるのかが問題となります。

　譲渡担保とは、債権を担保するため、財産の所有権を債務者（譲渡担保設定者）が占有・利用したままの状態で、債権者（譲渡担保権者）に移転し、債務が弁済されたときは債務者に復帰するが、債務不履行の場合は、債権者はその財産を清算して優先弁済を受ける担保制度をいいます。

　財産が本件のような不動産の場合は、登記上、所有者は債務者のB法人から債権者のCに移転されますが、移転の原因として「譲渡担保」と表示されます。

4 所有権移転の効力

　このように譲渡担保は、債権を担保するために不動産の所有権を移転するものですが、この所有権移転の効力は、債権担保に必要な範囲で認められます。すなわち、債権者は、債務者が債務の履行を怠ったときに、不動産を適正な評価額で確定的に自己の所有とし（例えば、債権額が1,000万円で、評価額が1,500万円とすると、差額の清算金500万円を債務者に支払って、確定的に所有権を取得します。これを「帰属清算」といいます。）、又は第三者に売却して換価処分し、優先弁済に充てることができます（例えば前述の例で、1,500万円で第三者に売却して、売却代金から1,000万円を取得し、残る500万円を債務者に返還します。これを「処分清算」といいます。）。他方、債務者は債権者のこの清算が完結（清算金の支払い、又は第三者の所有権の取得）するまでは、債務を弁済して不動産の完全な所有権を回復できることになります。

51

第1章　名宛人をめぐる問題

5　設定者・担保権者のいずれが名宛人か

　このような譲渡担保の経済的な機能、あるいは所有権移転の効力からみると、前記の清算が完結するまでは１つの区分所有権が債務者であるＢ法人と、債権者であるＣの間に分属しているとみられます（最判Ｈ５.２.26民集47・２・1653は、この所有権が分属している旨を判示しています。）。

　そうすると、Ｂ法人及びＣの双方が所有者としてホテルのスプリンクラー設備の設置を法律上履行できる地位にあることになり、この両者が名宛人となると解されます。管理組合が存在しない場合に、ホテルとマンションの共用部分へスプリンクラー設備を設置する際のホテル部分についても同様に、Ｂ法人とＣが名宛人となります。なお、マンションの共用部分については、区分所有者全員が名宛人となることに変わりはありません。

　そこで消防機関としては、Ｂ法人、Ｃの双方に対し、清算が終了していないことを質問調書で確認し、そのうえで、清算が終了するまでは、Ｂ法人とＣの双方を名宛人として対応することになります。

　なお、Ｂ法人は、旅館業法上の経営許可を受けていると考えられますので、ホテルの経営を維持している限り、来客に対する安全配慮義務として設備の設置が求められているとみてよく（P.4参照）、他方Ｃもまた、所有権者として登記が維持されている限り、所有者としての外観を有しています（これを「外部的移転」といいます。）。よって、こうした観点からも、この双方を権原者として名宛人とみることは可能と解されます。

第2章　命令をめぐる問題

第2章　命令をめぐる問題

第1回　命令の効力と標識の撤去

ある事業所の違反に対して命令を行いましたが、履行期限が過ぎてしまった場合はどうなるのでしょうか。

命令の履行期限が過ぎた場合について、説明していきましょう。

　本件建物には、必要な自動火災報知設備と屋内消火栓設備が設置されていません。そこで、警告のうえ、その各設備の設置命令を発令し、その旨の標識も設置しました。しかし、命令で定めた履行期限を経過するも全く履行されていません。

Q1 命令に付された履行期限を過ぎてしまった場合、命令の効力は消滅するのでしょうか。

A1 命令の履行期限が経過すれば、当該命令の効力は消滅します。

1　履行期限の意味

　消防法上の命令は、法律が定める各種の義務の履行を命ずるものですので、履行期限が設定されることになります。といいますのは、履行期限がないと、義務者にとって、いつまでに当該義務を履行すべきなのかが分からず、命令関係が不安定になるうえに、消防法上の命令の不遵守には刑事処罰に処せられるという法律効果を伴いますので、この履行期限の設定がないと、犯罪としての命令違反がいつ成立するのかが明確とならないから

です。

　例えば、防火対象物点検報告の特例認定を受けていないのに、その旨の「認定表示」をした場合、あるいは防火対象物の点検報告もしていないのに「点検済表示」をしたような場合で、直ちにその除去を求めるべき場合では、履行期限は「即時」となります。

　では、義務の履行がなされないまま履行期限が経過してしまった場合、命令自体の効力はいったいどうなるのか、ということがここでの問題となります。

2 命令の失効

　命令は、国民の権利を制限し、義務を課する行政処分ですから、その取消し、撤回のほか、「失効」によってその効力が消滅します。失効事由としては、行政処分の名宛人の死亡、目的物の滅失、解除条件の成就、命令の期限の満了等があるほか、消防法上の命令については、命令事項の履行などにより失効します（なお、履行期限の到来は、命令自体の期限の到来（期間の満了）とは異なります。例えば、「この命令は令和6年1月末まで効力を有する」といった場合は、1月末の経過をもって命令は失効します。）。

　では、ここで問題となっている履行がなされないまま履行期限を経過した場合についてはどうか、ということですが、やはり命令は失効する、と考えてよいと思います。

　その理由としては、第1に、命令は一定の期限までの履行を命ずるものですから、理論的にいえば、この期限を経過した場合は、命令が命じているところの一定の期限内での履行がもはや不可能となったことを意味します。つまり、当該命令事項の実現については不能となったということですから、引き続き命令の効力を維持する理由も必要性もないことになります。

　これが失効を認める主な理由です。もちろん、履行期限が経過してからも命令事項を履行する、ということもありえますが、それはもはや命令による義務履行とはいえません（消防法令に基づく直接の義務履行です。）。

　第2に、履行がなされないと、その後は命令に違反した状態が継続しま

第2章　命令をめぐる問題

すが、この命令違反の状態とはどういうことかといいますと、消防法が定めている各種の義務が履行されていない状態を意味します。例えば、法第17条の4の消防用設備等の設置命令に違反し、履行期限内に設置しなかった場合は、法第17条第1項の消防用設備等の設置義務に違反する状態が継続していることになります。したがって、命令が失効したと解しても、消防法上の義務までが消滅したわけではありませんので、例えば、再度の命令も可能、ということになり、消防法の運用に何の支障もありません。

　第3に、仮に履行期限が経過しても、命令の効力が消滅しないとした場合、前述した他の命令の失効事由が発生しない限り、いつまでもその効力が継続せざるを得ませんが、履行期限の経過した命令の効力がいつまでも存続することの実際上の実益も必要性もなく、かえって法的な安定性を欠くことになります。また、再命令を検討する際、命令の効力が存続する以上、この命令の効力と重複する結果となるので、再命令発令の障害にもなり得ることになります。

　第4に、履行期限経過により命令が失効すると解した場合、命令に違法事由があることを理由に命令の取消しを求めて訴えを提起したとき、命令の失効を理由に訴えが却下される懸念が生じます。特に即時を履行期限とする場合は、後述のとおり、少なくとも訴えを提起するまでには命令の効力は消滅していると考えられるので、常に却下の危険が生じます。

　しかし、その効力が遡及的に消滅する命令全部の取消しと異なり、履行期限を経過したとの事実が消えることはないので、この事実による命令違反が成立しており、これにより処罰されるおそれが生じます。そうすると、命令を取り消すことで命令のない状態を回復し、処罰を回避するといった法律上の利益が存すると考えられます（行政事件訴訟法第9条第1項括弧書き）。

　したがって、履行期限の経過により命令が失効すると解しても、そのことを理由に訴えが却下されることはないと考えられるので、訴えの提起による受命者の救済に支障を来すこともありません。また、命令が違法であった場合は、そのことを理由に国家賠償法による損害賠償の請求も可能であ

るので、この面からも受命者の救済に欠けるところはありません。

　以上の理由により、命令の履行期限が経過すれば、当該命令の効力は消滅する、と解されます。

　なお、履行期限が「原則、即時」とされている場合は、直ちに命令を履行することが求められるので、命令の交付と同時に履行期に入り、この命令の履行を完了すると見込まれる一定の合理的な期間（時間）の経過により履行期限が経過して、命令の効力も消滅します。

　また、命令に「○○をするまでの間○○を禁止（停止）する。」といった（解除）条件が付されている場合は、直ちに履行期限が到来しますが、命令の効力は、当該条件が成就するまで維持され、条件の成就によってはじめて失効します。

Q2 命令を発令した場合は、対象建物に命令の標識を設置していますが、命令の履行期限が経過した場合、この標識を撤去しなければなりませんか。

A2 撤去の必要はありません。

公示の継続

　履行期限が経過した場合、標識（これを「公示」といいます。）を撤去すべきか、という点ですが、公示の目的は、命令内容が履行されない状態にあることを周知して、当該防火対象物の利用者、近隣の関係者等の第三者への被害を防止することにあります。この公示の目的からすれば、標識は、命令事項が履行され、火災予防上の危険が除去されるまで維持される必要があります。

　このことは、履行期限が経過して命令が失効した場合も同様であり、消防法に違反する危険な状態が継続しており、当該防火対象物の火災上の危険や、火災の際に消防活動上の支障があることに何ら変わりはありません。

　また、消防法には標識を撤去すべき場合やその事由について、特に規定

第2章　命令をめぐる問題

があるわけではありませんし、命令の履行期限を経過しても、消防法令に基づいた義務までが消滅したわけではありませんので、先に述べた公示制度の目的に照らし、義務の履行がなされるまでは標識を撤去すべきではないと考えられます。よって、撤去の必要はありません。

第2回 履行期限前の用途の消滅

ある対象物に命令を行いましたが、履行期限前に閉店しました。その後新たに入店した店舗にその命令の効力は続くのでしょうか。

命令の効力について、説明していきましょう。

　本件建物は、地上3階建の各階床面積が100㎡のビルで、1階は飲食店の専用に供され、2階と3階は、それぞれ事務所と共同住宅に供されており、令別表第1(16)項イの用途として、自動火災報知設備の設置義務があります。しかし、再々の違反指導にもかかわらず是正されないので、今般、ビルの所有者に同設備の設置命令を発令しました。
　ところが命令の履行期限が到来する前に、1階の飲食店が閉店して本件建物から退去したことが判明しました。しかし、その後に新たな店舗が飲食店として入居しました。

Q1 この場合、命令の効力はそのまま維持できますか。

A1 命令は依然として効力を維持しており、その履行期限までに所有者が命令を履行しない場合には、命令違反が成立します。

1 飲食店退去による命令の効力

　本件建物は、延べ面積が300㎡で、飲食店と事務所、共同住宅の用途が混在する令別表第1(16)項イの防火対象物ですので、自動火災報知設備の設

第2章　命令をめぐる問題

置が義務付けられています（令第21条第1項第3号イ）。

　そこで、この義務の不履行に対して、自動火災報知設備の設置命令（以下「本件命令」といいます。）を発令したところ、その履行期限前に飲食店が退去した^(注)、というわけですから、この時点で本件建物は事務所と共同住宅のみとなり、⒃項イから⒃項ロの複合用途防火対象物に用途の変更があったことになります。そうすると、この用途の変更によって自動火災報知設備の設置義務が消滅することとなり、同設備の設置義務を前提とした本件命令は、その時点で失効したとみるのが通常でしょう。

2 履行期限内での新たな飲食店の出現と命令の効力

　しかし、1階が飲食店専用としての利用が予定されている、ということであれば、命令の履行期限内に一時飲食店の利用が消滅した空白期間が存在したとしても、全体としては、飲食店の用途に変更はないとみるべきでしょう。なぜなら、1階の用途は、空白期間を含め、飲食店専用に供されるといった情況に変わりはないからです。実質的にみても、前の飲食店が退去した直後に新規店舗が入居した場合であれば、用途に変更があったとはみることはできませんが、その入居に少し間が空くだけで、この用途に変更があるとみるのは、明らかに不合理でしょう。また、履行期限が到来するまでの間に一部の用途が消滅したが、その後に同一の用途に供される事実が生じたときは、用途消滅時点で命令が失効したとみることよりも、当初の命令の効力をそのまま維持することの方が法的安定性の見地から望ましく、再度の警告、命令を行うといった行政の無駄を省くことにもなります。

　よって、命令の履行期限が到来するまでの間に、新しい飲食店の入居が確定した場合は、命令は依然として効力を維持しており、その履行期限までに所有者が命令を履行しない場合には、命令違反が成立することになります。

　しかし、履行期限までに新たな飲食店の入居がないときは、原則どおり、従前の飲食店が退去した時点で命令は失効するといわざるを得ません。た

だ、履行期限を経過して間もない時期に新たな飲食店が入居した場合が少し問題となります。この場合、命令を失効させなくても法的安定性を害することにはならず、行政の無駄を省くことができる、という点では、履行期限前とで変わりはないからです。

しかし、履行期限経過後に入居した場合、命令を維持する期間をいつまでとするのかが明確ではありません。また、一般に命令の履行期限内に履行がなされない場合には、命令は失効すると解されますので、その後は告発をすることのほかに再命令が可能と解されますが、これと平仄を合わせる意味でも、命令は失効し、履行期限後の飲食店の入居に対しては、再命令をもって対処するしかありません。

　(注)　いわゆる「居抜き」での退去ではなく、室内の造作等を全て撤去し、空の状態で退去したことを前提とします。居抜きによる退去は、飲食店としての用途に変更はありません。

Q2 本件建物の所有者が、「次のテナントの飲食店が決まっており、入居契約も締結済みである」と言っている場合は、命令の効力はどうなりますか。

A2 命令の効力に影響はありません。

新たな飲食店入居の約束と命令の効力

従来の飲食店が退去した後、本件建物の所有者が、次なる飲食店と入居契約を締結していること、あるいは入居の予定がある旨を表明した場合に、退去により失効した命令に何らかの影響があるか、という点ですが、結論をいえば、影響はありません。

消防法が定める用途は、公衆が出入りするなどして火災発生の危険が高く、火災発生の際には、人の生命、身体、財産の損傷が大きいものとして定められていますので、単に、所有者と第三者との間で、特定の用途に供する旨の約束（契約）あるいは所有者の一方的なその旨の表明のみでは、

第2章　命令をめぐる問題

そうした危険や損傷が生ずる余地はなく、(16)項イの「用途」である飲食店としてみることはできません。

　したがって、従前の飲食店が退去したままの状況に変わりはないので、失効した命令に何らかの影響を与えるものではありません。

第3回 命令発令後の所有者の変動

命令を行った翌日に所有名義が変更になった場合、新しい名義人に当命令の効力はあるのでしょうか。

命令の効力について、説明していきましょう。

　消防用設備等の設置義務のあるビルの所有者Aに対し、同設備の設置命令を発令したところ、発令の翌日、AがビルをBに売却し、所有名義がBに移りました。

Q1 この場合、Aに対する命令はBに対してもその効力があるとみてよいですか。

A1 Bに対しては効力はなく、改めてBに対し、命令を行うということになります。

1 対人的処分と対物的処分

　命令を発令した後に所有者に変動が生じ、所有名義が変更された場合、この新しい所有者に対しても、前の命令の効力が維持されているのか、という問題については、法第17条の4に定める命令が、いわば対人的処分なのか、対物的処分なのかによって結論が異なってきます。

　対物的処分は、建物の客観的事情に着目してなされる処分ですから、処分は建物を目して行われることになり、したがってその所有者が変わっても、原則として建物に対する処分の効力に変更はなく、処分は新たな所有

第2章　命令をめぐる問題

者にも及ぶことになります。しかし、対人的処分であれば、処分は人的な
要素に着目してなされる処分ですから、人が変われば処分の効力は新たな
所有者には及ばないことになります。

2　設置命令と是正措置命令の違い

　この点について、法第17条の4の命令と同じような趣旨のものとして、
建築基準法第9条の是正命令があります。この規定は、「特定行政庁は、
建築基準法令の規定（中略）に違反した建築物又は建築物の敷地について
は、当該建築物の建築主（中略）若しくは建築物の敷地の所有者、管理者
若しくは占有者に対して（中略）違反を是正するために必要な措置をとる
ことを命ずることができる。」と定めており、この規定の性格については、
「（是正措置命令は）特定人の主観的事情に着目してなされた命令ではなく、
建物の客観的事情に着目してなされたいわゆる対物的性質の命令に属し、
その効力は、該建物の譲受人にも及ぶ」とする裁判例があります（東京高
判 S 42.12.25行裁例集18・12・1810）。

　この裁判例では、新しい所有者に対し、改めて命令を出し直す必要はな
く、旧所有者への命令がそのまま新所有者にも及んでいることとなります。
では、消防法の命令はどうでしょうか。例えば、本件で問題となっている
法第17条の4の消防用設備等の設置命令で考えてみましょう。

　この規定が建築基準法第9条と趣旨を同じくする、とはいっても、その
規定の仕方が異なっています。すなわち、消防法は「消防長又は消防署長
は、第17条第1項の防火対象物における消防用設備等が設備等技術基準
に従つて設置され、又は維持されていないと認めるときは、当該防火対象
物の関係者で権原を有するものに対し、当該設備等技術基準に従つてこれ
を設置すべきこと、又はその維持のため必要な措置をなすべきことを命ず
ることができる。」と規定しており、建築基準法のように「違反建築物に
ついて」是正を命ずるという構造にはなっていません。違反の対象が、防
火対象物である建物そのものではなく、消防法で定めた一定の技術基準に
従つた設備を設置していないこと、あるいはその維持をしていないこと、

といった特定人の主観的事情に着目した構造となっています。したがって、違反を是正せよとの命令も、物ではなく、当該技術基準に従って設備を設置・維持せよといった人に対して「作為」を求めているところに中核的な意義があります。

3 対人的処分としての帰結

このように、法第17条の4の命令は、いわば対人的処分という性格を有していると考えられます。そうすると、本件ビルの所有権がAからBに変更され、もはやその所有者ではなくなった従前の所有者Aは、その義務を履行すべき対象を欠くことになりますので、そのビルについて必要な消防用設備等を設置すべき作為義務も同時に消滅します。そうすると、Aに対する命令の効力も同時に消滅するといわざるを得ませんので、Aに対して発令されていた命令が新所有者Bに対してその効力が及ぶことはありません。改めてBに対し、命令を行うことになります。

ちなみに、Aに対する標識はこれを撤去し、Bに対し標識を設置し直すことになります。

Q2 Bが買い受けたビルに消防用設備等に不備があることを知っていた場合（悪意）と、知らなかった場合（善意）とで、結論は変わりますか。

A2 結論は変わりません。

この場合、Bの善意・悪意[注]を問いません。なぜなら、法第17条の4は、命令要件としては消防長又は消防署長の認定のみであり、ビルの所有者の善悪、つまり違反を知っているか否かといった主観的事情の有無を要件としていないからです。

したがって、BがAに対する違反処理の状況を知らなかったり、そもそも買い受けたビルが消防法に違反していることを全く知らなかった、つまり善意であった場合であっても、命令を発令することは可能ですが、その

第2章　命令をめぐる問題

場合は、Bに対していきなり命令を発動するのではなく、改善指導や警告といった違反処理を迅速に行ったうえで命令を検討すべきでしょう。

　しかし、Aに対し設置命令が発令されていることを知りながらビルを買い受けた悪意の場合は、自分に対してもいつでも命令がかけられることは覚悟しておくべきでしょうし、売買契約に際しては、将来の是正に要する費用を見込んでその分安く売買代金を決定するケースもありえますので、消防機関がBの悪意を知ったならば、直ちに設置命令を発令することに躊躇する必要はありません。

　　(注)　善意…ある事実を知らないことを意味する法律用語です。日常用語と違って、
　　　　道徳的な意味を含みません。なお、ある事実が疑わしいと思っている場合も、知っ
　　　　ているとはいえないので、通常は善意に当たります。
　　　　悪意…ある事実を知っていることを意味する法律用語で、善意と同様、道徳
　　　　的な善悪とは無関係です。また、ある事実に疑いをもっただけでは、悪意があっ
　　　　たともいえません。

第4回 違反是正命令の要否・名宛人

消防用設備等の未設置と建築基準法違反のある建物について、命令はどのようにすればよいのでしょうか。

命令の可否についても、説明していきましょう。

　本件建物は、個人Aが所有する1階が店舗、2階から5階までが共同住宅（延べ面積350㎡）の複合用途（令別表第1(16)項イ）の防火対象物です。
　この建物は、当初は地上4階建て耐火建築物でしたが、その後5階部分（木造）が増築され、この増築された部分にAとその親族が居住しています。この増築の結果、自動火災報知設備及び火災予防条例上の屋内消火栓設備の各設置義務が生じましたが、その履行がありません。また、建物の構造についても建築基準法上違反に当たります。

Q1 違反是正の方法として、増築部分の除去等の命令を発令することは妥当ですか。また、増築部分を耐火構造に改築するよう命令することは妥当ですか。

A1 増築部分の除去命令を発令することは妥当ではありません。また、増築部分の耐火構造への改築命令も妥当ではありません。

　本件建物は、5階部分を増築することで、それまで義務付けられていなかった自動火災報知設備や屋内消火栓設備の設置義務が生じたということですから、違反是正の方法として、命令でこの増築部分を除去してしまえば、元に戻ってこれらの設置義務が消滅するといえるでしょう。

第2章　命令をめぐる問題

　しかし、建築基準法第27条は、3階以上の階を共同住宅の用途に供するものは耐火建築物としなければならないと規定していますから、除去までしなくても、5階部分を耐火構造にすれば、建築基準法上の瑕疵は是正されます。さらに、消防法上も、5階部分を増築したことで、建物全体について法第5条第1項に定める火災予防上の具体的危険が発生したといえるかについては、必ずしも明確ではありません。

　これらの事情を考慮すると、増築部分の除去を命ずるのは、少し行き過ぎであり、規制は必要最小限に行われるべしとする警察比例の原則 ^(注) に触れるおそれがあります。よって、増築部分の除去命令を発令することは妥当ではありません。

　では、増築部分を耐火構造に改築するよう命ずることについてはどうでしょうか。この場合は、除去命令に比べれば、改築命令は、警察比例の原則上、許容される余地が大きくなると思われます。

　しかしながら、仮に改築命令を発令したとしても、5階建ての建物であることに変わりはありませんから、依然として自動火災報知設備や屋内消火栓設備の設置義務は存在しています。そして、ひとたびそうした消防用設備等が設置されれば、火災予防上の具体的危険が消滅することが十分予想されます。

　そうしますと、本件建物では、自動火災報知設備と屋内消火栓設備の設置が優先されるべきものと考えられますので、増築部分の耐火構造への改築命令も妥当ではないことになります。

(注) 警察比例の原則…国民に命令し、又は強制してその自由を制限する公権力（警察権）は、公共の安全と秩序を維持するためにやむを得ない場合に発動され、かつ、必要最小限の措置にとどめるべきとの原則をいいます。

第4回　違反是正命令の要否・名宛人

Q2 違反是正の指導の結果、5階からAと親族が退去し、空室となった場合でも、Q1の命令は必要ですか。

A2 5階が空室となった場合には、命令の発令は必要ないと思われます。

　本件建物では、消防用設備等の設置命令を発令すべきですが、5階から入居者が退去して空室になっても、この命令は必要かという問題について解説します。

　法第17条は、令別表第1に掲げる防火対象物について、所定の消防用設備等の設置を義務付け、この防火対象物を類似の用途ごとに22に区分しています。すなわち、特定の用途の防火対象物ごとに、特定の消防用設備等の設置を要求しているものですから、当該防火対象物が当該用途に供されることを想定はしているものの、現にその用途に供されていることまでは要件としていません。

　したがって、5階からAとその親族が退去して空室となっても、共同住宅の用途に何の変更もありませんから、命令は可能ということになります。

　ここで、命令が可能であるとしても、命令をする必要があるかという観点でみてみましょう。消防用設備等は、火災に際し、火災を早期に消し止め、火災の発生を速やかに知らせて避難や消火活動の利便に供するためのものですが、5階部分が共同住宅の一部になったことで、そうした必要性が生じたことを意味します。しかし、当該部分が空室となれば、5階からの出火の可能性が低くなり、また、階下からの出火に対しても早期の避難を考慮する必要がなくなりますから、消防用設備等の設置の必要性も消滅する、あるいは少なくともその必要性が減少すると考えられます。

　よって、5階が空室となった場合には、将来、再度使用されることが想定されるとしても、命令の発令は必要ないと思われます。ただし、設置義務自体が免除されるものではないことを忘れてはいけません。

第2章　命令をめぐる問題

Q3 Aと同居する親族から消防機関に対し、Aが病弱であることを理由に、違反是正に関するもの一切を親族に委任する旨の委任状が提出された場合には、親族に対し、命令を発令するのが妥当ですか。

A3 親族がそもそも法第17条の4の「関係者」に該当しなければ、名宛人とはなりえません。

　法第17条の4は、防火対象物の関係者で権原を有する者を名宛人と定めています。この権原を有する者とは、消防用設備等の設置を法律上正当になすことができる者を指します。そこで、設例の「違反是正に関する一切」とする委任の趣旨が、Aに代わって親族が命令を受けたり、消防用設備等を設置することができたりする内容であれば、親族は、違反是正行為を「法律上正当になすことができる者」、すなわち権原を有する者と考えてよいと思います。

　しかし、親族が、そもそも法第17条の4の「関係者」に該当しなければ、名宛人とはなりえません。この点については、Aと同居している親族は、Aの占有補助者^(注)の地位にしかなく、独立した占有者とはみられません。また、Aから契約上、あるいは慣習上、その建物の管理を任されている立場にあるとする特段の事情でもあれば別ですが、設例だけではそうした根拠があるとみることもできません（前記の委任の内容は、違反是正に関するものであって、建物の管理についてのものとみることは少し無理があります。）。

　したがって、親族は「関係者」（所有者・占有者・管理者）には該当せず、命令の名宛人とすることはできないと解されます。なお、以上の結論は、Aが病弱であることとは関係がありません。

(注) 占有補助者…他人の手足となって物を所持することにより、その他人の占有を補助するにすぎないと認められる者をいいます。例えば、営業主と使用人、法人と役員、家族生活の中心にある者（世帯主、建物所有者、賃借人等である一方の配偶者）とその他の構成員（他方の配偶者や子供等）の関係で、後者は前者の占有補助者とされます。占有補助者には、独立した所持も、占有権も成立しません。

70

第5回 命令書の交付に関する問題事例（その１）

やむを得ず配達証明付内容証明郵便で命令書を送りましたが、戻ってきました。命令の効力はあるのでしょうか。

郵便での命令書の送付について、効力があるのか説明していきましょう。

　自動火災報知設備が未設置の建物所有者に対し、再三改善指導を行い、警告書も交付しましたが、資金がないとして改善に応じません。そこで命令を発令することとし、命令書を受け取りにくるよう連絡しましたが来庁せず、自宅に出向いて直接交付しようとしても、受取を拒否しています。やむを得ず配達証明付内容証明郵便で命令書を送付しましたが、不在を理由に戻ってきてしまいます。

Q この場合、命令の効力は発生しますか。発生するとすれば、発生時点はいつと考えられますか。

A この配達証明付内容証明郵便の留置期間の満了時点をもって、命令が建物所有者に到達したものといえますので、この時点をもって命令の効力が発生したことになります。

受領拒絶した命令の効力

(1) 書留内容証明郵便の不在返戻

　命令は、一般原則に従い、命令書が相手方に到達した時に、その効力が発生します（民法第97条第１項）。この「到達した時」とは、社会通念上、相手方の了知可能な状態に置かれたときを意味します。

第2章　命令をめぐる問題

　そこで本件のように、配達証明付内容証明郵便^(注)が不在を理由に返戻された場合、了知可能な状態に置かれたといえるかどうかがまず問題となります。

　この点については、最高裁が、遺留分減殺を表示した内容証明郵便が留置期間の経過により差出人に還付された場合において、受取人が、不在配達通知書の記載等から、郵便物の内容が遺留分減殺を意思表示した旨を十分に推知することができ、また、受取人がさしたる労力、困難を伴うことなく郵便物を受領することができた場合には、遺留分減殺の意思表示は、社会通念上、受取人の了知可能な状態に置かれ、遅くとも留置期間満了時点で、受取人に到達したものと認められると判示しています（最判H 10.6.11民集52・4・1034）。

　この判例によれば、本件においては、不在を理由に内容証明郵便が戻ってきたということですから、「書留等ご不在連絡票」が建物所有者の郵便受箱に投函されており、かつ、この連絡票には差出人の氏名、郵便物の種類（書留）が記載されていますので、建物所有者は、前記連絡票に記載されている郵便物が消防署長からの書留郵便であること、自動火災報知設備の設置を再三求められていた中で、命令書の受取を拒否していたことから、受領しなかった郵便物が自動火災報知設備の設置の命令に関するものであることは了知可能であったと考えられます。

　したがって、この書留郵便の留置期間（同会社では7日とされています。）の満了時点をもって、命令が建物所有者に到達したものといえますので、この時点をもって命令の効力が発生したことになります。

(2)　命令書写しの郵送

　前記のとおり、内容証明郵便の留置期間満了により命令の効力は生じますが、命令内容を建物所有者に了知させるため、命令書原本の写しを普通郵便で送付しておくことが肝要です。

　（注）日本郵便株式会社の内国郵便約款では、内容証明郵便物を一般書留として取り扱っています（同約款第121条第3項）。

第6回 命令書の交付に関する問題事例（その2）

現在日本に住んでいない外国人への命令書交付について教えてください。

外国人への命令書交付について、説明していきましょう。

外国人Aが所有する建物に自動火災報知設備が設置されていないため、命令の発令を検討していますが、この建物の管理会社Bによると、Aは日本に住民票があるものの、現在は外国に滞在しており、帰国予定や滞在先は不明とのことです。

Q 命令書の交付はどのようにすべきでしょうか。

A 公示の方法の要件を欠き、Aとの連絡も取れない場合には、Aの住所地にある居宅の郵便受箱に命令書の写しを投函し、命令書が相手方に到達したものとして手続を進めることになります。

1 公示の方法

まず、公示の方法（民法第98条）による命令の交付が可能かどうかが問題となります。公示の方法は、表意者（消防長等）が相手方の所在を知ることができないときに利用できますが、これには、その住所や居所が不明であることが要件となります。この場合の「住所」は住民票上の住所とは一致せず、生活の本拠という意味であり、「居所」とは、生活の本拠が

第2章　命令をめぐる問題

不明な場合に生活関係の中心となる地のことですが（民法第22条、第23条）、本件のAは、建物を所有し、その管理も委託していますので、住民票上の住所をもって一応の生活の本拠とみてよいでしょう。

2　生活の本拠といえるか

しかし、住民票上の住所があったとしても、実際にそこで生活していなければ、結局、生活の本拠とはいえません。例えば、住所地の近隣の住民への聞き取りにより、本人が自宅に出入りしている様子が全くないこと、電気・ガス・水道メーターが停止し、そこで生活している兆候がみられないこと、郵便受箱に多くの郵便物やチラシ類が投函されたままになっており、これを受領した形跡がないこと、Bへの連絡もなく、管理委託料などの支払いもないこと等の事情が判明すれば、生活の本拠とはいえず、結局、所在を知ることができない状況といえます。

そこでこうした調査で、住民票上の住所地に居住していないこと及び居所も不明であることが証明されれば、公示の方法により、命令の交付が可能となります。[注]

3　管理会社を通じた所在調査

なお、Bを通じて、Aの所在を調査することも可能です。Bは、Aが所有する建物を管理する関係者として、法第4条を根拠に、管理契約書の提出やAとの連絡手段（メールや電話等）を報告させるなどして、メールアドレスや携帯電話番号等を把握できます。仮にメールや電話等でAと交信できれば、帰国予定やその日時を聴取のうえ、帰国を待って命令書を交付することが可能となります。また、場合により、Aとの交信で判明した滞在先に、書留郵便で命令書を送付することも可能でしょう（ただし、配達証明が可能かどうかは、外国の事情によります。）。

第6回　命令書の交付に関する問題事例（その2）

4 自宅への命令書の謄本の投函

　しかし、公示の方法の要件を欠き、Aとの連絡も取れない場合には、A
の住所地にある居宅の郵便受箱に命令書の謄本を投函し、命令書が相手方
に到達したものとして手続を進めることになります。この場合は、投函に
至る一切の経緯を文書（写真含む。）に記録し、署長等の決裁権者を含む
火災予防に係る職員全員の供覧（各供覧者の押印のあるもの）に付して公
文書化しておくことが肝要です。

　（注）公示の方法による場合は、自動火災報知設備を設置せよとの命令（意思表示）が、
　　　　官報に掲載された日又は市役所等の掲示場に掲示を始めた日から2週間を経
　　　　過した時にAに到達したもの（交付があったもの）とみなされます（民法第
　　　　98条第3項）。

第2章　命令をめぐる問題

第7回　消防用設備等の不備に対する使用停止命令の発令要件

消防用設備等設置命令の履行期限が過ぎても是正されない場合の対応について、教えてください。

使用停止命令について、説明していきましょう。

　本件建物は、延べ面積500㎡の木造2階建で、1階は無窓階で床面積300㎡の家具販売店舗、2階は床面積200㎡の住宅です。1階の店舗には、多数の家具類が陳列されていますが、客の出入りはそんなに多くはありません。
　この建物では、1階に屋内消火栓設備が、また建物全体に自動火災報知設備が必要ですが、いずれも設置されていません。そこで、これらの設置命令を発令しましたが、履行期限を経過しても設置されていません。

Q1 法第5条の2第1項の使用停止命令は可能ですか。

A1 可能と考えられます。

　本件建物は、1階が床面積150㎡以上の無窓階の物品販売店舗ですから、この階に屋内消火栓設備が必要です（令第11条第1項第6号、第9条）。また延べ面積が300㎡以上ですので、全館に自動火災報知設備が必要となります（令第21条第1項第3号イ）。ところが、これらの設備が設置されておらず、その設置命令にも従わないということですから、その次の措置

としての法第５条の２第１項の使用停止命令をかけることができるか、つまり、同命令の発令要件を満たしているかが問題となります。

1 個別的・具体的危険性

まず、法第５条の２第１項第１号は「第17条の４第１項若しくは第２項の規定により必要な措置が命ぜられたにもかかわらず、その措置が履行されず（中略）引き続き、火災の予防に危険であると認める場合」と規定していますので、設置命令前の状態において、防火対象物の位置、構造、設備又は管理の状況といった個別的・具体的な状況について火災予防危険等の存在が要件とされています。

そこで、この個別的・具体的危険とは何かが問題となりますが、これは文字どおり、その建物の具体的な状況に照らして、個々的に判断すべきもので、統一的な基準があるわけではありません。しかし、判断のポイントとしては、次のようなことが考えられるでしょう。

第１に、重要な消防用設備等が不備であることを基本としつつ、用途や構造、規模、他の消防法違反の事実の有無やその状況が挙げられます。例えば、用途が、多数の者が出入りし収容人員も多い特定防火対象物である、又は避難に介助が必要な要配慮者が入居する福祉施設である、あるいは無窓階や避難階段が１つしかない等の構造である、防火管理者が選任されていない、消防計画も未作成である、防炎物品が使用されていない、さらには消防機関へ通報する火災報知設備や誘導灯もないといった消防法令違反がある等です。

第２に、防火、避難に関する建築基準法の違反の有無やその状況が挙げられます。例えば、防火壁や防火区画がない、階段、排煙設備、非常用照明装置等の避難施設が不備である、さらには、耐火構造であるべきところ、非耐火構造である等です。

第３に、避難経路を含めた避難の困難性が挙げられます。例えば、避難経路が複雑であったり、狭い等避難が容易でない構造を有していたり、建物の天井や壁材等が難燃性ではない、煙により有毒ガスを発生させる材質

第2章　命令をめぐる問題

である、あるいは建物内部に恒常的に可燃物が多数存置されている等から、火の回りも早く、避難が容易でないなどの状況にあったりするということです。

　以上のほかにも考慮すべき要素はあると思われますが、要は、こうした事情を総合して、「この建物は、火災の予防において極めて危険だ」と判断されることが最も重要です。この意味で、この判断は、消防機関の合理的裁量に任せられていると解されます。

2　本件建物の個別的・具体的危険性

　まず、本件建物は、令別表第1⒃項イの特定複合用途防火対象物に該当しており、1階店舗には多数の者の出入りが予定されています。また、同階には屋内消火栓設備が未設置であるうえ、建物全体に自動火災報知設備が設置されておらず、重要な消防用設備等の2つが設置されていません。さらに、1階には可燃物たる家具類が多数陳列されているうえ、同階は床面積が300㎡と比較的広いにもかかわらず、避難や消火活動に有効な開口部を有しない無窓階の構造ということですから、例えば、店舗入口近くで出火した場合、店舗奥にいる人々の避難が容易でないことが想定されます。こうした状況を踏まえると、他の消防法令や建築基準法令違反の有無が気になるところですが、この建物の具体的な火災危険・人命危険が想定されるとみてよいでしょう。したがって、法第5条の2第1項の命令は可能と考えられます。

3　客の出入りが少ないことと命令要件との関係

　本件建物の1階店舗では、客の出入りが多くはないとのことですが、法第5条の2は、実際にも客が多く出入りすることを要件とはしていません。客が多くても少なくても、前記2の状況に照らせば、店舗としての火災危険・人命危険に違いはないからです。したがって客の出入りの多寡は、原則として命令要件に影響を与えません。もっとも、恒常的に人の出入りが少ない場合には、その限度で人命危険が減少しますので、警察比例の原則

78

第7回　消防用設備等の不備に対する使用停止命令の発令要件

（P.68参照）が働く余地があります。その場合は命令を留保し、まず告発することを検討すべきでしょう。

Q2 Q1が可能である場合、2階の住居部分を含めた全体に、使用停止命令を発令すべきですか。

A2 1階店舗に限定すべきです。

　使用停止命令は、1階店舗に限定すべきです。前述のとおり、本件建物の個別的・具体的危険を示す状況は、ほとんどが1階店舗に当てはまりますが、2階の住宅は、そのような状況にないことから、使用停止命令が必要やむを得ない措置とはいえないからです。

Q3 仮に建物全体に自動火災報知設備のみが設置され、店舗への屋内消火栓設備の設置が履行されなかった場合、使用停止命令は可能ですか。

A3 可能と考えられます。

　本件建物の構造（特に無窓階である点）、用途（店舗）、使用状況（可燃物の存在）からみて、屋内消火栓設備は不可欠であり、これを欠くことによる具体的な火災危険・人命危険を否定することは困難です。ただし、自動火災報知設備が設置されていることから、警察比例の原則が働く余地があり、恒常的に人の出入りが少ない場合には、よりこの原則の働く余地が大きいとはいえるでしょう。

第2章　命令をめぐる問題

第8回　屋内階段室にある存置物件への対応

法第5条の3による命令用件について、教えてください。

法第5条の3について、説明していきましょう。

　本件建物は、5階建の耐火造のビルで、1階から3階までは飲食店、4階と5階は事務所が入っています。このビルには唯一の避難経路である屋内階段室がありますが、その3階の階段室には多量の段ボールやビールケース等が積み上げられており、これらが人の通行の支障となっています。また、4階の階段室にはスチール製のロッカーが2本（いずれも高さ2m、横幅1m、奥行30cm）置かれていますが、人の通行に特に支障はありません。なお、この階段室は、外部から自由に出入りができ、守衛等の管理人はいません。

Q1 段ボールやビールケース等及びスチール製ロッカーについて、法第5条の3による除去命令は可能ですか。

A1 3階の段ボール、ビールケース等については除去命令が可能ですが、4階のロッカーは除去命令はできません。

1　法第5条の3の命令要件

　法第5条の3第1項は、火災の予防に危険であると認める物件や、消火、避難その他の消防の活動に支障になると認める物件の所有者等に対し、火

災の予防又は消防活動の障害除去のために必要な措置命令をすることができる旨定めています。この「火災の予防に危険であると認める物件」とは、それ自体、火災発生の危険がある物件のほか、火災が発生した場合に延焼・拡大の危険がある物件をいいます。したがって、危険物のほか、燃焼のおそれのある可燃物がこれに該当します。

また、「消火、避難その他の消防の活動に支障になると認める物件」とは、消火、避難等の消防活動の支障となる物件一般を意味します。そして、これらの危険や支障が、一般的・抽象的に認められるだけでは足りず、個別的・具体的に認められることが必要です。これは、物件の除去といった公益優先のため、一部関係者の権利を犠牲にするような強い権限を、消防機関に付与したことによるものです。

そこで、この個別的・具体的な判断要素としては、まず、物件の形状や性質、その量、置かれている状況等が挙げられます。さらには、物件が所在する建物の状況、例えば、その構造、規模、用途、管理の状況のほか、避難経路の状況、スプリンクラー設備や屋内消火栓設備等の消防用設備等の設置状況等も、火災危険性等の具体的判断の要素となります。

以上を踏まえ、本件をみてみましょう。

2 段ボール等の火災危険、避難等の支障

多量の段ボールやビールケース等は、火災が発生した際、延焼・拡大の危険がある物件であることは明らかでしょう。また、それらが置かれている屋内階段室へは、外部からの侵入が自由であり、入口に守衛等の管理人もいないことから、放火を誘発しやすい状況にあり、火災発生の原因ともなりえます。したがって、消防用設備等の設置状況については明確ではありませんが、「火災の予防に危険であると認める物件」とみてよいと思われます。

また、屋内階段室は、唯一の避難経路であり、そこに段ボール等が人の通行に支障が出る程度に多量に積み上がっており、火災が発生した場合、段ボール等の燃焼により、当該階段室や、その上階の階段室に熱や煙が充

第2章　命令をめぐる問題

満し、本件ビルの唯一の避難経路である屋内階段の通行が困難となることは、分かりやすい道理でしょう。

したがって、避難の支障が具体的に認められ、「消火、避難その他の消防の活動に支障になると認める物件」にも該当します。

3 ロッカーの火災危険、避難等の支障

ロッカーはスチール製ですから、それ自体、火災発生の危険はありませんし、延焼・拡大の危険もありません。問題は、消火、避難等の支障となるかどうかという点です。これは、当該4階の屋内階段室の広さや、屋内階段とロッカーの位置関係等とも関連しますが、設例では、ロッカーが人の通行の支障になることはないとのことですので、屋内階段室及び屋内階段の通行に具体的な支障があるとまではいえず、消火、避難等の支障となる物件とみることは困難でしょう。

4 結　論

以上から、3階の段ボール、ビールケース等については除去命令が可能ですが、4階のロッカーには除去命令はできません。

Q2 4階ロッカーの除去命令が可能でない場合、ほかにどのような対応が可能ですか。

A2 ビルの所有者に対し、防火管理者がロッカーを撤去させるよう命ずる防火管理適正執行命令を発令することになります。

ロッカーについては、法第5条の3第1項による除去命令ができないとなれば、ほかにどのような対応が可能かが次に問題となります。

法第8条の2の4は、防火対象物の廊下や階段等の避難上必要な施設について、避難の支障になる物件がみだりに存置されないよう管理されなければならない旨定めています。本件屋内階段室は、この「避難上必要な施設」に該当します。また、この階段室は、本件ビルの共用部分に当たりま

すので、同所へのロッカー存置には正当な理由はなく、同条が定める「みだりに存置」されている状況といえます。そもそも屋内階段室は、本件ロッカー等を存置するための空間ではないうえ、本件ビルでは唯一の避難経路ですから、一般的、抽象的な避難の支障があると考えられます。

したがって、このロッカーの存在によって、火災の発生ないし延焼・拡大に至る危険や、避難、消火等の消防活動上の支障が具体的に認められないとしても、同条が定める避難施設の管理義務に違反した状況にあるとみてよいでしょう。

そこで、本件ビルは、飲食店と事務所が混在する令別表第1(16)項イの複合用途防火対象物に該当し、防火管理者の選任が必要ですので、防火管理者が選任されていれば、ビルの所有者に対し、防火管理者をしてロッカーを撤去させるよう命ずる防火管理適正執行命令を発令することになります（法第8条第4項）。法第8条の2の4には、避難上必要な施設についての管理義務が明記されていますが、法第8条第4項の命令の前提となる同条第1項にも、避難上必要な設備の維持管理義務が定められており、両者には共通した義務が設けられています。そこで、前者の義務の違反に対し、後者の命令規定の適用が可能となります。

また、仮に防火管理者が選任されていない場合には、まず、防火管理者の選任命令の発令から始めることになります。この場合、この選任命令と適正執行命令を同時に発令することも可能ですが、後者の履行期限を遅らせる等の工夫が必要でしょう。

第2章　命令をめぐる問題

第9回　点検・整備等をめぐる諸問題

賃借人による消防用設備等の点検・整備等におけるいくつかの問題について、教えてください。

賃借人の消防用設備等の点検・整備等における問題について、説明していきましょう。

　Aは、その所有する延べ面積800㎡の建物を、物品販売店舗としてBに賃貸していましたが、その後、BがAの承諾を得て、カラオケボックスに改装して営業しています。この建物には自動火災報知設備は設置されていますが、屋内消火栓設備がありません。この建物にはBが選任した防火管理者がいますが、その選任届出がなく、消防計画の作成や、自動火災報知設備の点検・整備もなされていません。

Q1 本件建物の賃借人であるBが防火管理者を選任していますが、この選任は適法ですか。

A1 Bは管理権原者に該当するので適法です。

　法第8条第1項に規定している防火管理者の選任主体である防火対象物の管理について権原を有する者（以下「管理権原者」といいます。）とは、火気の使用又は取扱い等の防火管理に関する事項について、法律、契約又は慣習上、当然行うべき者であって、その所有形態、管理形態、運営形態等を総合して判断するものとされています。したがって、通常は防火対象物の所有者がこれに該当しますが、賃借人である本件建物の占有者のBもこれに当たるかどうかが問題となります。

第9回　点検・整備等をめぐる諸問題

これについては、所有者Aとの間の賃貸借契約において、Bが防火管理に関する権限を付与されている等の特約があれば、これに当たることは疑いありません。しかし、そうした特約がない場合でも、当初の契約で定めた使用目的である物品販売店舗としての使用を、全く別の用途であるカラオケボックスとしての使用に変更し、それについてAの承諾がある、ということですから、Bは、新たな使用目的を有する建物の所有者に準じた地位にあるとみることができます。また、カラオケボックスとして営業しているということですから、その管理・運営も全てBが行っているとみられます。したがって、Bは、消防法との関係では、カラオケボックスの所有者に準じた者として、あるいは少なくとも「慣習上」火気の使用又は取扱いを行うことができる者と同視して取り扱ってよいと思われます。

よって、Bは法第8条第1項に規定する管理権原者に該当し、同人による防火管理者の選任は適法です。

Q2 Bに対し、自動火災報知設備の点検・整備を命ずることはできますか。

A2 消防計画に基づかない自動火災報知設備の点検・整備を命ずることはできません。

1 防火管理者選任届出未了と点検整備命令の可否

法第8条第4項に規定する消防用設備等の点検整備命令は、管理権原者に対し、防火管理者をしてこれを行わせるよう命ずる、というものですから、事前に、又は少なくともその命令と同時に、防火管理者が選任されていることが前提となっています。ところが本件では、この防火管理者が選任はされているものの、その選任届出が未了である、ということですから、この選任届出がなされていない場合でも、選任されたものとみてよいか、という点が問題となります。

これについて法第8条第1項は、防火管理者は管理権原者が定めると規

85

定し、同条第2項で、防火管理者が定められたときはその届出をしなければならないと規定していますので、消防法は、防火管理者の選任に関する実体的要件と、その手続要件とを明確に区別していることが明らかです。そして、防火管理者の選任は、一般国民による火災予防体制の確立を目的とする一方、選任の届出は、消防機関と防火管理者との相互連絡協調を保って、火災予防の実を上げることを目的としており、両者は必ずしもその目的を同じくしているわけではありません。

　したがって、仮に届出がない場合でも、管理権原者による選任があれば、実体的には防火管理者として有効に成立していることになり、当該防火管理者に設備の点検・整備をさせる旨の消防用設備等点検整備命令を行うことは可能になります。ただし、選任の未届出は刑事処罰の対象ですから（法第44条第8号）、命令と同時に、その選任届出の履行を勧告しておくべきでしょう。

2 消防計画に基づかない点検・整備の可否

　ところで、本件では、消防計画が作成されていないことから、同計画に基づかない点検・整備は可能かという点が、次に問題となります。

　消防計画の作成と、これに基づく設備の点検・整備に関して消防法は、管理権原者の義務、防火管理者の責務、という両面から規定を設けています。すなわち、管理権原者の義務として、防火管理者による消防計画の作成と、これに基づき設備の点検・整備を行わせる旨規定し（法第8条第1項）、防火管理者の責務という見地から、消防計画の作成、及びその届出と、これに基づく設備の点検・整備等を規定しています（令第3条の2第1項、第2項）。

　このように、消防用設備等の点検・整備については、消防計画に基づくことが消防法、同施行令により明記されているところですから、これに基づかない点検・整備は、仮に事実上これが行われることがあっても、消防法上の点検・整備とはいえず、結局、同法との関係では点検・整備がなされていない、といわざるを得ません。

第9回　点検・整備等をめぐる諸問題

したがって、管理権原者のBに対し、消防計画に基づかない自動火災報知設備の点検・整備を命ずることはできません。消防機関としては、管理権原者のB及び本件建物の本来の管理権原者であるAに対し、防火管理者をして消防計画を作成することを命じ、この命令の履行を確認したうえで、改めて自動火災報知設備の点検・整備を命ずることになります。

Q3 一般に、未設置である屋内消火栓設備に対しても、消防用設備等点検整備命令は可能ですか。

A3 未設置の屋内消火栓設備に対する消防用設備等点検整備命令を行うことはできません。

本件建物は、令別表第1(2)項ニに該当し、延べ面積が800㎡ですので、自動火災報知設備のほか、屋内消火栓設備が必要です（令第11条第1項第2号）。しかし、この設備が設置されていない、ということですから、現に設置されていない設備に対して点検整備命令を行うことはできません。物理的に存在しないものに対し、点検や整備を行う余地がないからです。仮に命令しても、それは点検・整備を行う対象がないものに対するものとして無効というべきでしょう。

よって、未設置の屋内消火栓設備に対する消防用設備等点検整備命令を行うことはできません。

第3章　証拠の収集をめぐる問題

第3章　証拠の収集をめぐる問題

第1回　親が所有し子が占有する防火対象物への是正措置

高齢・入院中の建物所有者に対するいくつかの対応について、教えてください。

このような場合における建物所有者への対応について、説明していきましょう。

　本件建物は、1階が飲食店、2階がカラオケ店、3・4階が共同住宅の複合用途防火対象物ですが、建物全体に自動火災報知設備が設置されていません。この建物はAが所有しており、1・2階は、その息子のBが使用（占有）しています。
　Aは高齢で、現在心筋梗塞と肺炎等で入院中であり、当分退院ができない状況です。Aの自宅が本件建物とは別の所にあるので、違反是正の指導は、本件建物で飲食店とカラオケ店を経営しているBに対して行っています。

Q1　実況見分の立会人をAとしなければなりませんか。

A1　Aのみを立会人とする必要はありません。

実況見分の立会いについて

　実況見分は、法第4条の立入検査の一環として行うべきもので、その際、関係のある者に質問することができます。したがって、実況見分に際しては、この関係のある者が立ち会うことを予定しています。

90

第1回　親が所有し子が占有する防火対象物への是正措置

　また、実況見分は違反現場において直接違反の状態や物の存在を現認するために行われるものですから、立会人にはそうした状態や物の位置、形状等を客観的に述べることが可能な者が適任です。

　そうすると、そうした適任者は、必ずしも所有者だけにとどまるものではないので、Aのみを立会人とする必要はありません。むしろ本件では、Bを立会人とするのが適切です。なお、実況見分に必ずしも立会いが必要ではないことは、留意しておくべきでしょう。

Q2 入院中のAに電話をして録取した内容で質問調書を作成することは妥当ですか。

A2 電話による録取は妥当ではありません。

電話による質問調書の作成について

　質問調書は、供述内容が重要な証拠となります。しかし、電話による録取は、話し方によっては聞き取りにくい場合や聞き漏らすこともありますので、100％確実に会話を確保できないおそれがあります。

　また、質問調書を作成したときは、その供述内容が正確であることを担保するため、相手方にその内容を閲覧させるか、読み聞かせて、誤りがないかどうかを確認しなければなりません。しかし、電話では、この確認作業が不可ないしは十分ではない可能性が出てきます。さらに、その場で相手方に署名押印を求めることもできません。また、質問調書が2枚以上にわたる場合、1枚ごとに契印を要しますが、相手方のいない場所での契印は、任意に作成した書面を挿入して契印したのではないかなど、相手方に書面が一連のものか否かを疑わせる要因にもなりえます。

　したがって、こうした事情が解消されるといった特段の事情がない限り、電話による録取は妥当ではありません。

　以上は、入院療養中の者に対しても同様であり、本件のように、Aが軽

第3章　証拠の収集をめぐる問題

くはないと思われる症状で入院中のようなケースでも、医師の事前の意見を聞いたうえで会話が可能であれば、直接の聴取を試みるべきです。もし、これが困難なときは、Aの息子であるBが事情を知っている場合には、同人への聴取を検討しなければなりませんので留意してください。

Q3 命令書は、Aに交付しなければなりませんか。

A3 必ずAに交付しなければならないわけではありません。

命令書の交付先について

命令書は、相手方に対する意思表示なので、相手方に到達しなければその効力を生じませんが、この到達については民法の一般原則に従います。

そうすると、命令書が社会通念上相手方の支配する領域に入れば到達したことになり、命令の効力が発生します（消防庁の違反処理標準マニュアルによれば「社会通念上一般に了知することができる客観的状況に置かれたとき」とされています。）。例えば、相手方が直接受け取らなくても、その住所地に同居する家族（妻等の親族）がこれを受領したり、住所地の郵便受等に投函されたりした場合などです。

したがって、Aの自宅で同居している妻等の家族が、命令書を受け取ることも可能です。よって、必ずAに交付しなければならないことはありません。

Q4 Aが実質上是正する能力がないものとして、命令書をBに交付することは可能ですか。

A4 設例のケースにおいては、Aに命令書を交付することは可能であり、Bに交付することはできません。

占有者 B への命令書の交付について

　まず、「違反是正能力がない」とはどのような状態を指すのか考えてみましょう。本件ではAは入院中であり、早期の退院が見込まれないそれなりに症状の重い状態だと思われます。

　しかし、単に症状が重いという理由だけでは、違反是正を行う能力がないとはいえません。当該疾病によって、判断能力を欠く状態にまで至っていない限り（つまり、事理弁識能力(注1)を全く欠く状態でない限り）、違反を是正する能力に何の影響も与えません。

　本件においては、Aがそうした状態にあるのかどうか必ずしも明らかではありませんが、一般には心筋梗塞や肺炎といった症状のみでは、仮にその症状が重いとしても、物事の判断能力を全く欠いている状態とはいえないでしょう。したがって、Aが症状によって命令書を受領する能力（「受領能力」(注2)といいます。）を欠いているといった特段の事情でもない限り、入院中のAに対し命令書を交付してよいわけです。

　なお、仮にAが受領能力を欠いている場合でも、自動火災報知設備の設置義務自体が消滅するものではありませんので、息子とはいえBを名宛人とすることはできません。

> （注1）事理弁識能力…売買や賃貸借等の法律行為を適切に行うための判断能力をいいます（詳細は第5章第5回の解説を参照）。
>
> （注2）受領能力…他人から受けた意思表示の内容を理解する能力をいいます。この能力を欠く場合は、受けた意思表示（命令書の受領）の無効を主張できます（民法第98条の2）。

Q5 Bに命令書を交付する場合、名宛人をBに変更すべきですか。

A5 原則として、Bを名宛人とすることはできません。

第3章　証拠の収集をめぐる問題

名宛人のBへの変更について

　本件建物の所有者がAである限り、Aが名宛人であり、Bは名宛人とはなりません。名宛人をBに変更することもできないということになります。

　ただし、BがAから本件建物全体についての管理を委ねられており、消防用設備等の設置、維持についても任せられているといった特段の事情があれば、Bもまた、Aと並んで自動火災報知設備の設置権原があることになるので、Bを名宛人としてよく、その場合はBに命令書を交付することができます。しかし、この場合もAの設置義務が消滅するものではありません。

　BがAの息子であること、BがA所有の建物の1・2階を占有していること、従来からBが消防機関からの是正指導を受けてきたこと、といった事情を考慮しても、本件建物全体の管理権原と消防用設備等の設置権原を、AがBに委任することを示す合意文書がない限り、Bを設備の設置権原者とみて名宛人とすることは困難です。

Q6　仮にAが死亡した場合、違反処理はどのように進めるべきですか。

A6　Aが死亡した場合は、本件建物を相続した相続人が名宛人となります。

A死亡の場合の違反処理について

　Aが死亡した場合は、本件建物を相続した相続人が名宛人となります。誰がその相続人であるかは、本件建物の登記簿謄本に特定の相続人が相続した旨の記載があれば、この相続人が本件建物の所有者であることが分かります。なお、今般の不動産登記法の改正により、相続人に対し、相続による所有権移転の登記申請義務が課されました（同法第76条の2）。これを怠った場合には10万円以下の過料に処せられるので（同法第164条）、今後は、この登記がなされた者を義務者として違反是正を行う機会が増え

94

るものと思われます。

しかし、そうした登記がなされていない場合には、遺産分割協議書が存在し、かつ、その中で本件建物を相続した者が明示されていれば、同人を名宛人としてよいでしょう。この場合、取得した財産が、その人の法定相続分を超えている場合は、その超過分について、登記などの対抗要件を備えることが必要ですので、その点の確認が必要となります（民法第899条の2）。

また、遺産分割もなされていない、あるいは分割したかどうか不明、という場合はどうでしょうか。Aの死亡により本件建物は、その相続人全員の共有とされる（同法第898条）一方で、各相続人がその相続分に応じて権利・義務を承継します（同法第899条）。そこで、Aが負担していた自動火災報知設備の設置義務も、各相続人が、その相続分に応じて承継することになります。

しかし、現実には相続分だけの設備を設置することは物理的に不可能ですから、この設備を設置する義務は、全員の不可分的な債務である、とみるべきでしょう。そうすると、民法の不可分債務の規定をこの場合に準用し、相続人のうちの1名に対し、あるいは全員に対し、同時若しくは順次に全部の請求をすることができ、相続人の中の1人が履行すれば、全相続人の義務が消滅することになります（同法第430条、第436条）。

なお、本件建物は、相続人全員の共有ですので、これに消防用設備等を設置することは、共有物の管理に関する行為となります。そうすると、原則として各相続持分の過半数が設置に反対すれば、設置できないことになりかねません（同法第252条第1項）。

しかし、消防用設備等の設置義務は消防法上の義務ですから、当事者の意思で変更したり、消滅させたりすることはできませんし、相続人全員がAの地位（設置義務）を承継していることの整合性にも欠けます。したがって、この共有の規定の適用はないと考えられます。

以上のことを踏まえると、消防機関としては登記簿謄本や戸籍謄本で相続人を確認し、少なくともそのうちの1名（死亡者の配偶者等）に対し、

第3章　証拠の収集をめぐる問題

同設備の設置を命じてよいことになります。なお、特定の相続人が、命令に応じて同設備を設置した場合には、他の相続人の負担部分に応じた額の求償権を取得します（民法第442条第1項）。

Q7 本件建物には、市税の滞納による差押えがあります。違反処理を進めるうえで留意すべき点はありますか。

A7 差押えがある場合でも、違反処理の手続に影響を与えません。

滞納処分がある場合の留意事項

　本件建物に、市税の滞納による差押えがある場合でも、違反処理の手続に影響を与えません。

　差押えは、その所有者による処分（売買、抵当権の設定等）を禁じたうえで公売により換価し、その換価代金をもって滞納税金の弁済に充てようとするものですから、当該不動産の価値（交換価値）に変動がなければ、その差押えの目的は達成できます。したがって、例えば所有者（滞納債務者）は、差押えにかかる執行手続が終了するまで（所有名義が買受人に移転するまで）は建物を通常の用法に従って自ら利用し、又は他人に占有（使用）させて収益を上げることは差し支えありません。

　また、本件建物に自動火災報知設備を設置（これは前述の「処分」には当たりません。）しても、差押えの効力に変更はありません。この設備は、建物に付合（P.17参照）して建物所有権の一部となりますので（民法第242条）、従前の建物との同一性は維持されます。むしろ、その交換価値を高めるものといえますので、差押えの効力は、設備を設置した後の建物全体に及んでいると考えられるからです。

　よって、差押えがあっても、従前どおりの違反処理を進めて、何ら差し支えありません。

第2回　服役中の受刑者への是正措置と破産した場合の名宛人

建物所有者が服役している場合の手続等について、教えてください。

服役中の所有者に対する手続等について、説明していきましょう。

　本件建物はＡが所有していますが、この建物には多額な市税の滞納による差押えがあります。さらに、今般の立入検査により、自動火災報知設備が未設置であることが判明しました。立入検査に立ち会ったＢによると、Ａは刑務所で服役中であるとのことです。

Q1 Ａの収監先の刑務所を調べるにはどのような手続をとればよいですか。

A1 正式に文書で収監先の照会をすることになります。

　一般に捜査機関では、受刑者の収監先については明らかにしないのが実務の取扱いです。これを明らかにしますと、外部を通じて逃走のおそれ等があるからです。

　しかし、消防機関に対してその所在を明らかにしても、そうした懸念は全くありませんので、まず、服役の有無等を所管している法務省矯正局成人矯正課に回答の可否を電話照会したうえで、法第35条の13に基づき、正式に文書で収監先の照会をすることになります。

第3章　証拠の収集をめぐる問題

Q2　服役中のAに対し、立入検査結果通知書や警告書を交付できますか。また、各書類は配達証明で郵送する必要がありますか。

A2　立入検査結果通知書や警告書を交付することは可能です。配達証明で送付することも可能と思われます。

　Aが刑務所に服役中であっても、立入検査結果通知書や警告書を交付することは可能です。服役中の受刑者に対しては、国又は地方公共団体の機関から受ける信書（立入検査結果通知書や警告書を含む。）については、当該信書であることが確認できれば、その受領が許されています（刑事収容施設及び被収容者等の処遇に関する法律第126条、第127条第2項第1号）。

　そこで、そうした書面を配達証明にすべきかという点ですが、刑事施設及び被収容者の処遇に関する規則では、在監者宛の信書は、郵便又は電報の方法によるものとされているものの、この場合の郵便は、書留、配達証明、内容証明等による方法（郵便法第44条）は除外されていません（刑事施設及び被収容者の処遇に関する規則第80条第2項）。したがって、配達証明で送付することは可能と思われます。ただし、配達証明によらなければならないとの定めもありませんので、その必要があるとまではいえません。

Q3　現在、Aに対して破産の申立がなされていますが、今後、破産手続が開始された場合、命令書の名宛人は誰になりますか。

A3　破産手続が終結する前又は破産管財人が建物を放棄する前の名宛人は破産管財人ですが、それ以降はAが名宛人となります。

　Aが破産した場合は、同人が本件建物（不動産）を所有していることから原則として破産管財人が選任され、この不動産の処理等に当たります。破産管財人が選任されると、Aの所有する一切の財産は破産財団を構成し（破産法第34条）、破産管財人がこの破産財団に属する財産の管理・処分

権を専有します（同法第78条第1項）。

　さて、自動火災報知設備の設置は、この「破産財団に属する建物の管理又は処分」に該当しますので、破産管財人の権限に含まれます。したがって、同設備の設置命令の名宛人は原則として破産管財人となります。

　ところで、本件建物には市の差押えがありますので、破産管財人は市税の滞納分を支払い、この差押えを抹消しない限り、事実上売却できません。したがって、滞納額が多額であることを考慮すると、本件建物については、追って破産管財人が破産財団から放棄することが十分考えられます（同法第78条第2項第12号）。放棄した場合は、建物の管理処分権がAに復帰しますので、この場合の名宛人はAとなります。なお、破産手続が終結した場合も同様です。

　したがって、命令を発令する際には、破産手続が終結しているか否か、また、破産管財人が建物を放棄しているか否かを確認したうえでなければなりません（これらの点は、直接破産管財人に確認できます。）。

　よって、破産手続が終結する前又は破産管財人が建物を放棄する前の名宛人は破産管財人ですが、それ以降はAが名宛人となります。

第3章　証拠の収集をめぐる問題

第3回　質問調書の作成をめぐるよくある疑問

質問調書について、いくつかの疑問があるので教えてください。

質問調書について、説明していきましょう。

　先日、物品販売店舗に立入検査に入ったところ、必要な消防用設備等が設置されていないことが判明しました。そこで、立会人の店舗所有者からその事情等を聞き取り、手控えを作成しましたが、質問調書自体は消防署で作成することにしました。
　後日、店舗所有者を同署に呼んで調書を作成しようとしましたが、同人は、「印鑑の持ち合わせがない」と言い、質問状況の写真撮影や録音を要求し、そのうえ、調書の写しの交付も求めています。

Q1 立入検査の現場で建物所有者から録取した記録を、後日消防署で調書として作成し、所有者を呼んで署名押印を得た場合、この質問調書の証拠能力はありますか。

A1 証拠能力がないとはいえません。

消防署での質問調書の作成

　立入検査を規定する法第4条は、質問権についての定めはありますが、質問調書についての定めはなく、被質問者の面前で作成しなければならないとの定めもありません。したがって、現場で聞き取った内容を、後日消

第3回　質問調書の作成をめぐるよくある疑問

防署で調書として作成し、本人を呼んで読み聞かせ、署名押印を求めても、証拠能力（証拠となりうる資格）がないとはいえません。被質問者が内容について誤りがないことを認めている以上、現場で作成しても、消防署で作成しても、作成場所が異なるだけで、その内容に差違が生ずるものではないからです。むしろ、現場ではうまく作成できず、後で落ち着いてから作成した方が、より正確な調書が作成できることもありうるでしょう。

　質問権は、実況見分等の検査だけでは把握が十分でない事情（設備設置状況の詳細、違反の動機、是正の意見等）を補完する機能を有していますが、それらの事情を明らかにするものであれば、現場で作成をしなければならないということには当然なりません。ちなみに、建物所有者を消防署に招致して質問し、質問調書を作成しても、その証拠能力に影響はありません。

Q2　被質問者が印鑑を持ち合わせていないため質問調書の押印ができない場合、指印でも可能でしょうか。また、署名、押印（指印）を拒否した場合はどう対応すべきですか。

A2　実務的には必ず署名を求め、押印ができなければ、その代用措置としての指印をさせることは可能です。拒否した場合は、とにかく読み聞かせたうえで、誤りがない旨の確認を求め、そのうえで署名押印を拒否した旨を質問調書の末尾に付記しておくべきでしょう。

質問調書への指印の当否等

　質問調書には、署名又は押印が原則として必要です。これがないと、そもそも本人が供述したかどうか確定できませんし、将来、告発した場合の裁判の証拠とすることもできないからです。「又は」ですから、どちらか一方でもよいわけですが、実務的には必ず署名を求め、押印ができなければ、その代用措置としての指印をさせることは可能です。なお、犯罪捜査規範（警察官が犯罪捜査を行うに当たっての守るべき規律）では、供述者

第3章　証拠の収集をめぐる問題

が押印することができないときは、指印させなければならないと規定していることが参考となります（同規範第181条第1項）。

　署名も押印（指印）も拒否した場合は、相手方が任意に質問に応じている以上とにかく読み聞かせたうえで、誤りがない旨の確認を求め、そのうえで署名押印を拒否した旨を質問調書の末尾に付記しておくべきでしょう。そうすることによって、本人の供述であることが実質的に担保されることになります。

　なお、犯罪捜査規範では、供述者が署名又は押印を拒否したときは、警察官がその旨を記載して署名押印しておかなければならないとされています（同規範第181条第3項）。

Q3　質問調書を作成した際、被質問者から質問調書の写しの交付、写真撮影、録音を求められた場合、これに応じてよいでしょうか。

A3　質問調書の写しは交付できません。写真撮影も拒否すべきでしょう。録音も認められません。

写しの交付、写真撮影、録音の可否

　まず、写しの交付についてですが、法第4条第4項では、質問で知り得た関係者の秘密をみだりに他に漏らしてはならないと規定しています。この秘密とは、一般に了知されていない事実であって、それを了知せしめることが一定の利益の侵害になると客観的に考えられるものとされています（自治省行政実例 S 30．2．18自丁公発第23号）。要するに、一般に知らせることが本人の不利益になると認められる事実を意味しますので、消防法違反に関する供述内容は、この秘密に該当します。したがって、写しを交付した場合は、本人の情報であったとしても、この守秘義務を解除することにはならず、同条項に違反するおそれがあります。

　裁判例でも、自己情報であるからといっても、その権利を保護するためにその者だけに開示することは予定されておらず、個人識別情報に該当す

第3回　質問調書の作成をめぐるよくある疑問

る以上、不開示とするとされています（名古屋高判H15.5.8裁判所ウェブサイト、この原審名古屋地判H14.10.30訟務月報49・10・2946）。したがって、質問調書の写しは交付できません。

　次に、写真撮影については、どのような場面が写っているのかにもよりますが、人物が写っている場合は、これを許すと、消防法に違反したと思われる当事者や質問者等の写真が外部に漏れた場合、本人の名誉やプライバシーあるいは肖像権^(注)を侵害するおそれがあります。また、これとは別に、消防機関としても、誰に、どのような状況で質問をしているのか等の質問状況は、公的な秘密として、地方公務員法上の守秘義務（地方公務員法第34条第1項）に含まれると解されますから、これが外部に漏れれば、この義務に違反するおそれがあります。したがって、写真撮影も拒否すべきでしょう。

　また録音も、自ら供述した内容をチェックして自己に不利益にならないようにする目的であれば、読み聞かせや署名押印で内容のチェックが可能であり、被供述者の利益は保護されるので、録音までさせる必要はありません。また、供述内容については、既に述べたとおり、消防法上の守秘義務がありますので、録音内容が外部に流出した場合、この義務に違反するおそれもあります。したがって、録音も認められません。

　（注）肖像権…人が自己の肖像（写真、絵画、彫刻等）をみだりに他人に撮られたり、使用されたりしない権利のことで、憲法第13条に由来する人格権（人の生命、身体、自由、名誉、信用、肖像、プライバシー等、人と分離できない利益の総称）の一種です。

103

第3章　証拠の収集をめぐる問題

Q4 告発に際し、質問調書は必要でしょうか。質問調書がないと、証拠不足になりませんか。

A4 質問調書が必要というわけではなく、これがないことで、告発や捜査に支障があるものではありません。

告発に際しての質問調書添付の要否

　立入検査は、建物の実態を把握して違反があればその是正の指導のために行われるものですから、質問調書の作成が立入検査に必要不可欠のものであるとまではいえません。相手方が質問に応じない場合には、これを強制できず、その拒否に対しても罰則はないことがその根拠です。

　告発に際しては、当該建物に所定の消防用設備等が設置されていないとの事実が重要であり、そうした事実を立入検査結果通知書や実況見分調書、指導記録、違反調査報告書等の証拠で立証できれば、質問調書がなくても告発は十分可能です。告発後には、捜査機関が本人の供述調書を作成しますので、質問調書がないことが、告発や捜査に支障があるというものでもありません。

第4回　電話による質問調書の有効性

電話で質問し供述を得た調書は有効でしょうか。

遠隔地に居住している対象物関係者への電話質問について、説明していきましょう。

　違反指導中の対象物関係者が遠隔地に居住していることから、電話で質問し供述を記録しました。その際、相手方の了承を得て内容を録音し、会話の確保は十分にできました。この供述を調書としてまとめ、契印処理や電話対応した職員の署名押印等の処理を行い、相手方の署名押印部分のみ空白としたものを相手方に送付し、内容に誤りがなければ署名押印して返送してもらうことにしました。

Q 本調書を有効なものとして取り扱うことは可能でしょうか。

A 有効とみてよいでしょう。

　設例にある諸条件を具備すれば、電話による質問調書も有効とみてよいでしょう。

　対面していない相手方と電話でやり取りを行い、その結果を質問調書として作成する場合は、相手が面前に存在しないことによる調書作成上の不都合がありえます。まず、調書を作成しても、これをその場で相手に読み聞かせたり、閲覧させたりすることができませんし、署名押印をさせることもできません。また、直接の対話であれば、相手の表情や雰囲気、態度、

第3章　証拠の収集をめぐる問題

身振り、言葉の抑揚、強弱等を見ながら質問を変えたり、繰り返したりするなどの臨機応変な対応ができますが、電話会話ではそれも不可能です。

さらには、受話器を通した会話であることから、相手の発言を聞き漏らしたり、聞き取りにくかったりする場合もありうるところで、会話内容の真実性、正確性を担保できないおそれがあります。

電話での会話のこうした特質から、電話による質問調書の有効性には疑問があります。

しかし、例えば、名宛人が遠方に居住していたり、法人の代表者が東京、大阪等の本社にいて、地方にある工場や消防本部に出向くことに積極的でなかったりするようなケースもよく見聞きします。

そこで、設例にあるように、①全会話を録音し、これを基に調書を作成し、②契印をしたうえ録取した職員が署名押印し、③この調書を相手に送付して、誤りがなければ署名押印して返送させる、等の諸条件を具備した場合は、例外として、質問調書を有効と認めてよいと思われます。

①により全会話内容の正確性を基本的には担保できますし、②により交信者と調書作成者が特定され、③により調書の閲覧と署名押印が確保できていますので、電話による調書作成の欠点を一応カバーしていると思われます。

なお、電話による質問調書の作成は、相手が遠隔地にいて直接の面談を拒否している等の特別の事情がある場合に限られるべきであって、質問調書は、直接面談のうえ作成するのが原則であることに留意してください。

第4章　違反処理をめぐる問題

第4章　違反処理をめぐる問題

第1回　違反是正の適用条項と除去予定建物への是正措置

ある建物に命令を出したいのですが、根拠法令について悩んでいます。

適切な根拠法令について、説明していきましょう。

本件建物は、建築基準法による建築確認がなされておらず、消防法上設置が義務付けられている自動火災報知設備、屋内消火栓設備も設置されていません。消防機関としても長期間にわたり是正指導をしていますが、いまだに改善されていません。

Q1 違反是正の命令を発令する場合、法第5条第1項と、法第17条の4のいずれを根拠とすべきでしょうか。

A1 まず、法第17条の4による設置命令を発令し、それでも是正されないときは法第5条の2第1項第1号を適用し、建物の使用停止命令を検討します。

　本件建物は、長年、重大な消防法令違反がある状況で、是正命令がなされておらず、今後、この建物から出火し、人の生命、身体、財産に重大な損害が発生した場合、長期間是正措置を行ってこなかった不作為が違法とされる余地があります。速やかに違反是正措置に取り組まなければなりません。

　そこで、この是正措置として、自動火災報知設備及び屋内消火栓設備が未設置であることに着目して、法第17条の4の設置命令を発令すべきか、それとも火災予防上の危険のある建物として、法第5条第1項の措置命令

を発令すべきかが問題となります。

　本件建物は、自動火災報知設備や屋内消火栓設備といった火災被害を最小限にするための重要な消防用設備等が設置されていないうえ、建築基準法による建築確認がなされていない違反建築物ですから、防火、避難等に関する建築基準法令に違反していることが強く推測されます。したがって、こうした建物は、経験則上、具体的な火災の危険や延焼・拡大の危険があると思われますので、法第5条第1項の火災予防措置命令の発令も十分考えられます。しかし、同項の措置命令を発令して建物の改修、移転あるいは除去等を命じたとしても、消防用設備等の未設置の状態までが改善されるものではありません。また、そもそも消防用設備等が設置されていない違反状態を解消するため、建物を改修（修理、改造）したり、移転や除去（障害となっている建物の一部又は物件を取り除くこと）を行うことにはなじまないと思われます。

　したがって、まず、これら消防用設備等の設置命令を発令するのが先決であり、法第5条第1項の火災予防措置命令は、これらの設備が全て設置された後に、避難、防火に関する重大な建築基準法違反がある等して、なお具体的な火災の危険や延焼・拡大の危険がある場合に発令すべきものと思われます。ただし、建築基準法違反の具体的な内容にもよりますが、建築未確認であることの理由のみで、そうした危険があるとみることは一般には困難でしょう。

　そこで、設置命令が履行されないときは、法第5条第1項の要件が充足されるといった特段の事情がない限り、法第5条の2第1項第1号を適用し、建物の使用停止命令を検討すべきことになります。

第4章　違反処理をめぐる問題

Q2 建築基準法違反による是正措置が見込まれる場合、消防機関が単独で違反処理を行うことに問題はありませんか。

A2 消防機関が単独で違反処理を行うことは、問題ありません。

　本項の質問の趣旨は、消防法違反が是正されても、建築基準法上の違反が改善されない以上、追って特定行政庁による除去命令の対象となり（建築基準法第9条）、消防用設備等を設置したことが無駄になるのではないか、といった懸念でしょう。しかし、建築基準法上の違反建築物に対する是正措置としては、建築物の移転・改築・修繕等があり、常に建物の除去がなされるものではありません。

　また、消防法と建築基準法とでは、その目的、内容を異にしているうえ、その適用要件も当然異なっていますから、消防機関及び特定行政庁は、それぞれの法を執行する立場から法の目的に従った適切な対応を行うべきものであり、その執行が相互に制約を受けるものではありません。ただ、両法制は、防火、避難等の分野で一部共通するところがありますので、その限度で相互に協力して法を執行することに、何の問題もありませんし、むしろ望ましいというべきです。

　しかし、このことと、前記の懸念があることから、消防機関単独での是正措置ができない、ということととは別の問題です。

Q3 本件建物の敷地が道路拡幅による用地買収が予定されている場合、違反是正措置を留保することはできますか。

A3 速やかに違反是正に取り組むべきものと思います。

　本質問も、用地買収が予定されていることにより、当該用地上の違反建築物について、追って取壊しが見込まれる場合には、消防用設備等の設置命令を発令することが無駄になるのではないか、という点で、前記Q2

110

と同様の懸念があると思われます。

　しかし、道路拡幅による用地買収とはいっても、買収対象の土地上の建物については、常に取壊しの対象となるものではありません。曳家工法（公共用地の取得に伴う損失補償基準細則第15参照）を適用できる場合は、建物はそのまま存続しますし、買収対象の用地が建物敷地の一部であるような場合（道路拡幅の場合は、こうしたケースの方が多く見られます。）は建物の取壊しは必要ありません。こうした場合は、依然として違反建築物として存続し続けることになります。

　また、用地買収とはいっても、国や自治体の予算や買収計画等の関係で、多くの時間がかかり、すぐに買収が完了するとは限りません。また、そもそも用地買収の合意が整うかどうかさえ明確ではありません（合意できなければ、追って土地収用法の適用による収用の対象となりますが、この収用手続にも相応の時間がかかります。）。

　こうした中で、火災が発生し、甚大な被害をもたらした場合は、消防の不作為の責任が問題となることになります。

　したがって、道路拡幅の予定のある用地上の違反建築物についても、手続を留保せず、速やかに違反是正に取り組むべきものと思います。

第4章　違反処理をめぐる問題

第2回　破産した法人の危険物対策

危険物施設を有する破産した法人に対して、消防機関が行うべき対応について悩んでいます。

消防機関としての危険物の除去について、説明していきましょう。

破産した法人には、危険物施設（地下タンク貯蔵所）がありますが、この法人には既に破産手続廃止の決定がなされています。

Q1 タンクの中には危険物が残置されていますので、消防機関として、この危険物を除去したいと考えていますが、どのように対応したらよいでしょうか。

A1 消防機関自らがこの危険物を除去することが可能です。

1 破産手続廃止と危険物の帰趨（きすう）

　質問にある法人は、既に破産手続廃止の決定がなされている、ということですが、この破産手続廃止というのは、破産者の財産（破産財団）をもって破産手続の費用（官報公告費用、破産管財人の報酬、破産財団の管理・換価費用、配当費用等）を支弁するのに不足である場合、裁判所が、破産債権者に配当することなく破産手続を終結させる決定をいいます。この破産手続廃止には、破産管財人を選任しないで、破産手続開始決定と同時に破産手続を廃止するケース（これを「同時廃止」といいます。）もあ

りますが（破産法第216条）、法人が破産した場合には、通常は破産管財人が選任されますので、質問の破産手続廃止は、破産手続開始後に廃止されたケース（これを「異時廃止」といいます。）と思われます（同法第217条）。[注]

　法人が破産すると、法人は解散し（会社法第471条第5号）、破産管財人が会社財産の管理処分権を有することになりますが（破産法第78条第1項）、破産手続廃止により破産手続が終了すると、解散した法人にこの管理処分権が復帰します。しかし、法人としては解散したままですので、事実上、会社財産を管理処分する者は存在せず、質問にある危険物についても、これを処分・管理する者がいない、ということになります。

2 破産手続終結後の危険物対策

　しかし、残置している危険物を放置したままでは、タンクが腐食して、いつ危険物が流出するとも限らず、火災の予防に危険であることは明らかです。そこで、危険物を管理処分する者がいないという状況は、法第5条の3第2項が定める「物件の所有者、管理者、又は占有者で権原を有するものを確知することができない」場合とみて、同条項を適用して、消防機関自らがこの危険物を除去することが可能というべきでしょう。

　そこで、消防機関は、危険物を貯蔵タンクから抜き取ったうえで6か月間保管し、この期間を経過した後は、市町村の了解を得て廃棄することになります（法第5条の3第4項で準用される災害対策基本法第64条第3項から第6項まで）。

　　（注）費用不足による異時廃止では、危険物を処理するだけの費用も不足すると考えられますので、後述のとおり、破産管財人が当該危険物を破産財団から放棄するのが通常です。

第4章　違反処理をめぐる問題

Q2 破産手続中に破産管財人が危険物施設がある不動産を放棄した場合は、どう対処すべきですか。

A2 破産管財人に、危険物の放棄の有無を確認し、放棄の対象でないときは残置危険物の除去を求めるべきでしょう。

破産管財人が放棄した場合の対処

　破産手続終結前に、破産管財人が危険物施設のある不動産を放棄した場合は、破産管財人は裁判所の許可があれば権利の放棄ができますので（破産法第78条第2項第12号）、不動産も放棄することが可能です。この場合の放棄とは、破産によって形成された破産財団から放棄するということであって、具体的には、放棄した権利についての管理処分権を失うことを意味します。そして、この放棄によって、地下タンク貯蔵所や不動産等の管理処分権が、破産管財人から解散した法人に復帰する点では、破産廃止の場合とで差異はありません。

　しかし、放棄の対象が「不動産」である場合は、地下タンク貯蔵所内に残存する危険物まで放棄したことにはなりません。危険物自体は「動産」であって「不動産」ではないからです。したがって、消防機関としては、放棄対象が残存危険物を含むのか否かについて破産管財人に確認すべきでしょう。

　もし、危険物が放棄の対象でない場合には、破産管財人において、これを適正に処分するよう申し入れるべきです。残置危険物を放置すれば、管理者不在となり、ますます危険が高まり、周辺住民に危害をもたらす危険があります。破産管財人としては、公害の防止・除去が第一次的には事業者負担とされていることから（廃棄物の処理及び清掃に関する法律第3条第1項、公害防止事業費事業者負担法第2条の2）、可能な限り危険物を除去するよう、善良なる管理者の注意（P.47参照）をもって対処する義務があると思われます（破産法第85条）。

　しかし、処理費用の不足などを理由に不動産と併せて残置危険物をも放

棄した場合は、管財人はその管理処分権を失いますので、もはや同人の下での処理は不可能です。この場合は、前述したとおり、消防機関自らで処理するほかはありません。[注]

(注) 破産管財人が除去費用を破産財団で負担できないときは、消防署等の所轄官庁、地方公共団体、地元住民などに必要な措置をとるように協力を求めたうえで、その協力が得られない場合に破産財団から放棄するのが実務の取扱いです。

第4章　違反処理をめぐる問題

第3回　規制的行政指導

消防機関が県の建築基準法施行条例を指摘し、是正指導することはできるのでしょうか。

消防機関による県の建築基準法施行条例の指摘、是正指導について、説明していきましょう。

　今般、当市にある80人収容の4階建（延べ面積600㎡）の専修学校（令別表第1(7)項）に立入検査を実施したところ、法第17条に定める消防用設備等の設置・維持に不備はありませんが、県の建築基準法施行条例で設置を義務付けている連結送水管の未設置及び防炎物品の使用義務違反が判明しました。

Q1 この場合、県の建築基準法施行条例の違反を指摘して、その是正を指導することはできるのでしょうか。

A1 消防機関がこの条例の規定を根拠に、その違反事実を指摘し、この条例の規定に適合するよう改善を指導することはできません。

1　立入検査の対象

　立入検査は、消防活動の対象となる可能性のある全てのものの実態を把握し、関係者に対して火災予防上適切な指導を行うとともに、火災に際しても被害を最小限度にとどめることを目的としています。

　したがって、こうした立入検査の趣旨・目的を実現するためには、その対象を防火対象物に限らず、広く消防対象物とするとともに、検査項目も

消防法令にとどまらず、防火・避難に関する建築基準法令に関する項目や、それ以外の火災予防上必要な項目にも及びます。そのため、県の建築基準法施行条例（以下「建築条例」といいます。）に基づく項目についても、防火・避難に関するものとして、立入検査の対象となりえます。

　そこで、この立入検査により設例にある専修学校（以下「本件建物」といいます。）が、消防法上は不備な点はないが、建築条例に定める連結送水管の設置及び防炎対象物品が防炎性能を有しない違法な建築物であることが判明した場合の消防機関としての対応が問題となります。

2　消防法令違反のない建物への指導

　本件建物は、令別表第1(7)項に該当していますが、4階建なので消防法上は連結送水管の設置に関する技術基準を定めた令第29条第1項の適用がなく、また、同建物で使用するカーテン等の防炎対象物品に防炎性能を持たせることは義務付けられていません（法第8条の3第1項、令第4条の3第1項）。

　その他、消防用設備等の設置・維持を定めた法第17条に抵触していないということですから、消防法令の違反を理由にその是正指導ができないことは明らかです。では、防火・避難に関して建築条例が定めている連結送水管の未設置や防炎物品の未使用を指摘して、その是正を求めうるかについては、消防法はもちろん、建築基準法にも消防機関にそうした是正を求める権限を定めた規定が見当たりません。なお、建築条例は県条例ですから法第17条第2項の附加条例にも該当しません。

　したがって、消防法令上の不備がない以上、本件建物が連結送水管の設置や防炎物品の使用を要求する建築条例に抵触していても、同条例で消防機関の是正権限を明記していない限り、消防機関がこの条例を根拠に、その違反を指摘し、改善を指導することはできません。

第4章　違反処理をめぐる問題

Q2 仮に指導が可能である場合、法令上の根拠について教えてください。

A2 消防組織法第1条を根拠に指導を行うことができます。

1 法第5条第1項の適用の適否

　まず、法第5条第1項の適用が考えられます。消防独自の立場からみて、連結送水管の未設置や防炎物品の未使用が火災の予防に危険であると認められ、あるいは消防の活動に支障となり、人命に危険であると認められる場合には、その是正を指導することは可能となるからです。

　では、本件建物がそうした火災予防上の危険のある建物に該当しているとみられるでしょうか。この点については、防炎物品が使用されておらず、連結送水管の設置がなくても、本件建物が法第17条による消防用設備等の設置及び維持の基準を満たしているので（設例からは必ずしも明らかではありませんが、本件建物に設置を要する消火器、漏電火災警報器、通路誘導灯、誘導標識、避難器具のほか、特に重要な消防用設備等である自動火災報知設備が設置されているものとしておきます。）、前記の建築条例違反をもって、直ちに具体的な火災の危険性が存在するとみることは困難でしょう。

　したがって、当該違反事実が存在しているとしても、他に重要な建築基準法令に数多く違反している等の特段の事情がない限り、法第5条第1項の要件を充足するとまではいえず、同条項を根拠に指導を行うことはできません。

2 消防組織法第1条に基づく行政指導

　しかし、本件建物には多数の生徒が在校しているうえ、火災が発生したときなどに、前記違反がない場合に比較して、延焼・拡大の危険が増大することは明らかです。生徒や教職員等を火災から保護するべき必要性が認

第3回　規制的行政指導

められるとすれば、消防機関が何の対応も行わないのは明らかに不合理というべきです。

そこで、国民の生命、身体及び財産を火災から保護することを任務とし、相手方の権利・自由を制限することを目的としない消防組織法第1条に基づき、いわゆる規制的行政指導(注) として、連結送水管の設置や防炎物品の使用を促す旨の指導をすることは可能と考えられます。具体的には、条例に違反している事実（連結送水管が設置されていない事実、防炎対象物品が防炎性能を有していない事実）を指摘し、その改善を求めることになりますが、その根拠が条例の規定にあるのではなく、消防組織法第1条にある点を区別しておくことが肝要です。ただし、この場合の指導も、相手方を拘束せず、これに従うか否かは相手方の任意ですから、指導に当たっては強制力（建築基準法第9条）を持つ建築部局と協力し、共同して対応することが重要です。

なお、行政手続法第32条は、行政指導はあくまでも相手方の任意の協力によってのみ実現されるものであること（これを「任意性の原則」といいます。）、相手方が行政指導に従わなくても不利益な取扱いをしてはならないこと（これを「不利益取扱い禁止の原則」といいます。）と定めていますが、この行政手続法の規定は、地方公共団体の機関が行うものには適用がありません（同法第3条第3項）。しかし、こうした原則は地方公共団体の特別な措置（同法第46条）を待つまでもなく、行政指導の一般原則として直接適用がありますので留意してください。

（注）規制的行政指導…違反又は不当な行為を是正し又は予防する目的で、相手方に対し、一定の行為を行わせて、事実上の規制を加える指導をいい、法秩序を維持するという消極目的に立つ指導をいいます。

第4章　違反処理をめぐる問題

第4回　特例認定取消し前の認定取下げの取扱い

特例認定の取消準備を進めていたところ、当該事業所自ら取下げの申出がありました。受け付けてよいのでしょうか。

取下げ申請の受付について、説明していきましょう。

　当市では、法第8条の2の2で定める定期点検報告義務が法第8条の2の3で定める特例認定により免除されている防火対象物がありますが、今般、この防火対象物に法令違反があることが分かり、特例認定の取消準備を進めています。ところが、この防火対象物の管理権原者から特例認定申請の取下げをしたい旨の申出がありました。

Q1 このような申出を受け付けてもかまいませんか。

A1 受け付けられません。

1　私人の公法行為の撤回

　本件は、取消事由が判明している事案における取下げの要否が問題となっていますが、ここでは、取消事由の有無にかかわらず「取下げが可能か」という観点で検討してみます。
　特例認定の申請のように、法の規律の下に行政機関が一定の行為をし、又は一定の手続をとるべきことを求める私人の意思表示を、講学上「私人

第4回　特例認定取消し前の認定取下げの取扱い

の公法行為」といいます。こうした意思表示が自由に撤回、取下げができるか否かについては、この意思表示に基づいて行政処分がなされる前であれば、自由にそれを撤回できます。しかし、一旦処分がなされた後は、申請に係る法律関係が既に完成していますので、その撤回を認めると、そうした法律関係が不安定、不確実なものになることから、撤回は許されないと解されています。取下げもこの撤回と同様です。

2　撤回をめぐる裁判例

　私人の公法行為に関し、その撤回ができないとした裁判例があります。鉱業法に基づき鉱業権の出願地を減少したい旨の出願をした場合、その出願に対する許可行為がなされた後は、当該減少の出願を撤回することができないとした東京地裁の判決です（東京地判Ｓ43.4.25行裁例集19・4・750）。

　鉱業権を設定する場合、あるいは一旦設定した鉱業権の出願地（出願の対象となった区域）を増やしたり減らしたりする場合は、それぞれ出願という形式をもって申請し、国の許可を得ることになっています。そこで、この出願地を減少する旨の出願をし、国の許可を得た後は、その出願の撤回は許されないとされたもので、出願の取下げも同じように解されます。これは、国が一旦出願地を減少するという許可を与えた後は、出願地が減少したという法律関係が既に完成していることから、私人がこれを変更できない、とされた事案です。

　また、かつて租税特別措置法で認められていたみなし法人課税制度に関し、納税者がこのみなし法人課税を選択した後に、その取りやめ届けを提出したが、その後にこの取りやめ届けを撤回したいという事案がありました。千葉地裁は、一旦有効な取りやめ届出書を提出した後（これによりみなし法人課税を選択しないとの法律関係が完成しています。）は、同法が定めた期間（3年間）は取りやめ届けを撤回してみなし法人課税を再選択することができないとしています（千葉地判Ｈ6.5.30判タ857・160）。みなし法人課税の選択と、取りやめを恣意的に繰り返すことは、同課税制

第4章　違反処理をめぐる問題

度の安定性（継続性）を害するとされた事案です。

　このように、既に完成した法律関係については、私人が勝手にこれを取りやめることができないという法原則があり、設例においても、この法原則の適用があると考えられます。したがって、一旦特例認定の申請をし、その認定がなされた後は、以後3年間、私人である特例認定申請人の定期点検報告義務が免除されたという法律関係が完成することになり、自由に申請を撤回したり取り下げたりすることはできない、という結論となります。

3 消防法上の特例認定の効力消滅事由

　以上の結論は、特例認定の効力の消滅を定めた消防法の規定からも導き出せます。特例認定は、認定を受けたときから3年間はその効力を有していますが、消防法は、この効力が消滅（失効を含みます。）する事由として、次のとおり定めています。

　① 認定を受けてから3年が経過したとき（法第8条の2の3第4項第1号）。
　② 認定が効力を失う前に再度の認定の申請をした場合の、当該再度の申請に対する認定を行うか否かの通知がなされたとき（同号括弧書き）。
　③ 認定を受けた防火対象物の管理権原者に変更があったとき（同項第2号）。
　④ 特例認定の取消があったとき（同条第6項）。

　このように、消防法は、特例認定の効力の消滅事由を列挙しており、これ以外の消滅事由を定めていません。これは、法がこうした明文で定めた効力の消滅事由以外の消滅事由を予想していないと考えられます。したがって、特例認定申請の取下げがあったとしても、既に効力を生じている特例認定への影響はなく、取下げ自体、無意味な行為ということになります。

第4回　特例認定取消し前の認定取下げの取扱い

Q2 仮に受付ができない場合に、取下書が消防署長のもとに差し出された場合は、どのように対処すべきですか。

A2 申出人に返還又は返送しましょう。

　取下げの申出については、受け付けることは相当ではありません。

　本件では、特例認定の取消準備が進められているとのことですが、認定取消はその後3年間、特例認定の障害事由となることから（法第8条の2の3第1項第2号ロ）、これを避けるため、先の特例認定申請を取り下げて認定自体がなかったことにして、その取消しを不能にしようとしたものと思われます。そこで、取下げが無意味であることを明確にする意味でも、仮に取下げの申出を受け付けてしまった場合、あるいは取下書が消防署長のもとに差し出された場合は、これを申出人に返還又は返送しておくべきでしょう。ただし、申出人が返還を拒否しても、取下げが有効となるものではありません。したがって、取下書の返還の有無にかかわらず、特例認定の取消準備を進めてよいことになります。

第4章

第4章　違反処理をめぐる問題

第5回　消防用設備等の点検をめぐる問題

消防用設備等の点検に関するいくつかの疑問について、教えてください。

消防用設備等の点検が実施されていない場合等、説明していきましょう。

　本件建物は防火管理者が選任されており、消防計画の作成もされていますが、防火管理者による（日常）点検が行われていません。なお、この消防計画には、「消防用設備等の点検結果については、防火管理者が消防機関に報告する」との定めがなされています。

Q1 消防用設備等の点検が行われていない場合、防火管理者に対し、防火管理業務適正執行命令を発令して、当該点検を実施させることは可能ですか。

A1 防火管理者に対し、点検を履行するよう命令を行うことはできません。

　本件建物では、防火管理者が選任されているものの、この防火管理者が消防用設備等の点検を行っていない場合、この防火管理者に対し、直接、消防用設備等の点検を実施するよう命令することは可能か、という問題です。この問題は、消防用設備等の点検義務者は誰か、という点に帰着します。
　そこで、防火管理者をめぐる消防用設備等の点検について消防法の規定をみてみると、法第8条があります。これは、防火管理者の位置付けを定

第5回　消防用設備等の点検をめぐる問題

めた基本的な規定ですが、その趣旨は、国民である管理権原者自らが火災予防の役割を果たすべく、そのために防火管理者といったいわば火災予防の専門家を通して、防火管理上必要な日常業務を行わせる、というものです。この規定から明らかなとおり、管理権原者が防火管理者を定めて、これに防火管理業務を行わせる、とありますので、管理権原者が点検義務者ということになります。防火管理者は、この管理権原者からの指示あるいは委託に基づいて行うということであって、自らが点検義務の主体となって点検を行う、ということではありません。この点、消防法施行令では防火管理者の責務として、消防計画に基づいて、消防用設備等の点検及び整備等の防火管理上必要な業務を行うこととされていますが（令第3条の2第2項）、これは、いわば管理権原者が負担する点検義務の履行補助者^(注)として行うという意味に解すべきであって、防火管理者が点検等を行う義務者本人であるとみることはできません。現に消防法は、消防用設備等の点検及び整備についての防火管理業務適正執行命令については、管理権原者がその名宛人であると明記しているところです（法第8条第4項）。

したがって、防火管理者に対し、点検を履行するよう命令を行うことはできません。

（注）履行補助者…債務者が債務を履行するために使用し又は利用する者のことです。履行義務の主体は債務者本人であり、履行補助者はその手足にすぎません。したがって、履行補助者に故意過失があれば、その責任は債務者が負い、履行補助者はその責任を負いません。本件では、管理権原者が（消防法上の）債務者であり、防火管理者がその履行補助者となります。

Q2 消防用設備等の点検が行われた場合、防火管理者に対し、管理業務適正執行命令として、消防計画に基づいた点検結果の報告を求めることは可能ですか。

A2 防火管理者の業務としては、消防用設備等の点検結果の報告は予定されておらず、業務適正執行命令はできません。

本問のポイントは、防火管理者の権限に消防用設備等の点検結果の報告

第4章　違反処理をめぐる問題

を含むか、という点です。

　そこで、消防用設備等に関する点検結果の報告について定めている消防法の規定をみてみると、法第8条の2の2第1項において、管理権原者に対して、点検結果を消防長等へ報告せよと定めています。また、法第17条の3の3では、関係者に対し、点検結果を消防長等に報告せよと定めています。

　つまり、消防用設備等の点検については、法第8条の2の2第1項では防火対象物点検資格者に、また、法第17条の3の3では自らが行い、あるいは消防設備士や消防設備点検資格者等の資格者に行わせると定めていますが、点検結果の報告については、管理権原者や関係者自らが行う仕組みとなっています。

　そうすると、消防計画に防火管理者が消防用設備等の点検報告を行う旨の記載があったとしても、そうした計画は、この法の仕組みとは相容れない規定であるといわざるを得ません。前述した防火管理者の責務を定めた令第3条の2では、消防用設備等の点検は掲げられていますが、「報告」は明示されていない点に留意すべきでしょう。

　よって、防火管理者の業務としては、消防用設備等の点検結果の報告は予定されておらず、同人に対し報告せよとの管理業務適正執行命令はできないということになります。

Q3 消防用設備等の点検状況が不明である場合、建物所有者に対し、報告徴収として、消防用設備等の点検結果を報告させることは妥当ですか。

A3 報告を求めることは妥当とはいえません。

　ここでの問題は、法第4条が定める消防長等による関係者への報告徴収権の行使の一環として、消防用設備等の点検結果の報告を求めることが妥当か、という点です。

　法第4条の報告徴収は、火災予防や相手方の制裁を直接の目的とするも

のではありません。消防機関が業務を遂行するうえで必要となる一定の情報を入手するための手段であるという位置付けです。この情報は、防火対象物の実態を把握するために必要な全ての事項に及び、違反事実の解明・立証等の火災予防上必要と認める場合にも行うことができると考えられます。したがって、点検状況が不明の場合、違反事実の有無の確認（立証）のために、点検した事実（事項）があるかどうかについて報告させることは可能です。

　しかし、点検した結果を報告せよということになると、情報を入手するための手段というより、火災予防を直接の目的とするものということになります。また、点検が未了であった場合に、実際上、相手方に点検を実施させるといった法第4条に規定のない義務履行を求めることを意味します。そうでなければ、点検結果を報告することは不可能だからです。しかし、これは防火対象物の実態把握のために必要な事項の報告を求めるといった法の趣旨に沿わないように思われます。

　この場合、仮に点検が実施されていた場合には、その結果を報告させることは、点検結果を反映した防火対象物の実像を把握するという意味で、必ずしも法の趣旨に沿わないわけではありません。しかし、点検状況が不明な場合においては、こうした点検が実施済みであるとは限りません。そうしますと、点検状況が不明の場合、点検が未了であることを考慮すると、いきなり報告を求めることは妥当とはいえません。

　ちなみに、点検未了の場合、消防庁の違反処理標準マニュアルによれば、所定の点検を行ったうえで、法第8条の2の2第1項による点検・報告の場合は防火対象物定期点検結果報告書をもって、また、法第17条の3の3による点検・報告の場合は消防用設備等点検結果報告書をもって、それぞれ報告するものとされています。

　したがって、点検状況が不明、あるいは点検が未了の場合に、報告徴収権を行使することは妥当とはいえず、より直截に、前記各法条に従った点検結果報告書により報告するよう書面をもって勧告するのが、妥当というべきでしょう。

第4章　違反処理をめぐる問題

第6回　適法な防火対象物への行政指導

建築基準法に抵触していない簡易宿泊施設に対して、消防機関が指導することはできるのでしょうか。

消防機関の指導について、説明していきましょう。

　当市にある簡易宿泊所は、2階建として建築確認がなされ、その後、2階部分をロフトのように上下に区切って棚状の就寝部分（寝所）に造り替えてあります。しかも、この建物の構造上、火災の際の避難が極めて困難であることから、2階部分の使用停止を指導したいと考えています。なお、この造り替えによっても建物自体は建築基準法に違反していないとのことです。

Q1　この指導は可能でしょうか。

A1　指導ができない、というわけではありません。

行政指導の法令上の根拠

　本問は、建物自体は建築基準法上適法であるのに、2階部分の使用停止を行政指導（以下「本件行政指導」といいます。）することは可能かという問題ですが、そもそも2階部分の使用の停止を求める行政指導が、どのような法令に根拠を有しているのかが問題となります。

　この法令上の根拠としては、法第5条第1項、第5条の2第1項第2号、

及び消防組織法第1条の3つが考えられます。

(1) 法第5条第1項

まず、法第5条第1項ですが、本項は改修、移転、除去その他の必要な措置を命ずることができるとあるのみであり、この「必要な措置」に防火対象物の使用の停止までは含まれないと解されますから、使用停止を求める行政指導の根拠を本項に置くことはできません。

(2) 法第5条の2第1項第2号

次に、法第5条の2第1項第2号ですが、本号は前条と異なり、使用の禁止・停止・制限が命令の内容となっていますので、この限りで本件行政指導の根拠とみることは可能と思われます。しかし、本号は、第5条第1項の命令によっては火災予防の危険を除去することができない場合に適用されますので、そもそも同条項の適用がない本件対象物に本号を適用するのは、法文理上無理があると思われます。

(3) 消防組織法第1条

そこで、こうした場合によく引き合いに出されるのが消防組織法です。ここでも同法第1条がこれに当たります。

同法は、いわゆる作用法たる消防法と異なり、組織法であるといわれています。しかし、消防法も消防組織法も「国民の生命、身体及び財産を火災から保護して火災等の災害による被害を軽減する」という点では同一の任務を有しています。したがって、同法第1条もまた、本件行政指導の根拠とすることができます。

このように、行政指導の根拠を消防組織法に求めるにしても、本件建物が建築基準法上適法と判断された場合も、なお、行政指導が可能かとの質問ですが、前述のとおり、本件行政指導は消防の任務の一環として行うものであり、また、消防法令は、建築基準法とは法の目的を異にしていますから、建築基準法上適法であるからといって、直ちに消防法上も指導ができない、というわけではありません。

(4) 警察比例の原則との関係

問題は、警察比例の原則（P.68参照）との関係についてです。

第4章　違反処理をめぐる問題

　本件行政指導が可能であるとしても、本件のように火災による人命の危険を防止するためには、棚状寝所のある2階部分の改修で十分であり、使用の停止まで求めることは、警察比例の原則に抵触するのではないかが問題となります。

　確かに、本件建物が簡易宿泊所であることや、棚状寝所の構造からみて、具体的な火災危険や人命危険が認められますので、法第5条第1項による改修が可能な事案でしょう。したがって、この改修が指導の第1選択肢となります。しかし、仮にこれが可能であっても、それによる経済的負担が極めて大きい場合では、社会通念上、使用の停止もやむを得ない必要最小限度の措置として許容してよいでしょう。よって、警察比例の原則に抵触するものではありません。

　そこで、この経済的負担の点に関する検討が必要になりますが、簡易宿泊所の経営者が株式会社や特例有限会社であれば過去3年分程度の貸借対照表、損益計算書及び附属明細書等の計算書類、合名会社、合資会社又は合同会社等の持分会社であれば貸借対照表及び損益計算書、個人事業主であれば確定申告書、青色申告決算書等で、財政・資金状況を把握し、改修等の工事の見積りと比較するなどして、経済的負担の大きさを判定することになります。しかし、そうした資料の提出を拒んだり、仮に提出されても判定が困難な場合には、使用停止を指導することができず、元に戻って、改修を指導するほかはありません。

Q2　仮に指導が可能であるならば、適法な建物に対し、行政指導をすることにより国家賠償法上の責任に問われることになりますか。

A2　本件行政指導が国家賠償法上違法であるとみることは困難です。

国家賠償法の成否

　本件行政指導が国家賠償法第1条の対象となるかという点ですが、ポイントは、この行政指導が「違法」といえるのか、また、本件行政指導と相

手方に生じた損害との間に相当因果関係があるのかという点です。

(1) 違法性の有無

違法性の有無については、2つの面から検討する必要があります。

ア　まず、前記のとおり、本件行政指導は、作用法たる消防法に根拠を有していませんので、その場合は、違法となるのではないかという点です。これについては石油カルテル事件に関する最高裁判所の判断が参考となります（最判S59.2.24判時1108・3）。この判例は、いわゆる石油元売各社が石油カルテル（価格協定）を結んで、一斉値上げを図ったことに対し、当時の通産省が石油業法という作用法に基づかずに石油製品の価格に関する行政指導を行ったという事案です。判旨は要するに行政指導を必要とする事情があって、かつ、社会通念上相当と認められる方法によって行われたような場合は、作用法に基づかない行政指導も違法ではないとしています。

この判例に照らすと、本件は、まず行政指導の必要性という点では特に問題はないでしょう。火災の際の避難の困難性は優に認めることができるからです。

ただし、2階部分の使用停止が警察比例の原則との関係で問題となりますが、2階部分を改修することが簡易宿泊所の経営規模等からみて経済的に極めて困難であるといった事情があれば、本件での使用の停止はやむを得ない措置とみてよいと思われますし、使用の停止が2階部分に限られることを考慮すると、条件付きながら判例のいう「社会通念上相当と認める方法」とみてよいと思われます。

よって、この判例に照らせば、作用法に根拠を有しないとの点については、本件行政指導は違法ではないことになります。

イ　次に問題になるのは、建築基準法上適法な建築物に対する行政指導は違法ではないのかという点です。

国家賠償法は「違法に」と規定しています。この「違法」の意味としては、一般に国又は公共団体の公権力の行使に当たる公務員が個別の国民に対して負担する職務上の法的義務に違背することというのが

第4章　違反処理をめぐる問題

判例における解釈です（最判S60.11.21民集39・7・1512）。そして、この職務上の法的義務に違反したか否かの判断基準は、被害者側の被侵害利益（損害）の種類、性質、程度と加害者側の侵害行為の態様、原因を比較し、総合的に考慮して決定することとされています（相関関係説）。

　この基準に照らして本件をみてみると、被侵害利益は本件建物における経営上の損失（2階部分の宿泊料の収入減）といった経済的損失（生命・身体に対する損失ではありません。）が主なものであるのに対し、侵害行為である行政指導は、消防組織法を根拠（原因）とし、相手方の任意の協力によって実現されるといった態様のものであり、また、使用停止の範囲も2階部分に限っています。したがって、こうした被侵害利益と侵害行為の相関関係からみて、本件行政指導が国家賠償法上違法であるとみることは困難です。

　要するに、本件行政指導は、消防組織法に基づくものであっても、行政指導の必要性があり、その方法も相当であることから、違法性はないということになります。

⑵　相当因果関係の有無

　それから、国家賠償責任が成立するもう1つの要件として、違法行為と損害の間に相当因果関係が必要です。国家賠償法には「故意又は過失によって損害を加えたときは」とあります。その「よって」というのが因果関係の存在を示すものです。

　本件で、行政指導に相手方が従った場合、2階部分での宿泊ができなくなることから、その限度で宿泊料の減少がもたらされることになります。この収入の減少が相手方の被る主な損害といえるでしょう。

　しかし、元来、行政指導には相手方を拘束する力はなく、相手方は、これに服従すべき義務を負っていません。すなわち、相手方が指導に従った場合は、その自由意思によるものになりますので、行政庁が不利益処分を背景とするなどして、事実上使用停止を強制したり、そもそも行政指導自体が明らかに誤っていた等の特段の事情でもない限り、行政指導によって

132

前記損害が発生したとはいえません。つまり、本件のような行政指導と損害の発生との間には相当因果関係がないことになります。

　よって、この見地からも、宿泊料金の減収に対する国家賠償法上の責任を負うことはありません。

第4章　違反処理をめぐる問題

第 7 回　技術基準に沿って建物構造を変更するよう指導することの可否

必要となる消防用設備等未設置の建物に対し、建物構造そのものを変更するよう指導できるのでしょうか。

建物構造への指導について、説明していきましょう。

　本件建物は、延べ面積が500㎡の平家建で、物品販売を行う店舗ですが、避難上又は消火活動上有効な開口部がない構造（無窓階）となっています。しかし、この建物には消防法上必要な屋内消火栓設備が設置されていません。

Q1 この店舗に対し、開口部を設けて無窓階を解消するよう指導することは可能ですか。

A1 可能とはいえません。

1　屋内消火栓設備の設置基準

　消防法によれば、物品販売を営む店舗については、その延べ面積が700㎡以上のものについては、屋内消火栓設備の設置が義務付けられていますが、これ未満の延べ面積であっても、無窓階で床面積が150㎡以上のものに、同設備の設置が義務付けられています（令第11条第1項第2号、第6号）。
　本件建物は、物販営業店舗であって延べ面積は700㎡未満ですが、150

㎡以上の延べ面積を有する無窓階ですので、屋内消火栓設備が義務付けられます。

2 構造変更に向けての指導の限界

そこで、この無窓階を解消するため、本件建物に開口部を設けて違反状態を解消するよう指導することが考えられます。

しかし、建物の構造や用途は、所有者が自由に決定することができるものであって、本件においても、建物の構造として、平家建の無窓階とすることや、店舗の延べ面積を500㎡とすること等は、所有者が営業の業態、規模、マーケットの状況、資金繰り等を考慮して、自由に決定するものであり、これらは所有権の内容を成しています。すなわち、民法第206条は「所有者は、法令の制限内において、自由にその所有物の使用、収益及び処分をする権利を有する。」と規定しており、この権利は、憲法第29条の財産権の保障に由来するもので、個人の重要な権利といえます。

しかし、こうした権利も、公共の福祉に適合するよう法律で定めることができ、所有権も法令の制限（建物建築に関しては建築基準法や都市計画法等による規制）に服するものですが、消防法では、無窓階について開口部を設けるような義務付け（規制）は行ってはいません。

したがって、仮に消防機関が無窓階に開口部を設けるような指導をしたとすれば、それは、行政指導であるとはいえ、法令の定めなくして、本件建物の所有者が有している所有権の内容を事実上規制するに等しいこととなり、法律の留保の原則 [注] に照らし、望ましいことではありません。

3 技術上の基準の消極的変更

本件建物は、延べ面積が500㎡の無窓階の建物ですが、これに有効な開口部が設けられれば、無窓階としての取扱いが解消され、かつ、延べ面積が700㎡未満ですので、屋内消火栓設備を設置する義務がないことになります。

しかし、こうした方法で、屋内消火栓設備の設置義務を免れるのは、事

第4章　違反処理をめぐる問題

実上、そうした義務を規定している技術上の基準自体を変更するに等しいものというべきです。なぜなら、屋内消火栓設備を設置しなくてもよい技術上の基準を自ら設定したのと何ら変わりはないことになるからです。つまり、「無窓階に開口部を設けたときは、この限りにあらず」といった基準を設定したに等しいということです。これは、行政による立法といっても過言ではありません。

4　是正指導の本来のあり方

　違反是正の指導・処分は、建物の用途ごとに、技術上の基準に適合していない防火対象物の所有者に対し、基準に適合するよう是正を求めるものであって、技術上の基準に抵触しないように建物の構造、用途等の変更そのものを求めるものではありません。したがって、技術上の基準への抵触を回避させるような指導は、違反是正指導の限界を超えるものというべきでしょう。また、例えば800㎡の防火対象物に対し、101㎡部分だけを取り壊し、延べ面積を699㎡とするよう指導し、その結果、技術上の基準である延べ面積が700㎡未満になったとして、屋内消火栓設備を不要とさせるというのも、同様に不合理であることは明らかです。

　なお、そうした指導は、消防組織法第1条を根拠とする行政指導の一環ではないか、と考える余地もありますが、そうした指導は法令（消防法、民法）に抵触するもので、指導の限界を超える、というべきでしょう。

　ただし、ここでは技術上の基準に触れないように構造を変更せよといった指導は適切ではない、ということであって、例えば、法第5条が定める火災予防上の具体的危険があるような場合、「改修」として建物の構造の一部を変更させることは可能です。これは、この法第5条自体が民法第206条の法令の制限に当たるからです。本件は、この場合と異なるので、あれこれ混同しないようにしてください。

（注）法律の留保の原則…国民に義務を課したり、その権利を制約したりする行政
　　　活動には、法律の根拠が必要であるとする原則です。こうした考え方を「侵
　　　害留保説」といい、通説的見解です。このほかにも全ての行政活動に及ぶと

136

第7回　技術基準に沿って建物構造を変更するよう指導することの可否

する「全部留保説」、社会保障等の給付行政にも適用が及ぶとする「社会留保説」、権力的な行政活動（行政庁が、給付行政を含む一方的な国民の権利義務を変動させる活動）に及ぶとする「権力留保説」等があります。

Q2 仮に開口部を設けるよう指導し、相手方がこれに応じて建物を改造した場合、消防機関に国家賠償法第1条による損害賠償責任が生じますか。

A2 賠償責任はないと解します。

　国家賠償法第1条による責任要件の1つとして、当該指導（行政指導の一環です。）が違法であることです。この違法性の判断については、相手方の被侵害利益の種類、性格と、加害行為である指導の態様との相関関係において判断すべきものです。

　そうすると、被侵害利益は、相手方の改造費用や改造に伴う営業休止損害等の財産的利益であって、生命、身体のような利益に比べ、強固なものとはいえません。他方、開口部の設置を求める指導（行政指導）は、それ自体、消防法や消防組織法等による行政上の直接の権限を背景とするものではなく、かつ、行政指導の任意性の原則（行政手続法第32条）により、相手方の自由意思で改造が実現されるべきもの、といえますから、被侵害利益と加害行為の相関関係において、本件指導が違法であるとまでは断定できません。また、相手方の改造行為は、その任意の協力によるものですから、これを強制したというような事情でもない限り、指導との間の相当因果関係の存在にも疑問があります。

　よって、疑問はありますが、国家賠償法上の責任は生じないと解します。

第4章　違反処理をめぐる問題

第8回　用途変更、増改築不明な防火対象物への対応

用途変更があったにもかかわらず消防機関に未届けの施設に対する指導について、教えてください。

用途変更未届けの施設に対する指導について、説明していきましょう。

　延べ面積が1,300㎡の未登記の工場がありますが、自動火災報知設備や屋内消火栓設備が未設置の状態です。ただし、工場の所有者は、元は事務所であったものを、その後数回の増築・改築を行って、事務所を工場に変更し、現在の延べ面積になったと述べています。しかし、消防機関の台帳には、事務所から工場への用途変更の有無や、用途変更の時期、さらには増改築の履歴の記録がありません。

Q1 この場合、事務所あるいは工場のいずれとして是正措置を行うべきでしょうか。

A1 用途変更が認められる客観的証拠がある場合に限り用途変更前の事務所に対する技術上の基準（従前の規定）を適用し、それ以外の場合は工場に対する技術上の基準（基準法令）を適用して是正措置を行います。

1　防火対象物の用途変更への法適用

　本件防火対象物の現況は、延べ面積が1,300㎡の工場ということですので、令第11条及び第21条により、屋内消火栓設備や自動火災報知設備の設置が義務付けられています。ところがこの工場の所有者によれば、元々事務所であったものを、その後の増改築によって工場に用途を変更したと述べ

ています。このように、用途を変更した場合には、変更前の規定（従前の規定）が適用され、変更に伴い適用されるべき規定（基準法令）は適用されません（法第17条の3第1項）。

　本件防火対象物についていえば、当初事務所であったとすれば、これを工場に用途を変更したとしても、用途変更前の事務所に対する技術上の基準が適用され、工場に対する技術上の基準は適用されないことになります。例えば、事務所の延べ面積が1,000㎡未満であったなら、設例にある諸設備は不要です（ただし、令第11条第1項第6号の適用を考慮外とします。）。

2　用途変更後の基準法令の遡及適用

　以上に対し、当初の事務所がこれに適用されるべき技術上の基準に適合していなかった場合（例えば、延べ面積が1,000㎡以上あるのに、前記諸設備が設置されていなかった場合）には、工場に用途が変更された後も、従前の規定の適用はなく、基準法令が遡及適用され、それらの設備が必要になります（法第17条の3第2項第1号）。また、用途変更後に増改築工事に着手し、その増改築部分の面積の合計が1,000㎡以上となった場合、あるいは変更前の延べ面積の2分の1以上となった場合にも基準法令が遡及適用されます（同条第2項第2号、令第34条の2第1項第1号）。本件防火対象物がこれらに該当する場合には、従前の規定は適用されず、工場に対する技術上の基準が適用されることになります。

3　用途、増改築経過不明の場合の考え方

　以上のとおり、本件防火対象物を事務所あるいは工場のいずれの用途として是正措置を行うべきかは、本件防火対象物の用途変更の有無やその時期、増改築工事が行われた時期（特に用途変更の前か後か）及びその各規模等の履歴が明確になっていることが前提となります。

　例えば、もし用途変更があったのであれば、増改築が用途変更の前であれば延べ面積が1,000㎡以上となる工事があったのかどうか、用途変更後ならば工事部分の床面積の合計が1,000㎡以上なのかどうか、あるいは2

第4章　違反処理をめぐる問題

分の1以上なのかどうか等の履歴です。

　しかし、本件では査察台帳や違反対象台帳等に、そうした履歴の記録がないうえ、未登記でもあることから、建築当初の建物の種類や増改築等の登記上の経過も不明です。では、消防機関としてどのように判断すべきでしょうか。

⑴　用途、増改築の把握義務の有無

　まず、用途や増改築の経過を把握すべき法的義務についてです。本来、建物の用途や増改築については、所有者が自由に決定でき（民法第206条）、これらを逐一外部に開示する義務を伴うものではありません（ただし、建物の種類、構造、床面積とその各変更については、これらを登記する義務はあります。不動産登記法第44条第1項第3号、第51条第1項）。

　消防法においても、消防機関がそうした増改築等の事実を把握すべきとの義務規定は見当たりません。ここで、建築物の増改築や用途の変更等についての消防同意がありますが、これは、増改築や用途の変更計画が防火に関する規定に適合しているかどうかを対象とするものですから、増改築や用途の変更自体の把握を目的とするものではありません。

⑵　用途変更特例規定の立証責任の分配

　次に、用途の決定、変更や増改築が、消防法上問題となるのはどの場面においてかということです。ここでは、法第17条の3に規定している防火対象物の用途が変更された場合の特例の適用場面が問題となっています。すなわち、この特例規定を消防法上の義務の解除の要否という観点でみると、関係者の経済的負担を解消するための義務の解除を要件とするもの（同条1項）、関係者の経済的負担を考慮外とした義務の解除の解除（義務の付与）を要件とするもの（同条2項各号）として分けて規定されています。

　そうすると、義務の解除要件である用途変更は、関係者側で主張、立証すべき事項となり、関係者に義務を付与する要件である従前の規定に違反する事実の存在、あるいは一定規模の増改築の存在は、一種の処分要件と考えられますので、消防機関側で立証を要することになります。

第8回　用途変更、増改築不明な防火対象物への対応

(3)　設問に対する結論

　そこで本問のケースについてみてみると、まず、消防機関側の立証責任
である増改築資料が全くない、ということですから、ひとまず現行の基準
法令を適用することができません。

　次に、関係者側が立証すべき用途変更の事実が認められれば、従前規定
の適用があり、事務所としての対応をすることになります。しかし、この
用途変更を立証できず、これが認められないときは、そもそも法第17条
の3第1項の適用がありませんので、消防機関側で増改築の事実を立証す
るまでもなく、現況の工場として対応することになります。

　つまり、本問では、ひとえに相手方が用途変更を立証できるか否かにか
かっている、ということです。そこが立証できれば、事務所として対応し、
立証できなければ工場として対応する、ということになります。

　なお、この場合、仮に関係者側が立証できず、工場として命令を受けた
後に用途変更を示す資料が発見されたとしても、それだけでは先に行われ
た命令には公定力がありますので、これが無効になることはありません。

Q2 所有者の前記主張のみで用途に変更があった事実を認定してよいでしょうか。

A2 本人の主張のみでは十分とはいえません。

所有者の主張による用途変更の当否

　工場所有者が特段の資料を提示することなく、過去に事務所から工場に
用途変更したとの主張のみで従前の規定を適用してよいかとの点は、用途
変更の存在は、従前の法令を適用するための重要な要件となりますので、
単なる本人の主張のみでは十分とはいえず、これを裏付ける何らかの資料
（例えば、歴年の納税通知書や課税証明書、建物の建築請負契約書、増改
築請負契約書等の建築資料等、用途変更を認定すべき文書等）が必要でしょ

141

第4章　違反処理をめぐる問題

う。それらの資料がなければ、用途変更は認定できません。この場合は、増改築の存在自体を認定する必要はありませんので、現況を前提にした是正措置を行うことで足りることになります。

第 9 回 確認申請を受けていない建築物に対する消防用設備等設置指導

確認申請を受けていない違法建築物への消防用設備等設置指導は行うべきでしょうか。

違法に建築された建物への指導について、説明していきましょう。

　空地で火災があった際、近くに1,000㎡以上あると思われる倉庫が建てられているのが分かり、確認したところウッドチップを保管する建築確認申請を得ていない違法建築物でした。役所に確認したところ、今から確認申請を提出されても許可は難しいとのことですが、取り壊すか申請を提出するかは持ち主と設計業者、建築業者が相談し決めることと回答されました。
　倉庫は現在も使用されているのですが、確認申請を受けていない建築物に対し消防用設備等の設置指導をすべきなのか、さらには指導をしたとすればその時点で建築物を認めたことになるのではと対応に苦慮しています。

Q このような違法に建設された建物への対応はどのようになるでしょうか。

A 消防法違反の見地から所定の是正指導、是正命令等を行うことに何の問題もありません。
また、この指導によって建築基準法令違反の瑕疵を治癒したり、違法な建築物を適法な建築物と認めたりすることにはなりません。

　まず、消防法違反の見地から所定の是正指導、是正命令等を行うことに何の問題もありません。本件では、延べ面積が1,000㎡以上ある倉庫とい

第4章　違反処理をめぐる問題

うことですので、屋内消火栓設備や自動火災報知設備が必要です（令第11条第1項第2号、第21条第1項第4号）。これらの設備が未設置ということであれば法令違反は明らかですし、いずれの設備も火災を初期の段階で消し止め、速やかな避難を行わせるための極めて重要な役割を担っているわけですから、早急に是正が必要です。現在使用中であるか否かは、是正の要件ではありません。

　次に、是正指導をすれば、無確認建築物をあたかも確認を受けた適法な建築物として取り扱うことになるのではないか、との点ですが、消防法には、是正対象を建築確認を受けた防火対象物に限る、とか、建築基準法令に適合した建築物に限る等の定めはどこにもありません。

　是正指導の根拠法令である法第17条の4には「消防長又は消防署長は、第17条第1項の防火対象物における消防用設備等が設備等技術基準に従って設置され、又は維持されていないと認めるときは、（中略）当該設備等技術基準に従ってこれを設置すべきこと（中略）を命ずることができる」としており、是正命令の対象は「法第17条第1項の防火対象物」であるとしか定めていません。

　もちろん、是正命令や是正指導によって、違法な建築物を適法な建築物としたり、その旨取り扱ったりする等の定めは何もありません。したがって、このような懸念は全くの杞憂というべきでしょう。

　本来、建築基準法令は、法令に適合した建築物が建築されることを目的としており、消防法は、火災予防上の危険を排除することを目的としていますので、両法令はその目的を異にしています。したがって、それぞれの法を執行する立場から、法の目的に従った適切な対応を行うべきであり、相互に制約を受けるものではありません。

　もっとも、両法制に、防火、避難の分野で共通するところがあるので、この限度で協力して法を執行することは望ましいことではあります。しかしそうはいっても、お互いに協力しなければ消防機関が是正できない、というものではありませんので、火災危険があれば、消防機関単独で是正を進めるべきであり、これが法律上問題となることは全くありません。

144

第10回 不動産競売をめぐる消防の対応

指導中の建物が競売により差し押さえられた場合の指導の継続について、教えてください。

差し押さえられた後も引き続き指導できるか、説明していきましょう。

　本件建物は、A法人が所有する4階建店舗で、全階をカラオケ業を営むテナントBが賃借しています。この建物では、自動火災報知設備の受信機と感知器が不適合であり、A法人に対し、再々その改善を指導したところ、A法人との間で改修契約を締結した設備業者Cが来署し、工事の相談を始めました。ところが今般、この建物が競売に付され、差押えの登記がなされました。

Q1 A法人に対し、引き続き是正指導を行うことはできるのでしょうか。

A1 引き続きA法人に対し、所定の指導を行って差し支えありません。

　競売手続により、建物への差押えがなされると、債務者である建物の所有者（A法人）は、建物に関する一切の処分行為や担保価値を減ずる行為が禁止されます。例えば、建物を毀損することはもちろん、他に譲渡するとか、新たに抵当権や質権等の担保権を設定したり、地上権、賃借権等の用益権を設定することはできません。仮に設定しても、差押債権者や執行手続に参加する債権者との間で無効として取り扱われます。ただし、設定した当事者では有効です。例えば、債務者が第三者に建物を賃貸して賃料

第4章　違反処理をめぐる問題

を取得することはかまいません。

　そこで問題は、建物所有者が消防機関から違反是正の指導を受けることが、この処分行為に当たるのかという点ですが、指導を受けること自体は何らの処分行為を伴うものではありません。しかし、是正指導は、当然その次に来る是正行為と表裏一体となるものですから、この是正行為が処分行為に当たれば、結局、是正指導ができないことになります。

　しかし、本件での是正行為とは、自動火災報知設備の改修行為であって、建物の担保価値を増加させこそすれ、これを毀損したり価値の低下をもたらしたりするものではありません。したがって、前記の処分行為には当たらず、引き続きA法人に対し、所定の指導を行って何ら差し支えありません。

Q2　設備業者Cに対し、競売による所有者変動の可能性を踏まえ、差押えの存在を知らせることは可能ですか。

A2　差押えの有無を外部に提供することは消防機関の職務内容とはいい難いので、慎重であるべきでしょう。

1　公務員の守秘義務

　競売により、新しく本件建物を買い受けた所有者が現れても、A法人がC設備業者との間で締結した改修契約が、新所有者に引き継がれることはありません。したがって、本件建物に差押えがなされたことは、C設備業者にとって大きな影響があります。そこで、消防機関として、差押えがなされたことをC設備業者に伝えるべきではないかという点が疑問となります。この問題は、公務員の守秘義務との関連で考えるべきでしょう。

　地方公務員法は、職員に対し、職務上知り得た秘密を漏らしてはならないと定めていますが（同法第34条第1項）、この場合の「秘密」とは、一般的に了知されていない事実であって、それを一般に了知せしめることが一定の利益の侵害になると客観的に考えられるものを指します（自治省行

146

政実例S30.2.18自丁公発第23号）。また、最高裁判所の判例によれば、国家公務員法上の「秘密」とは、非公知の事実であって、実質的にもそれを秘密として保護するに価すると認められるものをいうとされており（最決S52.12.19刑集31・7・1053）、地方公務員についてもこの判旨が妥当します。

2 「秘密」といえるか

ところで、本件のような競売による民事執行手続は、非公開が原則の非訟事件の性質を有していますので（非訟事件手続法第30条）、利害関係を有する者のみがその競売に関する記録の閲覧・謄写等をすることができます（民事執行法第17条）。また、建物に対する差押えは、不動産登記簿に記載されますが、これを知ることができるのは、その登記簿の閲覧・謄写手続をした場合に限られます。したがって、防火対象物の差押えの事実は一般に了知された情報とまではいえないとも考えられます。

しかし、登記事項として何人でも閲覧が可能であるうえ、後述のとおり差し押さえられた不動産については、その情報を一般の閲覧の用に供するとされています。また、差押えは債務者による処分を制限する効力を有するにすぎず、差押えを受けたA法人の権利や競争上の地位を直接害するものともいえません。したがって「秘密」には該当せず、これを第三者である設備業者Cに伝えても、直ちに公務員の守秘義務に抵触するとまではいえないでしょう。

ただし、差押えの有無を外部に提供することは、消防機関の職務内容ではありませんから、慎重であるべきでしょう。

Q3 裁判所の競売情報に、消防法違反の事実を反映させることは可能ですか。

A3 評価書へ消防法違反の情報を反映させることは、十分可能と解されます。

第4章　違反処理をめぐる問題

1 競売情報

　裁判所で競売手続が開始されると、執行官が裁判所の命令に基づいて、不動産の現況や権利関係を明らかにするための現況調査報告書を作成し（民事執行法第57条、民事執行規則第29条）、裁判所から当該不動産の評価を命ぜられた評価人が、その結果を参考に不動産を評価して、評価書を作成します（同法第58条、同規則第30条）。その後、裁判所書記官が、現況調査報告書と評価書を踏まえ、買受人に対し、不動産の権利関係に影響を及ぼすような重大な情報を提供するために、物件明細書を作成し（同法第62条第1項）、これらの書面の写しが3点セットとして裁判所に備え置かれて、一般の閲覧の用に供されます（同条第2項、同規則第31条）。

2 評価書の記載事項

　前記3点セットのうち、評価書には不動産の表示等のほか、「都市計画法、建築基準法その他の法令に基づく制限の有無及び内容」が記載事項とされていますので（同規則第30条第1項第5号ロ）、消防法に基づく制限の有無、内容も「その他の法令に基づく制限」として記載が可能と思われます。
　また、この評価書に記載される具体的な事項としては、建物の構造、設備、建物の種類、間取りのほか、賃借人がいる場合の契約状況、雨漏りなどの不具合、破損箇所や違反建築、都市計画道路予定地での建築制限等、建物価格に重大な影響を与える事項が記載されます（「競売不動産評価マニュアル第3版」別冊判タ30・133〜135）。したがって、評価人が消防法令に違反する消防用設備等が存在するとの具体的事実を把握したときは、評価書の各項目中にその旨が記載されるべきものと解されます。

3 結　論

　以上から、裁判所の前記競売情報のうち、評価書へ消防法違反の情報を反映させることは、十分可能と解されます。

第11回 瑕疵のある危険物施設の設置許可をめぐる違反処理

製造所の完成検査後に不備が発見されました。この場合、どのように対応すればよいのでしょうか。

設置許可処分の取消し等について、説明していきましょう。

　製造所の設置許可を行った後完成検査を行ったところ、その位置、構造及び設備に、政令で定める技術上の基準に適合していない部分が発見されました。

Q1 設置許可処分によって、製造所が技術上の基準に適合しているものとみなされますか。

A1 技術上の基準に適合するとみなされるようなことはありません。

　消防法は、製造所等の危険物施設については、その位置、構造及び設備が、政令で定める技術上の基準に適合しているとき等には、設置の許可を与えなければならないと規定しています（法第11条第2項）。
　この許可は、一般的禁止を個別的に解除するという効果を有するものですから、設置許可を受けた者は、禁止されていた製造所を設置することができるという効果が発生します。そうすると、仮に製造所が政令で定める技術上の基準に適合していない場合（以下「基準不適合」といいます。）であったとしても、前記消防法の規定及びこの許可の効果によって、技術上の基準に適合しているとみなされるのではないかが疑問となります。

第4章　違反処理をめぐる問題

　しかし、許可の効果としては、製造所を設置してもよいということであって、それ以上に基準不適合状態を解消したり、あるいは基準に適合するものとみなすといった効果が発生するものではありません。許可があったとしても、製造所が技術上の基準に適合していない実態に何ら変わりはなく、このような基準不適合の製造所に対して行った許可の方に瑕疵があったということになります。

　よって、設置許可処分によって技術上の基準に適合するとみなされるようなことはありません。

Q2　設置許可処分を遡って取り消すことはできますか。

A2　消防機関が取消しを行うことはできません。

1　職権取消しと授益的処分

　消防法では、製造所等の設置許可の要件として、①技術上の基準に適合し、②危険物の貯蔵又は取扱いが公共の維持又は災害の発生の防止に支障を及ぼすおそれがないものと規定しています。そこで、この①の要件がないにもかかわらず許可を行った場合、消防機関が職権でこの許可を処分時に遡って取り消すことができるかが問題となります。一般に、法律による行政の原理(注)として、法律に適合しない処分については、行政庁も自ら職権で取消しを行うことができます。本件でも、消防機関が職権で許可処分を取り消して、違法状態の解消を図るべきであるといえるでしょう。

　しかし、本件の設置許可は、その名宛人に対し製造所を設置することができるといった利益をもたらしていますので（このように処分によって利益をもたらす行政行為を「授益的処分」といいます。）、その取消しは名宛人に不利益なものとなります。そこで、名宛人が不正に許可処分を受けるなど、その責めに帰すべき事由がある場合を除き、処分を受けたことによ

150

る名宛人の信頼を保護する必要があります。

2 法律による行政と名宛人の信頼保護

そこで、法律による行政の原理を貫くべしという要請（取り消すべし）と、名宛人の信頼を保護すべしという要請（取消し不可）といった2つの利益を比較衡量したうえで、いずれを優先すべきかを判断することになります。では、どのように考えるべきでしょうか。

第1に、本件は製造所に基準不適合部分があるにもかかわらず、許可を行ったという点で、消防機関に全面的な責任があり、名宛人には全く帰責事由がないという点です。ここで、許可申請人には拒否されるような申請をしてはならないといった義務はなく、許可の判断はひとえに消防機関が負うべきものです。

第2に、あえて許可を取り消さなくても、当該製造所が基準不適合であることに変わりはなく、当然、完成検査に合格できず、完成検査済証の交付もなされません。その結果、製造所を実際に使用することはできません。もし使用すれば、無許可使用となり、刑罰が科せられますので、事実上、危険物の使用による公共への危険などの実害の発生が想定し難いところです。

第3に、名宛人は、製造所を使用できないことにより、許可を前提にした施設工事費用が無駄となり、経済的損失が発生します。

第4に、設置許可は、社会公共の安全、秩序を維持するといった消極的観点から行われる警察許可ですから、許可があっても第三者が製造所に参入できないなどの制約はありません。したがって、許可を取り消さなければ、第三者が許可を受けられないといった不都合も見当たりません。

3 結　論

以上によれば、名宛人の信頼の保護の方がより優位すると考えられますので、本件の設置許可には瑕疵があるものの、これを理由に消防機関が職権取消しを行うことはできないという結論となります。

第4章　違反処理をめぐる問題

（注）法律による行政の原理…行政は法律に従わなければならないというもので、①「法律の法規創造力」、②「法律の優位」、③「法律の留保」の3つの原則が含まれます。①は、法律によってのみ国民の権利義務を規律する法規を創造することができることを意味し、②は、法律と行政が抵触する場合、法律が優位し、行政は取り消されたり、無効になったりすることを意味します。③については、P.136を参照。

Q3 設置許可には公定力がありますが、基準不適合の状態を是正させることは可能ですか。仮に可能な場合は、その方法はどのようにすべきですか。

A3 変更許可申請を行うよう指導すべきであり、自発的な変更申請が行われなければ、基準適合命令を発令することによって、基準に適合するよう措置すべきでしょう。

　質問にもあるとおり、設置許可には行政処分としての公定力が存在し、行政庁（消防機関）が職権で、あるいは審査請求によってこれを取り消すか、裁判所が判決でこれを取り消さない限り、有効なものとして取り扱われるものとされています。前述のとおり、本件の設置許可は、職権取消しができませんので、判決等によらない限り、有効なものとして取り扱われます。

　しかし、その一方で、製造所が違法状態であることに変わりはなく、基準不適合な製造所をそのまま放置しておくことは、危険物保安の見地から適切ではありません。したがって、消防機関としては、基準に適合するように改造する旨の変更許可申請（法第11条第1項）を行うよう指導すべきであり、自発的な変更申請が行われなければ、基準適合命令（法第12条第2項）を発令することによって、基準に適合するよう措置すべきでしょう。

　この場合の基準適合命令（変更許可申請の指導を含みます。）は、設置許可の効力を否定するものではなく、この許可の存在を前提としたうえで、その違法状態を解消させるべく、別個の処分（指導）を行うものですから、許可の効力（公定力）には抵触せず、両立しうるものと考えられます。言

い換えると、違法ではあるが有効な許可が、基準不適合の是正により適法かつ有効な許可になる、ということであって、是正の前後で許可の効力に変更はない、ということです。

第4章　違反処理をめぐる問題

第12回　福祉施設の入居者に対する使用停止命令・退去勧告の当否

多数の消防法と建築基準法令の違反がある施設に対して、使用停止命令を行うことはできるのでしょうか。

使用停止命令について、説明していきましょう。

　本件建物は、元は一般住宅でしたが、最近になり介護を要する高齢者を入居させる施設に改造され、有料老人ホームとして使用されています。今般の立入検査において、スプリンクラー設備や自動火災報知設備の未設置をはじめ、消火器の未設置のほか多数の消防法違反があり、避難、防火に関する建築基準法令の違反も複数存在しています。
　このように本件建物は、火災時の人命危険が極めて大きく、法第5条の2による使用停止命令の対象であると判断しています。

Q1 この有料老人ホームの入居者に対し、使用停止命令を発令することができますか。

A1 発令は困難です。

　法第5条の2に規定する使用停止命令は、法第5条第1項をはじめとする火災予防のための命令を履行しない場合等や、その命令によっては火災予防の危険や人命危険を排除できない場合に発令されるものですから、そうした火災予防のための命令の受命者、あるいは受命者たりうる者が使用停止命令の名宛人となると解します。使用停止命令の違反に対し、火災予防のための命令の違反による処罰（2年以下の拘禁刑又は200万円以下の

罰金）よりも重い処罰（3年以下の拘禁刑又は300万円以下の罰金）が科されるのは、火災危険性がより具体的であることのほか、火災予防のための命令違反があること等が前提になっているからと考えられます。では、有料老人ホームの入居者に、使用停止命令の前提であるスプリンクラー設備等の設置義務があるのでしょうか。

　有料老人ホームは、老人を入居させ、入浴、排せつ若しくは食事の介護、食事の提供又はその他の日常生活上必要な便宜の供与をする事業を行う施設ですが（老人福祉法第29条第1項）、入居者は、そうした便宜を受けるため施設事業者との間で入居契約を締結し、入居一時金等の費用を支払って、個室及びホーム内の各施設並びに事業者が提供するサービスを終身にわたって利用する権利を取得するとされるのが一般的です。このように有料老人ホームは、入居者が各種の福祉サービスを受けることを主たる目的とするものですから、消防用設備等の設置義務も、福祉サービスに伴う当然の義務として、もっぱら施設事業者（所有者）が負担し、入居者が負担することはないと考えられます。

　そうすると、入居者には、消防用設備等の設置義務がありませんので、この義務を前提とする使用停止命令を受ける地位にはないという結論となります。ちなみに、有料老人ホームの目的や事業形態に照らすと、入居者に個室が確保されているとはいえ、それは各種の福祉サービスを受けるための手段にすぎず、入居者が消防法上の占有者、あるいは管理者とみることはできないのではないかとの疑問が残ります。しかし、いずれにしても、入居者が法第5条の2に規定する「権原を有する関係者」には該当しないという点に変わりはありません。

Q2 使用停止命令の発令前に、消防機関から直接、入居者やその親族に対し、違反事実や人命危険が極めて大きいことを伝え、早急に施設から退去する旨を要請することは可能ですか。

第4章　違反処理をめぐる問題

A2 消防機関が建物からの退去を要請することはできません。

1 行政指導としての要件

　本件建物には、重大な消防法令違反があり、建築基準法令にも多くの違反があること、その入居者が介護を要する高齢者であること等を考慮すると、火災に際し、人命危険の極めて高い建物であることは明らかでしょう。では、消防機関が、そうした危険な状況であることを入居者やその親族（以下「入居者等」といいます。）に直接伝え、建物からの退去を要請すること（以下「本件活動」といいます。）は可能でしょうか。

　まず、このような活動は、個人の生命・身体・財産を火災から保護するため、特定の者に「退去」を求める行政指導とみられます。行政指導とは、「行政機関がその任務又は所掌事務の範囲内において一定の行政目的を実現するため特定の者に一定の作為又は不作為を求める指導、勧告、助言その他の行為であって処分に該当しないものをいう」（行政手続法第2条第6号）とされていますので、本件活動が消防の任務あるいはその所掌事務の範囲内にあることが要件となります。

　また、行政指導に対しても、その目的と手段についての比例原則[注]が及ぶとされています（公務員の退職勧奨に関する最判S 55. 7 .10（判タ434・172）は、この理を認めています。）。すなわち、入居者等に退去を求めることが、社会通念上やむを得ないものかどうか、あるいは火災予防上の危険を除去する手段・態様として必要最小限度のものかどうかという点が問題となります。

2 任務又は所掌事務の範囲内か

　消防の任務については、消防組織法第1条が、消防の施設及び人員を活用して、国民の生命、身体及び財産を火災から保護することを任務とすると規定しています。この任務は、火災に対するものとしては、消防機関に

156

よる予防査察、消火活動といった直接的な予防、警防活動等において達成すべきものですが、本件活動が広く火災の危険からの「避難」を促す活動であるとみて、本条の任務に含まれると解することも可能と思われます。

なお、所掌事務については、消防庁に関しては具体的な規定がありますが（消防組織法第4条）、各消防機関については特に規定はありません。

3 比例原則に適合しているか

次に、本件活動の比例原則との関係を検討してみましょう。質問事項によれば、消防機関は入居者等に対し、本件建物が火災予防上極めて危険な状態であることを伝えるということですから、入居者等は、当然不安となり、建物から避難・退去したいと思うのが人情でしょう。しかし、諸々の事情から、早急な退去が困難な者もいると思われます。

例えば、退去は新たな施設等への転居と一体となるものですが、自宅での介護が可能なケースを除きその転居先の確保が困難であったり、仮に転居先が見つかっても、そこでの新たな入居費用の工面等ができなかったりする事態も想定されます。また、当施設を気に入って入居した場合、本件活動によって、居住移転の自由（憲法第22条第1項）を制約する可能性もありえます。その他、転居したくても転居できない入居者がいるとすれば、不安を和らげる精神的ケアも必要となるでしょうし、そもそも他所への転居は、入居者が避難が困難な要介護者であり、高齢者でもあるがゆえの心身への負担も無視できません。このような本件活動に伴うデメリットを考慮すると、本件活動が、社会通念上、必要かつやむを得ない手段であるとまではいうことはできません。

そうすると、本件活動が消防の任務に含まれるとしても、過去に火災があって人命が失われたとか、漏電があったり火の取扱いが杜撰で、火災発生の蓋然性が高かったりする等の理由で、避難の緊急性が認められるといった特段の事情がない限り、比例原則に抵触し、建物からの退去までを要請することはできないことになります。

(注) 比例原則…ある目的を達成するために、より制限の程度が少ない他の手段が

第4章　違反処理をめぐる問題

ある場合には、それを用いるべきである、との原則をいい、不必要な規制、過剰な規制を禁ずるものです。この原則の具体的適用場面では、当該規制が社会通念上やむを得ない必要最小限度のものかという点にあらわれます。また、この原則は、警察比例の原則（P.68参照）が妥当する警察活動にとどまらず、国民の権利、自由を制約する全ての行政活動に当てはまる原理とされています。

Q3 入居者が消防機関の要請に応じて退去した場合、これにより生じた施設経営者の損害を賠償する責任はありますか。

A3 賠償責任は認めがたいと思われます。

　本件活動は原則として相当とはいえませんが、仮に同活動により入居者が退去した場合、施設経営者にとっては経営上の収入減少の被害を受けることになります。そこで、この収入減を損害として、当該消防機関が所属する地方公共団体に対し、国家賠償法第1条に基づき、その賠償を請求できるかどうかを検討してみましょう。

　同条の責任の要件としては、本件活動である公権力の行使が違法であること、本件活動と損害の発生との間に相当因果関係があることが必要です。まず、違法性については、被侵害利益の種類、性質、侵害行為の態様、原因、損害の程度等の事情を総合的に考慮して、当該公権力の行使が職務上の注意義務に違反していたかどうかという観点で決せられます。

　そこで、第1に、施設経営者の被侵害利益の種類、性質としては、現在及び将来の入居者から受ける施設利用料等の経済的利益であり、人の生命・身体ではありません。第2に、侵害行為の態様、原因としては、被害者たる施設経営者側に重大な消防法違反等があることが、本件活動の原因となっているうえ、本件建物の火災の危険・人命危険が極めて高いことから、入居者等の、火災によりかかる危険を事前に防止する目的で行われたものであって、そのこと自体、特に非難されるような態様でもありません。また、これによる施設経営者の損害の程度も、現入居者の施設利用料等の減少に

158

とどまる（施設の信用低下による将来の入居者の減少は、評価が困難）と
みられること等を総合すると、本件活動が直ちに違法であるとまではいえ
ないでしょう。

　次に、本件活動と損害との因果関係ですが、本件建物からの退去は、本
件活動によるものとはいえ、入居者の任意の協力の結果というべきであっ
て（これを行政指導の「任意性の原則」といいます。）、退去するのか否か
は入居者の自由意思によるものです。したがって、消防機関が退去を強制
したといった特段の事情のない限り、本件活動と退去、さらには退去によ
る損害の発生との間には、相当因果関係がないと考えられます。

　よって、本件活動によって損害が生じたとしても、違法性及び因果関係
を欠くことになり、これを賠償する責任は認めがたいと思われます。

第4章　違反処理をめぐる問題

第13回　防火管理者未選任のマンションへの対応

複合用途マンションにおける防火管理者未選任について、教えてください。

防火管理者未選任マンションへの対応について、説明していきましょう。

　本件建物は、1階が店舗、2階から5階までが共同住宅の複合用途のマンションです。この建物には防火管理者が必要ですが、選任されておらず、これまで再々管理組合の理事長に対して選任をするよう指導していますが、現在に至るまで選任されていません。

Q1 こうしたマンションにおける防火管理者の選任権者である管理権原者をどのように考えたらよいでしょうか。

A1 店舗及び共同住宅の区分所有者全員が、法第8条第1項の管理権原者であることに変わりはありませんが、管理組合が成立している場合には、管理組合もまた管理権原者になります。

1　マンションにおける管理権原者

　マンションは、住居や店舗等の単独の所有権（区分所有権）の対象である専有部分と、区分所有者全員の共有に属する共同玄関や廊下等の共用部分から構成されています。このようにマンションの区分所有者は、それぞれ単独で、あるいは共同所有という形でマンションを所有していますので、その所有権者として法律上当然に、その専有部分及び共用部分全体の防火

第13回　防火管理者未選任のマンションへの対応

の管理を行うべき者ということになり、法第8条第1項に規定する原則的
な管理権原者となります。なお、本件マンションは、店舗と共同住宅に分
かれていますが、いずれの区分所有者も、管理権原者であることに変わり
はありません。

2　管理組合と管理権原者との関係

　次に、マンションの管理に関し、その主体や管理方法についてみてみま
す。これについては、区分所有法が、区分所有者は、全員で管理を行うた
めの団体を構成し、この団体が管理を行うと規定していますので、管理の
主体は、この団体になります（同法第3条）。

　管理の方法としては、団体の根本規則として規約を定め、団体の意思決
定機関としての集会及びその業務執行者としての管理者を通して行うもの
とされています（同法第25条、第30条、第34条）。そして、この団体と
しての管理組合が成立している場合には、集会は総会に該当し、管理者は
通常は理事長がこれに当たります。

　規約では、建物の管理又は使用に関する区分所有者相互間の事項を定め
ますが（同法第30条第1項）、この「建物」には、共用部分のほか専有部
分も含まれます。したがって、多くの規約においては、共用部分のみなら
ず専有部分についての管理も管理組合の業務の対象としており、両部分に
共通の業務として防災に関する業務や、区分所有者の共同に利益を増進す
るための業務等が盛り込まれているのが一般的です。防火管理者の選任行
為が、こうした防災、あるいは共同利益増進のための管理組合の業務に含
まれることは明らかでしょう。そうしますと、この管理組合もまた法第8
条第1項の管理権原者になります。

　ただし、管理組合の業務規定の中にそうした規定がなく、その他防火管
理者の選任を示すような規定が全くない場合には、選任行為は管理組合の
業務とはならず、管理組合は管理権原者とみることはできません。

第4章　違反処理をめぐる問題

3　マンションにおける選任手続

　そこで、前記のような業務規定がある場合の管理組合における具体的な選任手続について検討してみましょう。防火管理者の選任行為は、誰を防火管理者の候補者とするかといった意思決定の部分と、この決定に従って現実に選任手続を執行する部分とに分かれます。この意思決定機関としては、総会と理事会があり、防火管理者の選任についても、理事会が自ら候補者を決定するか、あるいは理事会で総会に上程するための候補者選任議案を作成し、理事長がこれを総会に上程してその決議を経るかの、いずれかの方式をとることになります。その後はこれらの決定に従い、理事長が候補者との選任合意手続を進めることになります。

　では、防火管理者の選任を総会で行うべきか、理事会決定で行うべきかとの点ですが、防火管理者の具体的な権限（規則第3条）に照らすと、その職務は、区分所有者の生命、身体、財産に直結する重要な内容を成していますので、管理組合の役員に匹敵する地位にあるとみることもできます。したがって、管理組合の業務の重要な事項として総会で選任するのが本来の姿であろうと考えられます。

　しかし、防火管理者は、一定の資格要件が必要ですので、理事会においてその適任者を探して決定することが機動的かつ現実的であり、管理組合における近時の理事会重視の運営実態（理事会が中核として機能することを「理事会方式」といいます。）にも沿うものといえます。ただし、理事会で候補者を選任するには、規約中に、あるいは少なくとも規約から委任を受けた理事会規程等の中で、理事会の決議事項としてその旨を定めておくことが必要です。しかし、理事会決議事項として、そうした具体的な定めがない場合（このケースの方が大多数でしょう。）には、少し時間を要しますが、理事会において候補者選任議案を決定して、総会で選任を決議するしかありません。なお、理事長がその単独の権限で選任行為を行うには、その旨の規約の定めが必要です。そうした定めのない限り、理事長限りでの選任はできません。

162

第13回　防火管理者未選任のマンションへの対応

Q2 理事長が選任に応じない場合の具体的な対応について、説明してください。

A2 区分所有者のうちの1人に対し、又は実務的には同時に若しくは順次に全ての区分所有者に対し、選任を請求できます。

　理事長が総会に選任議案を上程しない場合には、原則に戻って当該マンションの区分所有者全員が、この選任義務を履行すべきものと解されます。既に述べたように、個々の区分所有者が管理権原者であることに変わりはないからです。これは、規約に防火管理者の選任を定めたような規定が全くない場合も同様です。

　この場合の選任義務は、一種の不可分債務と考えられますので、消防機関は、区分所有者のうちの1人に対し、又は同時に若しくは順次に全ての区分所有者に対し、選任を請求できると解してよいでしょう（民法第430条、第436条）。ただし、実務的には、区分所有者の全員に対し、当該マンションには防火管理者の選任が必要である旨及び管理組合あるいはその代表者の理事長に対し選任を求めているがいまだに選任されていない旨を通知して、速やかな選任を指導することになります。この指導に応じて、1人又は複数の区分所有者が防火管理者を選任した場合は、当該区分所有者の名（連名）をもって、その選任届出書を消防長（署長）に提出します（法第8条第2項、規則第3条の2）。

第4章 違反処理をめぐる問題

第14回 マンションのベランダにあるサンルームへの消防対応

分譲マンションの一室にサンルームが設置されている場合の対応について、教えてください。

避難障害となりうるサンルームがある場合の対応について、説明していきましょう。

　本件建物は、5階建の分譲マンションです。今般、このマンションの管理組合から「階上にある区分所有者のベランダに、住居部分とつながったサンルームが設置されており、度々その居住者に撤去を求めているが応じてくれない。火災の際の避難に支障があるので、消防の方で何らかの対応をしてもらいたい」との要請がありました。なお、このマンションのベランダは、隣接する住居との間で簡単な仕切板で仕切られており、規約上は共用部分となっています。

Q1 サンルームの設置状況を調査するため、居住者の承諾を得ないでサンルームへの立入検査を行うことは可能ですか。

A1 当該住居の関係者である居住者の承諾が必要になります。

　サンルームとは、屋根や壁面などをガラス張りにして、日光が多く入るように設計された部屋のことですが、このサンルームが立入検査に際し、承諾を要する個人の住居とみられるのかというのがここでの問題です。
　法第4条第1項は、個人の住居へは、関係者の承諾を得た場合、又は特に緊急の必要がある場合でなければ、立ち入ることができない旨を規定していますが、この「個人の住居」とは、私生活の営まれる場としての個人

第14回　マンションのベランダにあるサンルームへの消防対応

の住まいをいうと解されています。サンルームは個人の専有部分（住居）とは異なる共用部分（ベランダ）に設置されているとはいえ、規約において、ベランダには当該個人たる区分所有者の専用使用権^(注)が設定されているのが一般的であり、サンルームは、そうしたベランダの上に設置されている以上まさに私生活が営まれる場としての個人の住まいの一部を構成していると考えられます。

　仮に規約にそうした定めがない場合でも、本件のサンルームは、個人の住居部分とつながっているとのことですから、サンルームはその住居の一部として、法第4条第1項が定める「個人の住居」に該当するとみてよいでしょう。また、立入検査の主たる目的は、サンルームの実態把握と、避難通路としてのベランダの閉鎖状況を確認することにありますから、その立入りが特に緊急の必要があるとも思われません。そうすると、その住居部分を通じてサンルームに立ち入るか、あるいは外部から直接ベランダのサンルームに立ち入るかを問わず、当該住居の関係者である居住者の承諾が必要になります。

　なお、避難通路としての閉鎖状況やサンルームの実態を把握するには、外部からの観察でもある程度は可能ですし、詳細が必要であれば、サンルームの関係者である当該居住者に対し、サンルームの資料の提出命令や、報告徴収を検討すべきでしょう。

　（注）専用使用権…建物の共用部分又は敷地を特定の区分所有者が排他的・独占的に使用できる権利のことです。共用部分では、屋上、ベランダ、バルコニーに、また敷地では、庭や駐車場にそれぞれ設定されることが多くあります。

Q2 このベランダを、法第8条の2の4に規定する「避難上必要な施設」とみなして、同法による違反是正指導を行うことは可能ですか。

A2 是正指導は可能です。

　まず、サンルームのあるベランダが、法第8条の2の4に規定する「廊

第4章　違反処理をめぐる問題

下、階段、避難口その他の避難上必要な施設」に該当するかどうかについてみてみます。

　この「避難上必要な施設」とは、建築物の内部において利用者が利用する可能性がある部分から、屋外に出るまでの経路にある建築物の施設をいいます。本件マンションのベランダは、構造上、特定の住居に接していても、同一階にある隣接住居のベランダとも連続し、その間は簡単な仕切板によって区切られているということですから、非常の際にこの仕切板を破って隣接する住居、あるいはこの住居を通って、その先にある住居のベランダに避難し、当該ベランダのある住居から外部に出ることができる構造、用途を有しているとみることができます。したがって、本件サンルームのあるベランダは、その隣接住居や同一階の他の住戸の居住者にとって、利用可能な屋外への避難経路の一部であるとみてよく、法第8条の2の4に規定する避難に必要な施設に該当するとみてよいでしょう。そうすると、本件サンルームは、そうした避難者の避難に支障となることは明らかですから、同法違反による是正指導が可能になります。

Q3 法第8条の2の4の規定に違反する場合、サンルームを撤去するよう是正命令を発令することは可能ですか。

A3 消防機関としては、管理組合に対しその是正を求める指導を行うのが相当でしょう。

　本件サンルームの存在が、消火、避難、その他消防活動上の支障があると認められる場合には、法第5条第1項により、サンルームの所有者を名宛人とした撤去措置が一応考えられます。この場合、法第5条の3第1項を適用することも考えられますが、本件サンルームは、その専有部分たる住居部分とつながっていますので、これが独立した物件というより、住居部分の一部として、法第5条第1項の適用を検討するのが妥当です。

　しかし、ここで問題となるのは、このサンルームの撤去が必要やむを得ないものかどうかという点です。確かに火災の際には、サンルームのある

166

第14回　マンションのベランダにあるサンルームへの消防対応

ベランダを通じて外部に避難することも可能ですが、火災発生の場所や火勢等にもよりますが、通常は、火災が発生した住居の表玄関、あるいは廊下に面した窓等から避難することをまず考えるでしょう。また、仮にベランダ側から避難するとしても、当該サンルームの存在が支障とならない側の隣接住居の間にある仕切板を破って避難する方法も残されています。そうすると、サンルームの撤去が必要最小限の措置であるとまではみることはできず、結局、法の是正措置をとることはできません。

　この問題は消防機関の対応というより、管理組合の業務の問題です。すなわち、ベランダのような共用部分は、その用方に従って使用することとされ（区分所有法第13条）、また、区分所有者はその共同の利益に反する行為が禁止されていることから（同法第6条第1項）、こうした規定を受けた管理組合の規約及び使用細則において、共用部分への物件（物置や植栽等）の存置を禁じているのが一般的です。したがって、管理組合が同法や規約違反を理由に、サンルームを設置した区分所有者に対し、サンルームの撤去を要求し、応じない場合は訴訟を提起して、撤去の実現を図るのが本筋です。そうであれば、警察比例の原則（P.68参照）に照らし、消防機関がその撤去を求めるのは、社会通念上やむを得ない必要最小限度の措置とはいえません。消防機関としては、前記のように、法第8条の2の4に係る違反を指摘して、管理組合に対し、その是正を求める指導を行うのが相当であり、現実の撤去は管理組合の責任で行うべきものでしょう。

第4章

第4章　違反処理をめぐる問題

第15回　標識設置拒否への対応と標識損壊の刑事責任

某店舗入口への標識設置を所有者に拒否されています。どうすればよいのでしょうか。

標識設置の拒否への対応について、説明していきましょう。

物品販売店舗の所有者に対し、屋内消火栓設備の設置命令を発令し、その店舗入口に標識を設置しようとしましたが、その所有者がこれを強く拒否しています。

Q1 この拒否を無視してまで、設置を強行することには躊躇を感じますが、この場合でも設置を実施してよいものでしょうか。

A1 相手方が標識の設置を拒み、又は妨げた場合でも、これを無視して粛々と設置を実施すべきです。

1　設置行為の法的性質

まず、標識を設置する行為の法的性質について検討してみましょう。

法第5条第3項は、命令があった場合の標識の設置等について規定していますが、この標識の設置自体は事実行為であって、相手方に設置義務があり、その不履行に対し、行政機関が相手方に代わって代執行（履行）を行うものではなく、行政機関が直接に相手の財産に実力を行使して、消防法上の措置を実現する作用とみてよいでしょう。そうすると、この標識の設置は、講学上の即時強制^(注)の性質を有するものと解されます。

第15回　標識設置拒否への対応と標識損壊の刑事責任

2 設置を拒んだ場合の対応

　この標識設置の法的性質を前提にすると、相手方が標識の設置を拒み、又は妨げた場合でも、これを無視して粛々と設置を実施すべきことになります。設置を実施する際、相手方が単に設置に同意しない、あるいはこれを拒否するなどと言って拒んでいる場合はもちろんのこと、罵声や暴言を吐くなどして強硬に設置を妨害するような場合でも同様です。

　仮に、こうした拒否があった場合に設置ができないとなると、消防法は設置の拒否に対して罰則を適用するといった間接的な強制の方法もとっておらず、他に標識設置を担保する手立てがありません。したがって、前記のような相手方の抵抗のみで設置を回避すれば、設置を義務付けている消防法の趣旨を没却することにもなり、更にはこの義務に抵触するおそれもありえます。

　しかし、相手方が口頭で設置に反対しているにとどまらず、更に実力を用いるなどして強くこれを拒む場合、例えば、自らの身体や、バリケード等の物的手段を用いるなどして阻止行為に及んだ場合は、こうした抵抗を実力で排してまで実施することはできません。即時強制とはいっても、行政機関が実力を行使できるのは、標識の設置行為までであって、それ以上に相手方の身体やその他の物的手段にまで実力を行使してこれを排除できる法律上の根拠（権限）がないからです。こうした場合は、標識の設置に代えて、公報への掲載（規則第1条）等、他の方法で対処するしかないと思われます。

　なお、実施に際し、職員への暴行・脅迫があった場合、例えば、標識を奪い取るとか、生命身体に害を加えるなど、恐怖心を起こさせる言動があれば、公務執行妨害罪（刑法第95条）の成立が考えられますので、警察に通報し、これを通じて相手方の妨害を排除したうえで設置を実施することは別論です。

　（注）即時強制…法第29条の破壊消防のように相手方に義務を命ずる暇のない緊急
　　　　事態の場合や、警察官職務執行法第3条に定める泥酔者等の保護（同法第4条

169

第4章　違反処理をめぐる問題

の避難等も同じ）のようにその性質上義務を命ずることによっては目的を達成しがたい場合に、相手方に義務を課することなく、行政機関が直接、身体又は財産に実力を行使して、行政上望ましい状態を実現する作用をいいます。

Q2 所有者の拒否にかかわらず、標識を設置したところ、これが無断で剥がされていることが判明しました。この行為の刑事責任はどうなりますか。

A2 刑法第261条の器物損壊罪が成立します。

1 公用文書等毀棄罪とは

　店舗に設置した標識を無断で剥がす行為の罪責ですが、これについては公用文書等毀棄罪の成否が問題となります。

　公用文書等毀棄罪とは、「公務所の用に供する文書（中略）を毀棄した者は、3月以上7年以下の拘禁刑に処する」（刑法第258条）というものです。この場合の「公務所」とは「官公庁その他公務員が職務を行う所」（同法第7条第2項）とされています。また「毀棄」とは、文書の本来の効用を毀損する一切の行為を意味しますので、標識を剥がす行為も、標識としての効用を失わせるものとして、毀棄に該当します。

2 公用文書とは

　ところで、「公務所の用に供する文書」（公用文書）とは、公務所で使用されるための文書であり、現に公務所で使用中の文書のほか、公務所において使用するために保管している文書を含むと解されています。例えば、警察官が道路上で作成中の交通違反者への交通反則告知書等の違反関連書類、あるいは警察官が被疑者の自宅で呈示した逮捕状も、これに該当します。これらの交通違反関連書類や逮捕状は、現に警察署や検察庁、あるいは裁判所等で使用されているものではありませんが、そうした所で使用するために警察官が保管している文書といえるからです。したがって、そう

した違反関連書類や逮捕状を奪って引き裂いたような場合は、本罪が成立します。

3 標識は公用文書ではない

ところで、標識は私人の店舗に設置されますから、現に消防署や市町村役場等の公務所で使用されるものでも、また、そうした所で使用するために保管されている文書でもありません。よって、標識は公用文書等毀棄罪における公用文書には該当しないと解されます。

ちなみに、官公庁等の公務所に標識が設置されている場合は、「公務所で使用中の文書」といえそうですが、使用しているのはいわば標識を設置した消防機関であって、当該官公庁が標識を使用しているわけではありません。よって公務所で使用されるための文書とはいえず、やはり公用文書には当たらないと解します。

4 器物損壊罪の成立

そうすると、標識を剥がす行為は、公用文書等毀棄罪には該当せず、他の罪として刑法第261条の器物損壊罪が成立します。この損壊とは、ひろく物の本来の効用を失わせる行為をいい、標識を剥がす行為も損壊に当たります。なお、労働組合の看板を取り外す行為、及び荷物から荷札を取り外す行為は、看板・荷札の本来の効用を喪失させるから、器物損壊罪に当たる、とするのが判例です（最判 S 32.4.4刑集11・4・1327）。

ちなみに、剥がす行為は「みだりに他人の標示物を取り除」いたものとして、軽犯罪法にも抵触しますが（同法第1条第33号｜拘留又は科料の刑）、刑法の器物損壊罪とは観念的競合^(注)の関係となり（刑法第54条）、重い刑である器物損壊罪によって処断されることになります。

（注）観念的競合…1つの行為が2つ以上の罪名に触れることをいいます。例えば、職務執行中の警察官に暴行を加え、負傷させた場合は、公務執行妨害罪と傷害罪との観念的競合です。本来は複数の罪ですが、科刑上の一罪として扱われ、そのうちの最も重い刑によって処断されます。

第4章 違反処理をめぐる問題

第16回 区分所有建物の点検未実施に対する消防対応

1つの建物に複数の所有者がいる場合の建物全体の指導や命令について、教えてください。

複数の所有者がいる場合の指導・命令について、説明していきましょう。

　本件建物は、1階が物品販売店舗、2、3階が飲食店、4階が事務所、共同住宅の複合用途防火対象物です。建物の各階は、いずれも3つに区画され、Aが全専有面積の過半を占める区画を所有し、B、Cが残る区画の半分ずつをそれぞれ所有しています。この建物には管理組合は結成されていませんが、防火管理者がA、B、C全員の協議で選任され、消防計画も作成されています。しかし、統括防火管理者の選任はありません。
　この建物には消防用設備等が設置されていますが、法所定の定期点検がなされておらず、点検結果の報告もありません。

Q1 本件建物では、A、B、C全員の協議で防火管理者が選任されていますので、統括防火管理者の選任までは不要と思われますが、改めて、その選任が必要ですか。

A1 統括防火管理者の選任は改めて必要です。

　本件建物は、複合用途防火対象物に該当し、管理権原者が複数いる場合には、それぞれが防火管理者を定めることになります。
　本件建物では、A、B、C3名が独立した区画を所有（本件では、区分

172

第16回　区分所有建物の点検未実施に対する消防対応

所有法による区分所有）している、ということですから、それぞれが当該区分所有部分（区画）を管理するべき権原を有しているといえるでしょう。したがって、3名が協議して1名の防火管理者を選任したとしても、それは、あくまでもそれぞれの区画の防火管理を特定の者に行わせることにすぎず、全体の防火管理まで行わせるものではありません。したがって、改めて統括防火管理者の選任が必要になります。

　ただし、管理権原者の協議で当該防火管理者を統括防火管理者と定めることは可能ですが、その場合は、全体についての防火管理に関する消防計画の作成と、その旨の所定の様式による届出が要件ですから（令第4条の2、規則第4条）、通常の防火管理の手続のほかに、改めて、そうした手続要件を具備する必要があります。

Q2 本件建物の共用部分である共用廊下や玄関ホール等に設置してある消防用設備等の点検未実施について、その指導の相手方は専有面積の過半を占めるＡとみてよいでしょうか。

A2 必ずしもＡのみというわけではありません。

　本件建物のうち、玄関ホールや共用廊下、エレベーターホール等の共用部分は、Ａ、Ｂ、Ｃの共有に属しますが（区分所有法第11条）、こうした共用部分に設置された消防用設備等の点検は、同設備等の機能をチェックする行為とみられますから、保存行為の一種に該当します。そうすると、Ａ、Ｂ、Ｃが単独でこれを行うことができることになり、必ずしも床面積の過半を有するＡのみが行うものでもありません（区分所有法第18条第1項ただし書き）。床面積の過半が問題となるのは、点検が管理に当たる場合ですが、仮に点検の結果、不備があった場合の修復までを点検の概念に含めたとしても、やはり現状維持行為とみてよく、管理には当たりません。

　消防機関としては、点検についてはＡが行う旨のＡ、Ｂ、Ｃの合意がある場合、あるいはＡが消防機関に対し自ら点検を行う旨を表明している場

第4章　違反処理をめぐる問題

合等を除き、A、B、Cのいずれに対しても点検を行うよう指導することが可能になります。ちなみに、各専有部分である区画の消防用設備等については、それぞれの区分所有者であるA、B、Cが点検義務を負っていることに変わりはありません。

Q3 本件建物全体についての消防用設備等の定期点検未実施を原因として、A、B、Cに対し法第8条第4項による消防用設備等点検整備命令を行うことは可能ですか。

A3 同条第4項による消防用設備等点検整備命令を行うことはできません。

　法第17条の3の3では、法第17条第1項の防火対象物（令別表第1に掲げられた舟車を除く防火対象物を指します。）の全ての消防用設備等について、関係者による点検が義務付けられています。この点検については、総務省令に基づく消防庁告示等により、その種類、基準、期間が決められ、その対象も機能の点検に限られています（この点検を「定期点検」といいます。）。

　一方、法第8条第4項では、管理権原者に対し、同条第1項で定められた多人数を収容する一定の防火対象物について、防火管理者をして、その消防用設備等の点検・整備を行うよう命ずるとされており、この点検については、その種類その他定期点検にあるような決まりはありません。

　そこで、定期点検が未了の場合、関係者ではあるが管理権原者でもあるA、B、Cに対し、同条第4項により、防火管理者をして定期点検を実施するよう命ずる（以下「本件命令」といいます。）ことが可能かが問題となります。

　確かに、同条第4項の対象となる消防用設備等の点検については、定期点検のような制約はないので、定期点検の範囲で措置せよといった命令が可能のように思えます。しかし、防火管理者の責務（令第3条の2）には、この定期点検は明記されていないうえ、この場合の命令の対象が、多人数

174

第16回　区分所有建物の点検未実施に対する消防対応

を収容しない防火対象物であれば、そもそも本件命令を行うことはできません。し、法第17条の3の3では、点検未了の場合の命令規定が設けられていないのに、本件命令を発令することは、事実上、同条に命令規定を設けたに等しいことになります。

　したがって、定期点検の未了は、法第8条第1項の違反とすることはできず、同条第4項による消防用設備等点検整備命令を行うことはできません。

第4章

第4章　違反処理をめぐる問題

第17回　危険物の判定方法、弁明手続、代執行及び告発をめぐる問題

工場の敷地内に、指定数量を超えるドラム缶が多数置かれていました。消防機関としてどう対応すればよいのでしょうか。

指定数量を超える危険物が多数置かれている場合の対応について、説明していきましょう。

　ある工場に立入検査に入ったところ、屋外の敷地内に危険物である灯油（危険物の規制に関する政令別表第3第4類第2石油類）が収納されていると疑われるドラム缶が、指定数量を超える状態で、多数置かれていることが判明しました。そこで、法第16条の6を適用して、措置命令の発令を準備しています。

Q1 ドラム缶に収納されている物品が危険物である灯油であることを判定するには、どのようにしたらよいでしょうか。

A1 分析機関等の第三者に分析を依頼して、その分析結果を待つのが最も確実な方法でしょう。

　危険物の疑いのある物品を危険物であると判定するには、消防機関自らによる分析判定が可能である場合は別として、当該物品を収去して、分析機関等の第三者に分析を依頼して、その分析結果を待つのが最も確実な方法です。しかし、この方法では所定の費用がかかるうえ（後述のとおり、この費用は執行費用として徴収できません。）、全てのドラム缶から収去すべきなのか、一部でもよいのか、さらには、一部のドラム缶から収去する場合、どの程度の割合で収去すべきなのか等の判断が容易ではありません。

第17回　危険物の判定方法、弁明手続、代執行及び告発をめぐる問題

したがって、収去しなくてもその判定が可能であれば、その方法によるべきでしょう。例えば、ドラム缶に貼付されているラベルや製品の刻印等で、その数量や内容物を推定できます。また、物品の注文書（控）、請書、納品書等の伝票類、物品台帳、仕入台帳等の帳簿等が、物品が灯油かどうかを確認する手がかりとなります。さらに、可能であれば、納品業者から物品資料や納品履歴票等を任意で入手することも検討すべきでしょう。加えて、質問調書で、貯蔵している物品が灯油である旨の供述が得られれば十分です。伝票類や帳簿の提示がなされない場合には、資料提出命令により入手し、そのうえで質問調書を作成する等の工夫が必要です。なお、前記のような判定資料の入手ができない、あるいは入手が困難である場合は、一部を収去して分析結果をみることは当然可能です。

このように、質問調書以外に灯油を示す判定資料がない場合には、分析機関等による分析結果によらなければなりません。この場合は、関係者の供述や存置されているドラム缶の種類、外観等から同一の内容物であると推定できるときは、その一部の収去で足りると思われます。

Q2 措置命令の発令に際し、行政手続法による弁明の機会の付与が必要ですか。

A2 弁明手続は不要と解されます。

　弁明の機会の付与（以下「弁明手続」といいます。第6章第7回参照）の要否についてですが、措置命令は、行政手続上の不利益処分に該当するので、原則として弁明手続が必要です（行政手続法第2条第4号、第13条第1項第2号）。しかし、灯油のような危険物は、周囲の気温の上昇によって、いつ何時引火するとも限りませんので、緊急にこれを除去する必要があります。よって、公益を確保するための速やかな不利益処分をする必要上、弁明手続は必要ありません（同法第13条第2項第1号）。

　また、指定数量以上の貯蔵については、承認や許可を要することが法定

第4章

第4章　違反処理をめぐる問題

されているうえ（法第10条第1項、第11条第1項前段、危険物の規制に
関する政令第1条の11、別表第3）、その貯蔵や取扱いについて、遵守す
べき事項が技術上の基準をもって明確にされています（法第10条第3項、
危険物の規制に関する政令第24条～第27条）。そして、これらの法定事
項は、消防機関にとって自明（承認や許可の有無）であったり、前記に述
べた危険物の判定により確認することができます。

　このように遵守すべき規範の内容が明らかであり、その違反事実が客観
的に確認されうることから、相手方に意見（弁明）を述べる機会を与える
実益がなく、この見地からも弁明手続は不要と解されます（行政手続法第
13条第2項第3号）。

Q3 代執行を行う場合、灯油の納品業者に灯油を引き取らせることは可能で
すか。また、収納物の分析を依頼した費用があれば、これを代執行に要
した費用として徴収することができますか。

A3 引き取らせることは可能ですが、分析費用は徴収できません。

1 納品業者へ「引き取らせること」の可否

　代執行の方法として、ドラム缶に収納されている灯油を、その納品業者
に引き取らせることが可能か、という点ですが、措置の内容を「除去」と
すれば、要するにドラム缶を工場敷地外に移動させることですから、その
移動先として第三者（法第16条の3第5項）である当該納品業者に引き
取らせることも、この除去に含まれると解されます。したがって、当該消
防機関の属する地方公共団体と納品業者との請負契約、あるいは委託契約
によって引き取らせることは可能です。

　ただし、この「引き取らせる」とは、当該業者の事業所等に運搬させる
ことであって、その所有権を取得させるものではありません。

178

第17回　危険物の判定方法、弁明手続、代執行及び告発をめぐる問題

2　分析費用を徴収することの可否

　代執行に要した費用については、行政代執行法が「代執行に要した費用」を徴収すると規定していますので（同法第5条、第6条）、同条に基づき相手方から徴収できるのは、除去作業の請負代金、作業に従事した人件費、資材購入費等、執行行為に直接要した費用に限定されると解されます。[注]このように解するのが「執行」と明記されている文理に沿ううえ、相手方の義務が「除去」であることから、これらの費用はその履行に要した費用とみてよいからです。しかしその反面、これ以外のものは、本来義務者たる相手方が履行すべき費用とはいえません。したがって、事前の調査費用や代執行の事務手続に従事した人件費、警備費等は含まれません。そうすると、分析機関に依頼した分析費用は、執行行為に直接要したものとはいえず、徴収はできません。

　なお、前述した灯油納品業者運搬費用は、いったん前記地方公共団体が負担することになりますが、この費用は、執行行為の請負費用、あるいはその受託費用とみられますので、直接執行に要したものとして、徴収が可能です。

(注)　小澤道一『逐条解説　土地収用法　第二次改訂版（下）』（ぎょうせい）523頁

Q4　措置命令と告発との関係をどのように考えるべきですか。

A4　措置命令によって危険な状態を排除し、命令が履行されないときには告発に及ぶのが相当です。

　指定数量を超えた危険物を許可施設以外の場所で貯蔵した場合は、法第10条第1項に違反し、1年以下の拘禁刑又は100万円以下の罰金に処せられ（法第41条第1項第3号）、また、無許可で貯蔵場所を設置したことになり、法第11条第1項・第5項にも違反するので、法第42条第1項第

第4章

179

第4章　違反処理をめぐる問題

2号・第3号により告発が可能です。

　そこで、この告発と危険物の除去を求める措置命令との関係が問題となりますが、告発は、違反者を処罰することに目的がありますから、一定の温度以上になれば引火の危険がある灯油のような危険物については、告発をもって、そうした危険を除去することは困難です。したがって、まず措置命令によって危険な状態を排除し、命令が履行されないときには告発に及ぶのが相当です。

　ただし、この告発の前に、また少なくとも告発と同時に代執行による灯油の排除を行うのが適切でしょう。

180

第5章　告発をめぐる問題

第5章　告発をめぐる問題

第1回　命令事項が消滅した場合の告発の当否

告発準備をしている間に、該当建物が取り壊されてしまった場合の告発はどうなるのでしょうか。

告発が可能かどうか、説明していきましょう。

Q 屋内消火栓設備の設置命令を発令しましたが、これに応じないので告発を準備している間に、命令対象の建物が取り壊されてしまいました。この場合、告発することはできますか。

A 告発は慎重に、ということになるかもしれません。

屋内消火栓設備の設置命令違反

(1) 犯罪の成立・終了時期

　まず、屋内消火栓設備の設置命令違反の場合、告発前に建物が取り壊されてしまっても告発は可能か、という点からみてみましょう。屋内消火栓設備等、法第17条の4第1項で定めた消防用設備等の設置命令に違反したときは、1年以下の拘禁刑又は100万円以下の罰金に処せられます（ただし、情状による併科があります（法第41条）。）。

　そこで、この犯罪はいつ成立するのかがまず問題となりますが、それは、設置命令で定めた履行期限の経過によって成立し、犯罪行為としても履行期限の経過により同時に終了します。つまり、履行期限までに同設備を設置しなかったという不作為が犯罪行為であって、履行期限を経過すれば、

命令が命じているところの期限までに設置しなければならないといった意味での履行義務はもはや存在しません。したがって、それ以後、命令違反の状態が継続しても、そうした状態が犯罪事実であるとはいえません。

　この場合の命令違反の状態とは、前記設備が設置されていない状態、すなわち、法第17条第1項に定める設置義務違反の状態を意味すると考えられますが、この法違反の状態は、犯罪事実を構成するものではありません。

(2)　建物取壊しと犯罪行為の帰趨(きすう)

　質問の事案では、命令違反が成立した後に建物が取り壊された、ということですが、この場合は法第17条第1項に違反しているという事実も消滅することになりますが、それ以前に成立した命令違反たる犯罪事実自体が遡って消滅することはありません。

　よって、建物が取り壊されたとしても、告発することは可能ということになります。ただし、告発は違反行為内容の危険性、違反行為の結果の重大性、行為の悪質性等を判断して行うべきですが、本件は既に建物が取り壊されていますので、違反内容の危険性自体がなく、したがって告発は慎重に、ということになるかもしれません。

第5章　告発をめぐる問題

第2回　規定違反事項が消滅した場合の告発の当否

無資格の人が消防用設備等の設置工事に着手し工事をやめた場合は告発できますか。

告発が可能かどうか、説明していきましょう。

Q 消防設備士免状の交付を受けていない者（無資格者）が屋内消火栓設備の設置工事に着手した後、工事をやめてしまいました。この場合、告発することはできますか。

A 告発は可能と解します。

無資格者の工事

(1) 法文の「設置」を重視する考え方

　無資格者が工事途中でやめてしまった場合の擬律ですが、これについては難しい問題があります。すなわち、1つの考え方として、工事を途中でやめた場合は、もはや法第17条の5第1号に定める消防用設備等の工事を行った場合に該当しないというものです。

　その理由は、同条は、無資格者が行ってはならない工事として、消防用設備等を定め、本文の括弧書きで、工事が「設置に係るものに限る」として、工事内容を設置に限定しています。そして、令第36条の2第1項では、この設置に係る工事として、屋内消火栓設備ほか13種類の消防用設備等を掲げ、これらの設備の種類に応じてそれぞれ異なる工事内容を予定して

います。

　そこで、このように予定された工事内容が完了しない限り、当該種類の消防用設備等が設置されたことにはならないのではないか、つまり、全工事を完了して初めて設置したことになるのではないか、というわけです。そうしますと、相手方が工事をやめてしまった場合は、そもそも設置を行った場合に該当せず、法第17条の5第1号の規定に違反するものとして告発することはできない、ということになります。

(2)　法文の「工事」を重視する考え方

　しかし、もう1つの考え方として、消防法は「工事」を行ってはならない、と定めているわけですから、「工事」の解釈として、工事の完了までは要せず、工事に着手しただけでも「工事」に該当し、規定違反が成立する、と解する余地もあります。これは要するに、無資格者による工事への関与を排除しようとする考えに基づくものです。このように解すると、工事途中で工事をやめても、無資格者が行ってはならない工事を、一部とはいえ行ったことに変わりなく、したがって、規定違反が成立し、告発は可能ということになります。

(3)　法第17条の5の立法趣旨

　このように法文の解釈として、「設置」を重視するか、「工事」を重視するかによって、結論が異なってきます。文理上はいずれにも解釈できると思われます。そこで、法第17条の5第1号の立法趣旨から考えてみましょう。立法趣旨としては、消防用設備等の工事の段階で不備欠陥があれば、その機能を発揮できず、かえってこれを信頼したがゆえに不慮の災害を招来することを防止することにあるとされています。この立法趣旨をどう理解すべきか、という点がまた問題なのですが、無資格者の関与した消防用設備等は、本来、不備欠陥があり、危険であるという点に着目すれば、途中で工事をやめてしまえば、単なる工事途中の出来形だけが残るだけで「設備」となりえず、したがって、その危険も問題とならず、これを信頼する、といった事態はありえないことになります。そうだとすれば、工事途中でやめてしまえば、犯罪は成立しないこととなります。

第5章　告発をめぐる問題

　しかし、無資格者による工事には不備欠陥が往々にしてありうるわけですので、そうした工事の関与自体を排除する、という趣旨に読むのが素直だと思われます。そうであれば、無資格者が工事に着手すれば、工事に関与したことになりますので、途中で工事をやめても犯罪は成立する、よって告発は可能と解しておきましょう。

第3回 立入検査を拒否し続けている事案への対応

告発までの期間や必要とされる証拠について教えてください。

告発までの期間や必要とされる証拠について、説明していきましょう。

立入検査を拒否し続けている事案があり、告発を検討しています。

Q1 告発に至るまでの一般的な期間や、告発に必要な拒否の回数について説明してください。

A1 告発の所要期間や告発の拒否回数に、特に決まりはありません。

1 告発までの期間

　告発までの所要期間については、一般的な決まりがあるわけではなく、いつでも告発は可能です。ただし、立入検査妨害罪の公訴時効は3年ですから、この期間を考慮して告発を準備する必要はあります（法第44条第2号、刑事訴訟法第250条第2項第6号）。

　なお、告発前には、所轄の警察署と事前の相談を行い、準備した資料や告発の事情（対象防火対象物の火災危険性が高いことや、執拗に妨害するなど、拒否が悪質であること等）を説明しておくことが肝要です。その際、警察から不足の資料の追加を指示されたり、提出予定の証拠資料を添付し

第5章　告発をめぐる問題

た告発状の下書きの提出を求められることがありますので、留意してください。

2 告発までの拒否回数

　次に、告発に至るまでの拒否回数についても、特に決まりがあるわけではありません。しかし、1回目の拒否で直ちに告発に及ぶことは、相手方が暴力行為に及んだり、暴言や罵声を浴びせるなどして強硬に拒否したような場合を除き、少し性急すぎるように思われます。立入検査は、火災予防上極めて重要な職務であり、これが実施できないと、十分な証拠、資料の収集ができず、警告、命令といった是正措置の支障となりますので、可能な限り、相手方の理解と協力を得るべく、ある程度の時間と説得の積み重ねが必要でしょう。告発が直ちに消防法令の不遵守による火災危険を除去するものではないことも考慮すると、少なくとも2回程度の説得は必要と思われます。

Q2　告発のための証拠として、どのようなものが必要になりますか。

A2　拒否事案に応じた適切な資料を準備すべきです。

　告発に向けた証拠資料については、拒否事案に応じた適切な資料を準備すべきですが、一例として、次のような資料が考えられます。
　ア　立入検査実施規定
　イ　立入検査実施計画書
　ウ　防火対象物台帳
　エ　建物全部事項証明書
　オ　福祉部門や建築部門等、関係機関からの提供情報
　カ　消防長（署長）による立入検査実施職員指定書
　キ　立入検査決定書又は決定稟議書、会議録

第3回　立入検査を拒否し続けている事案への対応

　ク　立入検査の事前通知書（書留の場合は、その配達証明書又は受領拒
　　否した場合は受け取り拒否を表示し返戻された通知書）

　ケ　検査拒否の顚末書（報告書）（立入検査日時、場所、検査実施職員
　　の部署、氏名、拒否した相手方の地位、氏名、拒否理由、拒否の態様
　　等を記載し、内部の供覧に付したうえで、書面作成者が署名押印し、
　　署長までの供覧者全員の押印のあるもの）

　コ　拒否状況を記録した音声テープ、ビデオテープ、写真等

　サ　その他

　ア、イは当該立入検査が公的に裏付けられたもので、火災予防上重要な
業務として行われている旨を立証するものであり、ウ～オは、対象物の構
造、用途、規模を明らかにして、必要な消防用設備等の設置の確認の必要
性や用途変更等の状況変化による立入検査の必要性等を明らかにするもの、
カ、キは、立入検査の実施権限者や実施決定の存在等を明らかにするもの、
ク～コは、立入検査の拒否の事実を立証し、告発の中心的資料となるもの、
サは資料提出命令や報告徴収があれば、その写し及び質問調書等です。な
お、質問調書は必須ではありません（第3章第3回参照）。

第5章

第5章　告発をめぐる問題

第4回　非特定防火対象物の立入検査拒否への告発

非特定防火対象物への立入検査拒否について、教えてください。

非特定防火対象物への立入検査について、説明していきましょう。

市内にある事務所に立入検査に入ろうとしましたが、所有者が強く立入りを拒否しています。

Q 事務所のような非特定防火対象物（第6章第6回参照）の立入検査拒否については告発が難しいと聞いていますが、対応はどうすべきですか。

A 特定防火対象物と同様、立入りを度々拒否するような悪質な事例では、告発を躊躇する必要はありません。

1　立入検査の役割、目的

　立入検査は、消防対象物の実態を把握し、仮に違反があれば、その改善を指示し、現実に（違反を）改善させることにより、法第1条所定の目的である火災を予防して国民の生命、身体、財産を保護することになります。このように、立入検査は、消防の目的を達成させるための予防行政の根幹をなす重要な手段ですから、立入検査ができませんと、この予防行政の根幹が崩れることになりかねません。したがって、立入検査の拒否は、違反の性質としては看過できない重大事である、ということがいえます。

　立入検査拒否罪には30万円以下の罰金又は拘留という、刑としては比

較的軽い刑罰が科せられることになっていますが、それは、火災危険・人命危険の侵害という面でみれば、より間接的であることによるものです。しかし、拒否の結果が火災予防に深刻な影響をもたらす点に何ら変わりはありません。

2 非特定防火対象物への立入検査の必要性

　非特定防火対象物であっても、立入検査の拒否が火災予防に重大な影響を及ぼすことに変わりはなく、特に、延べ面積が500㎡以上の倉庫や工場では、自動火災報知設備が必要ですし、700㎡以上であれば、屋内消火栓設備も必要です。また、1,000㎡以上の寺院や事務所等では、その双方の設備が必要です。特に、自動火災報知設備や屋内消火栓設備については、その工事着手に届出を要するわけですから、その届出がないときは、設置されていないことが推定されますので、警告や命令を行ううえでも、立入検査によりその設置の有無の確認が特に必要となります。

　また、それ以外の非特定防火対象物でも、その用途や規模等によって、消火器具（令第10条）、屋内消火栓設備（令第11条）、スプリンクラー設備（令第12条）、屋外消火栓設備（令第19条）、漏電火災警報器（令第22条）、非常警報器具（令第24条）、避難器具（令第25条）、誘導灯（令第26条）、排煙設備（令第28条）、連結送水管（令第29条）等、ほぼ全ての消防用設備等について設置義務がありますし、消防用設備等の定期の点検・報告義務についても、舟車を除く全ての非特定防火対象物にも当てはまりますので（法第17条の3の3）、それらの事実を立入検査で把握する必要があることに変わりはありません。また、検査は何も消防法令だけにとどまらず、建築基準法令や火災予防条例、高圧ガス保安法等の防火、避難に関する項目等、火災予防に必要な全項目にわたります。

　立入検査を拒否することは、そうした状況が全く把握できないことになり、予防行政の入口で停滞する事態となります。よって、非特定防火対象物であっても、特定防火対象物と同様、立入りを度々拒否するような悪質な事例では、告発を躊躇する必要はありません。

第5章 告発をめぐる問題

第5回 高齢で認知症と思われる者への告発の当否

高齢で認知症と思われる所有者への告発は可能でしょうか。

高齢で認知症による判断能力を欠いている所有者の告発について、説明していきましょう。

　本件建物は、1階が物品販売店舗、2階から4階が住宅で、所有者のAが店舗を現に経営し、2階から4階はA夫婦やその親族の居宅となっています。この建物は屋内消火栓設備と自動火災報知設備が不備であり、再々の指導でも改善されなかったことから、設備の設置命令を発令しました。Aは80歳と高齢で、その妻Bによると、Aは認知症であり、実際、Aとは会話がしづらい状況ですが、同人は命令の履行については、今後2年を目途に資金を準備して設備を設置する予定である旨述べています。しかし、2年も履行を待てませんので、告発を検討しています。

Q1 Aの年齢や認知症により、判断能力（事理弁識能力）を欠き、命令の履行が困難と思われますが、それでも告発は可能ですか。

A1 告発は可能です。

　建物所有者のAは、80歳と高齢であり、認知症により事理弁識能力を欠いている可能性が高く、命令を履行できる能力を欠くことから、その不履行に対する告発が困難ではないか、との懸念が生じます。
　事理弁識能力というのは、売買や賃貸借等の法律行為を適切に行うため

の判断能力のことですが、この判断能力については、知的な能力、物事を理解する能力及び社会に適応できる能力を統合したもの、といわれています。こうした判断能力の判定には、精神医学上、様々な方法が採られます。例えば、本人の意思決定の結果によって判定する結果判定法、本人の身体・精神状態によって判断能力を判定する状態判定法、個人的な判断能力と思考過程を基にした機能判定法及びこれらの判定法を併用するもの等です。

この事理弁識能力は、意思能力とは必ずしも一致しないといわれていますので（意思能力を欠く法律行為は無効となります（民法第３条の２）。）、理論的には、事理弁識能力がない、との一事をもって、直ちに法律行為である命令の履行（設備設置工事契約等）が無効となる、ということにはなりません。このことは、事理弁識能力を欠く常況にある場合に選任された成年後見人がいても、被後見人である本人の法律行為が直ちに無効となるものではなく、単に取り消しうるにとどまることからも明らかです（同法第９条）。

また、前記のとおり、判断能力の判定は、精神医学的に行われるものですから、消防機関等の第三者が判定しうるものでもありません。したがって、Ａが高齢で認知症の症状が認められるとしても、そのことだけで事理弁識能力を欠いているとの判定はできず、また、仮にその能力を欠いていたとしても、意思能力がある限り、命令の履行ができないわけでもありません。よって、告発は可能ということになります。

Q2 仮に告発をした場合、高齢や認知症により、不起訴となる可能性はありますか。

A2 本件では認知症の程度が不明であるうえ、前記のＡの行動や言動に鑑みると、高齢であるとしても心神耗弱による不起訴（起訴猶予）の可能性は低いとみられます。

ここでは高齢や認知症による不起訴の可能性が問題となっていますので、まず、不起訴の種類、認知症の症状について検討し、それらと不起訴処分

第5章　告発をめぐる問題

との関連性についてみてみましょう。

1 不起訴処分の種類

　検察官が被疑者を不起訴処分とする場合として、①訴訟条件を欠く場合、②罪とならない場合、③犯罪の嫌疑がない場合、④起訴猶予とする場合、があります。①は死亡や親告罪の告訴・告発の欠如、時効完成等、②は心神喪失や犯罪が成立しない場合等、③は人違いや証拠がない（嫌疑なし）、あるいは証拠不十分（嫌疑不十分）な場合等です。④は犯罪の嫌疑があるが被疑者の性格、年齢及び境遇、犯罪の軽重・情状並びに犯罪後の情況により訴追（公判請求、略式命令請求、即決裁判請求）を必要としないとき等に行われます（刑事訴訟法第248条）。また、心神耗弱の場合も、これを考慮するときは、起訴猶予となります。本件では②の心神喪失及び④の心神耗弱が問題となります。

2 認知症について

　事理弁識能力における判断能力で重要な要素となるのは、知的能力といわれており、認知症は、主にこの知的能力の低下により起こる障害です。この障害は、おおむね①見当識障害、②記憶力障害、③認知障害に分けられます。

　①は今日の日付や自分のいる場所、相手が誰かが分からなくなる障害、②は物を覚え、一定期間これを保持し、覚えた記憶を呼び起こす能力の障害で、今日の食事や最近のニュースなどが思い出せない、過去の記憶が思い出せない等の症状があり、③は言葉の意味が理解できない、必要な動作（作業）の順番や正しい運動ができない等の障害で、同じ返事の繰り返しや、衣服の着脱を間違える、料理の手順を誤る等、日常の出来事を正しく理解できない症状です。以上を踏まえ、Aに対する不起訴の可能性を検討してみましょう。

第5回　高齢で認知症と思われる者への告発の当否

3 心神喪失による不起訴の可能性

　Aが命令を履行しない場合は、その履行期限の到来時に消防法違反の犯罪が成立しますが（法第41条第1項第5号）、その時点でAが心神喪失であれば、これを罰しないことになりますので（刑法第39条第1項）、前記のとおり不起訴となります。

　この心神喪失とは、精神の障害によって事物の理非善悪を弁識する能力又はその弁識に従って行動する能力がない状態をいいます（大判S6.12.3刑集10・682）。つまり、自分の行為の結果について、合理的に判断する能力がないことを意味します。この心神喪失は、精神医学上の概念ではなく、法律上の概念ですから、検察官が鑑定人の鑑定などを資料として判定します。

　この結果、心神喪失と判定されれば不起訴となりますが、本件でAがこの心神喪失状態にあるかといえば、Aは高齢とはいえ、1階で物品販売業を営んでおり、そうであれば、商品の仕入れ、販売、店舗の管理等の業務を行い、年度末には確定申告等の納税手続をその名で行っていると推定されます。また、消防機関に対しては、設備の設置資金を2年を目途に準備しているとも述べています。そうすると、法的にみて、自分の行為の結果について合理的に判断する能力がない、つまり心神喪失の状況にあるとみることは到底できません。よって、告発をしても、心神喪失を理由に不起訴となる可能性は極めて低いと思われます。

4 心神耗弱による起訴猶予の可能性

　では、心神喪失にまでは至らなくても、高齢であることや認知症により、心神耗弱であることを理由とする起訴猶予の可能性についてみてみましょう。心神耗弱とは、精神障害が心神喪失の状態には達しないが、その能力が著しく減退した状態をいい（前記の大審院判例）、刑の減軽事由とされています（刑法第39条第2項）。

　そこで、Aの認知症と心神耗弱との関係が問題となりますが、Aに認知

第5章

195

第5章　告発をめぐる問題

症の諸症状があり、そのことにより物事の是非を弁識する能力、あるいは
この弁識に従って行動する能力が著しく減退している場合には、高齢であ
ることと相まって、心神耗弱を理由に起訴猶予となる可能性があります。
しかし、本件では認知症の程度が不明であるうえ、前記のＡの言動に鑑み
ると、高齢であるとしても心神耗弱による不起訴（起訴猶予）の可能性も
低いとみられます。

Q3 不起訴が見込まれる場合でも、告発は行うべきですか。

A3 個別的及び具体的に判断して、告発の有無を決定すべきでしょう。

　本件では不起訴の可能性が低いとみられますが、不起訴の事由である心
神喪失や心神耗弱は、検察官の判定によりますので、告発の段階では、起
訴されるかどうかが不明といわざるを得ません。
　したがって、そもそも告発の前に不起訴が見込まれるか否かを判断する
のは相当ではありません。消防機関としては、判断能力に大きな疑問があ
る場合でも、不起訴の可能性にこだわらずに、告発すべきか否かの通常の
判断要素である違反内容の重大性（危険性）、違反結果の重大性（社会的
影響等）、行為の悪質性（過去の違反経過、改善に向けた努力や意思の有
無等を含みます。）を個別的及び具体的に判断して、告発の有無を決定す
べきでしょう。

Q4 告発後に不起訴となった場合に、再度の警告・命令を行うことは可能で
すか。

A4 再度の警告・命令を行うことは可能です。

　告発も広い意味で違反処理の一環を成しますが、実際には、警告・命令

第5回　高齢で認知症と思われる者への告発の当否

と告発とでは、その目的を異にしています。前者の目的は、消防法令に違反した状況を是正し、火災危険から国民を保護することにありますが、後者のそれは、消防法令に違反する行為に対する処罰を求めるものです。したがって、不起訴の後でも違反が是正されない場合には、再度の警告・命令を行うことが可能ですし、また、そうすべきでしょう。

　なお、再命令が可能だとすると、実質的に先の命令の履行期限を延伸する結果となり、命令の実効性が保てなくなるとも考えられますが、先の命令の履行期限の経過によって、当該命令は失効すると考えられますので、理論上も再命令は可能ということになります（第2章第1回参照）。

第6章　現場から寄せられた問題

第6章　現場から寄せられた問題

第1回　居酒屋の前の廊下にある放置物件への措置命令の名宛人

複数のテナントが入っている雑居ビル内で違反があった場合の命令の名宛人を教えてください。

消防法第5条の3、「物件の（中略）占有者で権原を有する者」とは誰のことかも、合わせて解説していきましょう。

いわゆる雑居ビルに入居している居酒屋の前の廊下に物件が放置されていました。

Q1 この物件が居酒屋の所有である場合、法第5条の3の規定による命令の名宛人を、居酒屋の代表取締役、又はその店長のいずれとみるべきですか。

A1 名宛人は、居酒屋を経営する法人です。

1　法人の名宛人について

　本件は、居酒屋が株式会社等の法人のケースですが、この場合の法第5条の3による名宛人は、この法人自体（第1章第10回参照）です。この場合の名宛人の表示は「○○会社代表取締役××」となります。会社の代表取締役というのは、地方公共団体における市町村長と同じで、法人や公法人の機関に過ぎないので、権利義務の主体とはなり得ません。したがって、単なる「代表取締役××」は、消防法上の義務を履行するための名宛人にはならない、ということに留意してください。

2 居酒屋の店長の名宛人性

　次に、居酒屋の店長を名宛人とすることも可能ですが、その場合は店長は個人の資格として名宛人となるということです。ただし、この場合は、経営主体である法人からこの店長に対し、店舗の管理を任せている旨の指示や合意があること、つまり管理権原が付与されていることが必要です。この点は雇用契約書や社内規則等で確認したり、経営者と店長本人双方からの質問調書等で確認したりしておくことが望まれます。

　そして、この管理権原が確認できた場合の名宛人の表示は「○○店店長こと××」というのが正しい表示ですが、この「こと」というのは、省略することも可能です。住所は個人の住所を表示します。「○○店店長」というのは、この個人の肩書きに過ぎず、店長という肩書きが名宛人となるのではありません。あくまでも「××」という個人が名宛人となります。

> **Q2** 法第5条の3にある「物件の（中略）占有者で権原を有する者」とは、どのような人物を指しますか。

> **A2** 居酒屋の権利義務の主体である株式会社が占有者となります。また、店長は法人の占有補助者にすぎないので、消防法上の占有者とはなりません。

店長は居酒屋の占有補助者

　ここでは、「物件の（中略）占有者」もまた名宛人になりますが、「店長」は、法人の正規、又は非正規の被用者にすぎませんから、一般には法人の占有を補助する者、これを「占有補助者」(P.70 参照)といいますが、この占有補助者の地位にしかありません。これは、独立した占有を有していないので、法の定める「占有者」とはみなされません。したがって、物件の占有者ではなく、権原を有する管理者として義務の主体になる、ということです。

　なお、法人の代表者もまたこの店長と同様、独立した占有者ではない、

第6章　現場から寄せられた問題

というのが判例の大勢です。よって、本問での「物件の占有者」とは、店舗の所有者である法人以外にはいない、ということになります。

　同様に、法第5条の3第1項括弧書きにある特に緊急の必要がある場合の名宛人の1人である物件の占有者についても、店長に権原があると否とを問わず、これに該当しませんので、物件の占有者であることを理由に命令を出せないことに変わりはありません。

第2回　履行期限の設定のない命令の効力とその処理

期限を定めない措置命令をしましたが、命令の効力は続いているのでしょうか。

このような場合の対応と、解決策について説明していきましょう。

　自動火災報知設備が未設置の所有者に対し、法17条の4により履行期限を定めずに措置命令を発動しましたが、以来3年以上を経過するも履行がありません。

Q　この命令は今も有効ですか。また、告発も難しいと思われますが、何かよい手立てはありますか。

A　命令は有効です。対策としては、命令をいったん撤回したうえで、改めて命令を出し直すべきでしょう。

1　命令の撤回

　命令で履行期限を定めていない、というのは少々問題ですが、時に履行期限を定めていない命令もあるようです。命令に履行期限が付されていないということは、命令を受けた者は、履行時期に制約がなく、いつ履行してもよい、ということになりますが、これを別の観点でみれば、どこかの時点で履行すれば、それは命令によるもの、ということができます。言い換えると、命令の効力は3年を経過しても有効であるということです。また、履行期限の経過といった事態も生じないので、その経過による命令違

第6章　現場から寄せられた問題

反も成立しません。したがって、命令違反による犯罪も成立する余地はなく、告発もできません。

　しかし、これでは履行がされない限り、いつまでも是正がされず、また、処罰もできないといった不都合な状態が継続しているといえます。そこで、こうした場合は、命令をいったん撤回したうえで、改めて命令を出し直すしかありません。これは、命令は適法に成立したが、その後、履行されない状態が長く継続している、といった、いわば公益を害する事情が発生し（事情の変更）、これがそのまま存続している、とみれば、撤回の要件が整うことになります。

　そして、3年以上も経過していれば、命令要件に変動がありえますので、改めて立入検査を行い、再度警告をしたうえで、あるいは直ちに、命令を発令してもよいでしょう。この命令に履行期限を設定しなければならないことは、いうまでもありません。

2 履行期限に関する命令と、民間取引との相異

　なお、民間同士の取引の場合は、履行期限の定めがないときは、債権者はいつでも請求できるのが原則です。そして、債務者がこの請求を受けたときは、その翌日から履行遅滞の責任、つまり金銭債権の場合は民法が規定する年3％の遅延損害金を支払うことや、債権者は契約の解除ができることになります（民法第412条第3項、第541条等）。

　しかし、行政処分である命令は、この取引ではありませんし、消防機関が履行を請求したとしても、この請求が履行期の設定をしたことにもなりません。また、履行遅滞のような債務不履行に対応する命令不履行が成立するものでもありません。履行期限の設定は、行政処分の一環としてのみ設定できるもので、単に履行の請求のみで設定できるものではないからです。よって、この民法の規定を、そのまま本問のケースに適用することはできません。

第3回 命令の失効と催告との関係

命令不履行時における催告書の省略や有効性について教えてください。

命令不履行時においての催告書について説明していきましょう。

Q1 法第17条の4第1項に基づく設置維持命令が不履行となった場合は、催告書によって履行を促すことが一般的だとされていますが、この催告を行わなくても、次の措置へと移行できますか。

A1 催告は必ずしも必要ありません。

　本質問は設備の設置維持命令が履行されない場合、催告書での催告は必要か、という問題となります。

履行期限後の催告の要否

　まず、命令不履行後に改めて催告をすべきか、という点については、そうしなければならないといった法の定めはありません。したがって、催告なしで次の措置に移行することは可能ですし、そうすることで何の問題もありません。
　ただし、次の措置は使用停止命令、あるいは告発、ということになります。この使用停止命令というのは、防火対象物そのものの使用を制約する、という意味で、より強い所有権の制約になりますし、告発によっても直ちに火災危険や人命危険が除去されることにはなりませんので、慎重を期す

第6章　現場から寄せられた問題

る意味で、内部処理基準等に催告を行うといった規定があれば、実務上それによることも可能でしょう。

Q2　命令の履行期限が経過すれば、命令の効力は消滅すると考えられることから、催告書は有効とみられますか。

A2　催告する場合は、命令の履行を求めるのではなく、命令の根拠となった消防法令の履行を求める点に留意してください。

　本質問は履行期限の経過で命令は失効しているのに、催告でこの失効した命令の履行を催告することの意味は何か、という問題となります。

命令の失効と催告との関係

　命令には一般に履行期限が設けられていますが、この履行期限を経過すれば、この命令の効力は消滅すると考えられますので（命令の失効については第2章第1回を参照）、効力が消滅したはずの命令について、改めてその履行の催告をするというのは矛盾するのではないか、という問題です。

　これについては、命令が失効したとしても、消防法上の設備設置維持義務までが消滅したわけではないので、催告は命令の履行を求めるのではなく、これとは別に改めて命令で命じていた消防法が規定する義務の履行を求めると解釈すればよいでしょう。この意味で、催告というのは、一種の行政指導であるとみてよいと思われます。

　したがって、催告を行う場合には、事実上は命令の再履行を求める意味合いがありますが、法的には命令が定めていたところの消防法の義務の履行を求めるといった整理をして行うことが肝要でしょう。

206

第4回 機能従属部分を有する主たる用途部分の変動と命令の効力

機能従属しているビルに命令を発しましたが、一部が移転します。この場合の命令の効力はどうなりますか。

機能従属しているビルの一部が残った場合の命令の効力について説明していきましょう。

　本件ビルは3階建てで、1、2階が事務所、3階がその食堂となっており、全館一括して同一人に賃貸されています。この3階は事務所に機能従属しており、複合用途として取り扱われていません。今般、このビルの所有者に対し、事務所部分への消防用設備等維持命令を発令しましたが、その後、このビルの賃借人が、3階の食堂をそのままにして、事務所を他に移転しました。そこで所有者は、全館を無用途にする意向です。

Q この場合、この事務所に対する命令の効力はどうなりますか。

A 命令の効力は消滅します。

1 機能従属の運用基準

　令第1条の2第2項は、異なる2以上の用途のうち、1の用途に供される防火対象物の部分が、他の用途に供される防火対象物の部分に従属しているときは、この1の用途が他の用途に含まれる、として、複合用途防火

第6章　現場から寄せられた問題

対象物として取り扱わない旨を規定しています。この規定の運用基準に関しては、消防庁の通知（昭和50年4月15日消防予第41号、消防安第41号）があり、①両部分の管理権原者が同一であること、②両部分の利用者が同一であるか密接な関係を有すること、③両部分の利用時間がほぼ同一であること、の以上3つの要件を具備することで機能従属するものとして取り扱うこととされています。

2 主たる用途の消滅と機能従属関係の帰趨（きすう）

同通知に照らせば、全館が同一人に対する賃貸物件ですから、事務所部分と食堂部分の管理権原者は同一でしょう。しかし、1、2階の事務所が他に移転したとなれば、当該部分の管理権原者はその所有者のみになります。他方、3階は賃借人が食堂を現況のまま存置しているとすれば、この賃借人の占有は継続しています。したがって、この3階部分の食堂としての管理権原者は、依然として元々の管理権原者である賃貸人と並んでこの賃借人ということになります。

そうすると、1、2階は所有者が、3階は所有者と賃借人が、それぞれ管理権原者となるので、管理権原者が異なることになりますし、両階の利用者、利用時間も異なることは明らかであって、同通知による要件を満たすことができません。したがって、令第1条の2第2項後段の機能従属関係は消滅することになります。もっとも、1、2階部分が無用途となれば、そもそも食堂がこの無用途部分に従属することはありえませんので、この通知を持ち出すまでもなく、機能従属関係は消滅したことになります。

いずれにしても、事務所としての用途が消滅するので、同所に対する命令の効力は当然に失効するとみてよいでしょう。

3 食堂の存続により主たる用途も存続するとの考えの当否

なお、これに対し、食堂は事務所機能に含まれているので、この食堂としての用途が消滅していない限り、その事務所の機能も存続しているとみれば、食堂が存在する限度で、主たる用途たる事務所への命令の効力も存

第4回　機能従属部分を有する主たる用途部分の変動と命令の効力

続するとの考えもありえます。いわば従たる用途が存在すれば、主たる用途も存続する、というものです。しかし、これは食堂の機能従属が残有していることが前提ですが、本件は、元となる事務所が他に移転していますから、これに機能従属する余地がなく、機能従属関係が消滅しているので、こうした考えは成り立ちません。

第6章

第6章　現場から寄せられた問題

第5回　警告後命令前の再実況見分の要否

警告時に立入検査、実況見分を行いましたが、命令発令前に、再度行う必要はありますか。

再度の立入検査による実況見分が必要か、という問題について説明していきましょう。

　特定複合用途防火対象物である本件建物（4階建て、延べ面積400㎡）に対し、再々の改善指導にもかかわらず、設置義務のある自動火災報知設備が設置されていません。そこで今般、警告書を交付しましたが、相手方からは、交付後2か月を経過しても、設置した旨の報告がないので、命令を準備しています。

Q1 警告の際に、立入検査、実況見分を行いましたが、命令発令前に再度の実況見分を行う必要がありますか。

A1 原則として再度の実況見分は必要ありません。

　まず、本問にある2か月というのは、警告の履行期限と思われます。そこで、この履行期限を経過した場合の、再度の立入検査による実況見分が必要か、という問題に置き換えて考えてみましょう。
　一般には、この2か月は工事に要する合理的期間を見積もったものですから、この期間を経過すれば、場合によっては自動火災報知設備が既に設置されている可能性があります。そうすると、その設置の有無を確認するため、再度、立入検査も必要となるのではないか、と考える余地が出てき

ます。

しかし、事前の指導で工事着工前の改修計画報告書の提出を求めているのに、その提出がない、法第17条の14による工事着工届出がない、更には法第17条の3の2にある設備の設置届出書、あるいは火災予防条例上の使用開始届の提出もない、ということであれば、こうした消防法令に基づく義務を何ら履行していない以上、工事にも着手していないと強く推定してよいでしょう。

したがって、警告の履行期限を経過したときは、速やかに命令手続に入るべきです。この場合は、再度の実況見分は、原則として必要ありません。

もっとも、履行期限内に対象物の用途や規模等が変更されるなどして、自動火災報知設備の設置要件に変動が生ずることが全くないとはいえません。この場合は、そうした変動を消防機関側で把握できたのであれば、改めて実況見分を行うべきでしょう。

しかし、一般に用途等の変動を逐一消防機関が把握しなければならない、といった法的根拠はありません。また、関係者が必要な消防法上の義務を何ら履行していない以上、仮に変動を看過して命令を出した後に、自動火災報知設備が不要であったことが判明しても、実況見分を行わなかったことが消防の瑕疵にはなりません。消防機関としては、命令要件が欠けていたものとして、事後的に命令を取り消したうえで（これを「自庁取消し」といいます。）、設備の設置が禁じられているものではないので、そのまま任意に設置されたものとして対応することで足ります。

Q2 自動火災報知設備の設置の有無は、報告徴収、資料提出の措置で判明するので、再度の立入検査による実況見分の必要性はない、との考えは正しいでしょうか。

A2 正しくはありません。

本問題で示された考えは、（注）で記載した裁判の中で、原告が主張し

第6章　現場から寄せられた問題

た内容を整理したものです。この事案の概要は、営業店舗の立入検査によって消防法違反が判明し、その改修報告書を提出するよう指導したけれど、1年以上経ってもその提出がありませんでした。そこで、改めて違反事実を確認するため、前後3度にわたって原告店舗の入口や店舗前の公道で、30分〜1時間かけて立入検査を依頼しましたが、相手方はいずれもこれを拒否した、というものです。原告は、この立入検査の対応で営業妨害を受け、信用も毀損されたとして、国家賠償法により慰謝料等の損害賠償を請求しました。

　この中で原告は、様々な主張をしていますが、設例にもあるとおり、先に立入検査をして違反事実を把握しているはずなので、改修状況を確認するには報告徴収や資料提出命令で足りると主張しました。これに対し裁判所は、消防法上の火災予防の措置として、資料提出命令、報告要求、あるいは立入検査のいずれを実施するかは、消防長等の合理的裁量に委ねられているとしました。

　そのうえで、改修計画報告書の提出を1年以上も怠っており、違反状態の継続の有無を確認する必要があるため、消防長等が再度の立入検査の実施を判断したことに裁量の逸脱はなく、適法である、と判示したものです。

　確かに前の指導後1年以上も経っていれば、再度の立入検査は必要となる場合がありますから、この判決には合理性がありますが、法第4条の各措置は、消防長等の合理的な裁量に委ねられていると明確に判示した点で、参考になると思われます。

　また同条は、個人の住居への立入を制限しているほかは、「火災予防のために必要があるとき」と規定して、広く消防長等の裁量を認めているので、報告徴収等があれば立入検査不要といった設例の考えは正しくない、ということです。

　(注)　1年以上経過した後の再度の立入検査が国家賠償法上違法でないとされた裁判例（東京地判H20.10.20、判時2027.26）

第6回 消防同意における同意事務審査基準の法的性質

市で作成している消防同意事務審査基準の効力等について教えてください。

当審査基準について、行政手続法上の行政指導の意味についても説明していきましょう。

当市では消防同意に際して、消防同意事務審査基準を利用しています。

Q1 この審査基準は市民に対して法的な拘束力を持ちますか。

A1 法的拘束力はありません。

まず、消防同意における同意事務審査基準の市民に対する法的拘束力についてですが、法的な拘束力はありません。

ここで法的拘束力というのは、一般には処分や裁決を取り消した判決が、その処分や裁決をした行政庁を拘束する、という意味で使用されますが（行政事件訴訟法第33条第1項）、ここでは市民に対しても、その効力を及ぼすという意味で拘束力の有無を考えてみましょう。

この法的拘束力は、その基準の標題にもあるとおり、同意をする際の事務の基準ということですから、行政内部で事務処理を行ううえでの指針といったような位置付けです。審査基準とあるので、行政手続法上の審査基準と紛らわしいのですが、行政手続法上の審査基準は、申請に対する許認可等の行政処分を行ううえでの基準をいいます（同法第2条第8号ロ）。

第6章　現場から寄せられた問題

　しかし、消防同意をするのに建築主からの申請は不要ですし、そもそも同意は建築主事等の行う建築確認に対して行うもので、建築主に対して行うものではありません。これは消防長と建築主事等との間の内部行為ということです。したがって、行政処分ではありません。判例^(注)にもあるとおり、同意又は不同意といった行政行為は、行政処分ではないことが確定しています。

　このように消防同意事務審査基準は、消防長や消防署長が同意をする際の内部基準とみるべきですから、市民に対する法的拘束力はありません。

Q2　この審査基準は行政手続法上の行政指導の意味を持ちますか。

A2　行政指導としての概念に含まれません。

　次に、この審査基準が行政指導なのかという点についてですが、行政指導は、特定の者に対して指導や勧告といった行為を行うことですから、審査基準そのものが行政指導に当たるということではありません。

　また、市民を指導する際の基準となるか、という意味でいえば、これもまた同意は、前述のとおり、建築主事等との間の内部行為によるものであって、市民、つまり建築主に対するものではないので、そもそも市民を指導するという余地はありません。

　(注)「消防法第7条によって消防長がした建築許可の同意・同意の拒絶又は同意の取消は行政事件訴訟特例法にいう行政庁の処分ではない。」（最判S34.1.29民集13・1・32)

第7回 消防同意の瑕疵と同意した消防機関及び確認をした建築主事の責任

誤った消防同意をした結果の国家賠償法上の責任について知りたいです。

消防機関、建築主事それぞれについて説明していきましょう。

　消防同意の際、必要なスプリンクラー設備と自動火災報知設備を看過して同意し、建物が完成しました。その後、設備の不備が明らかになったので、建築主に対してその是正を求めたところ、同人から、建物完成後の設備工事は割高になるとして、新築時での工事費用との差額の賠償を求められました。

Q1 誤った消防同意をした消防機関に国家賠償法上の責任がありますか。

A1 国家賠償法上の責任はありません。

　消防同意は、建築主事等が行う建築確認に対して行うものですから、消防機関と建築主事等の相互間の内部行為であって、建築確認申請をした建築主に対して行うものではありません。また、建築主事等は、建築主の申請に係る建築計画が、建築基準関係規定（建築基準法施行令第9条）に適合しているかどうか判断する地位にあり（同法第6条第1項）、消防機関による同意・不同意には必ずしも拘束されません。
　したがって、消防同意が建築主との関係で、独立して違法か否かを論ず

第6章　現場から寄せられた問題

る余地はありません。また、公務員の行為が違法となるのは、個別の国民に対して負う職務上の法的義務に違反して、その国民に損害を与えた場合である、というのが確定した判例です（最判 S 60.11.21 民集 39・7・1512 他）が、消防同意はこの国民に対して負う職務上の法的義務ではないことも明らかです。そうすると、建築主に仮にその主張のような追加工事による損害が生じるとしても、消防機関の誤った同意が違法かどうかを論ずる法的意味がありません。また、不法行為の成立要件であるこの同意と損害との間に相当因果関係を認めることもできません。

　よって、消防機関の国家賠償法上の責任を認めることは困難です。

Q2　必要な消防設備が不備な建築計画に対して、確認をした建築主事等に国家賠償法上の責任はありますか。

A2　国家賠償法上の責任はありません。

　建築主事等は、前述したとおり、申請に係る建築計画が、建築基準関係規定に適合するか否かを審査する権限と義務があります。そして、建築基準関係規定には、法第17条が規定する建築設備が含まれており（建築基準法施行令第9条第1号）、この建築設備として、電気、ガス、給排水設備等と並んで排煙設備や消火設備が掲げられています（建築基準法第2条第3号）。

　そうすると、法第17条が規定する建築設備としては、この消火設備（令第7条第2項）や排煙設備（同条第6項）が該当することになるので、一見すると、建築主事等の審査対象に含まれるように思われます。しかし、建築基準法は、こうした設備については、政令で定める技術的基準によること、と規定していますが（同法第35条、第36条）、同法施行令では消火設備についての技術的基準の定めがありません。これは消火設備についての技術的基準は消防法令に基づく趣旨と解されます。

　そうすると、建築主事等には消火設備についてそのよるべき技術的基準

がないことになり、消火設備の技術的基準への適合性を確認することができません。したがって、仮に消火設備の建築計画がある場合でも、その技術基準の適合性を判断することができず、ましてや、消火設備自体の計画がない場合には、なおさら判断する余地がないことになります。言い換えると、消火設備は建築主事等の審査の対象ではないことになります。

したがって、建築計画にこの消火設備であるスプリンクラー設備が欠落していても、建築主事等の関与するところではなく、同法第6条第1項に違反することにはならず、建築主事等に国家賠償法上の責任はありません。

なお、自動火災報知設備は、消火設備ではなく警報設備ですから、そもそも建築設備ではないので、これが建築計画から欠落していても建築主事等の責任の問題自体が生じません。

第6章　現場から寄せられた問題

第8回　防火管理者は所有者の承諾なくして物品を移動できるか

建物内に放置された物を移動する場合の法的根拠を教えてください。

所有者の承諾なく移動する場合について説明していきましょう。

Q1 法第8条の2の4を根拠として、防火管理者の権限において、建物内に放置された物品（自転車など）を、その所有者の承諾なく移動させることが認められますか。

A1 同条を根拠にすることはできません。

　まず、法第8条の2の4を根拠にできるか、という点ですが、同条は条文にあるとおり、防火管理者ではなく、管理権原者に対する規定です。ですから同条を根拠にすることはできません。防火管理者の業務に関しては、法第8条第1項や令第3条の2がその根拠となります。

Q2 法第8条第1項を根拠とした場合はどうですか。

A2 所有者に移動を促す等の対応をしたうえで、自ら撤去することは可能と解されます。

　防火管理者の業務として、防火管理業務適正執行命令がなくても物品を移動できるか、という点ですが、物品の移動というのは、設備の維持管理

の一形態です。これについては法第8条第1項に、避難上必要な設備の維持管理を防火管理者に行わしめる、とあり、令第3条の2第2項にもこの維持管理がその責務として定められています。この維持管理には、廊下や階段、防火戸の周り等に積み上がっている物品を移動したり除去したりする等がこれに含まれます。

　そこで、放置物品があった場合には、通常は、その所有者に移動を指示することになるでしょう。しかし、所有者が無視したり、そもそも所有者が不明な場合もあります。そうした場合、常に所有者の同意が必要となれば、これを無視した場合や不明な場合など、結局、放置物品の移動ができません。

　しかし、これを除去することは、防火管理者に課せられた責務でもあるわけですが、この責務を果たすのに、常に防火管理業務適正執行命令による管理権原者からの指示等が必要だとする法令根拠は見当たりません。そこで、このような場合には、防火管理者は自らを選任した管理権原者に、移動場所等の指示を求めるなどしたうえで（令第3条の2第3項）、物品を移動することは可能と解されます。これを移動しても、物品所有者には基本的には具体的な損害が生ずるものでもなく、仮に何らかの損害が生じたとしても、物品の置かれた状況にもよりますが、一般には、放置物品を移動されない利益よりも、火災予防の危険の排除といった利益の方が優先すると考えられるので、その移動行為には違法性はないと考えられます。もちろん、窃盗その他の刑法上の犯罪行為に該当するものでもありません。

　したがって、どうしても所有者が任意に除去しない場合は、防火管理者においてこれを移動できると解されます。

第6章　現場から寄せられた問題

第9回　統括防火管理と個別防火管理が重複した場合の対応

権原が分かれている複合用途ビルにおける防火管理業務適正執行命令の名宛人は誰になりますか。

管理組合がある・ない等のパターンに分けて説明していきましょう。

権原が分かれている複合用途ビルで、統括防火管理者と個別の防火管理者が選任されており、特定の用途部分の所有者が管理する廊下に、物件が放置されています。

Q 統括防火管理権原者全員、又は当該用途部分の管理権原者あるいは管理組合がある場合は管理組合のいずれに防火管理業務適正執行命令を出すべきでしょうか。

A 一般的には、統括防火管理者から個別の防火管理者に指示をすることになりますが、この指示が履行されない場合は、原則として、個別の管理権原者を防火管理業務適正執行命令の名宛人としてよいでしょう。

1　管理組合がある複合用途ビルの名宛人

　まず、複合用途ビルで、各用途部分の管理権原者、つまり専有部分の所有者が異なる区分所有建物である場合は、原則として管理組合が共用部分を含めた建物全体の管理権原者ということになります。
　そこで、管理組合は、共用部分等を管理する防火管理者を選任する義務がありますが、これは統括防火管理者ではなく、法第8条第1項による防

火管理者です。したがって、本問で、物件除去がなされない場合に、防火管理業務適正執行命令の名宛人は管理組合になります。この場合の名宛人の表示は「○○管理組合理事長（又は管理者）××」となります。

2 管理組合がない複合用途ビルの名宛人

次に、この管理組合がない場合（管理組合があっても名ばかりでほとんど機能していない場合を含みます。）には、廊下等の共用部分全部が区分所有者全員の共有であることに変わりはないので、この全員が全体の共用部分について管理の責任を負う管理権原者となります。したがって、各管理権原者が選任する防火管理者の権限の範囲は、原則として当該専有部分と棟全体の共用部分に及ぶことになります。

しかし、このように全員で共用部分全体を管理するといっても、具体的に誰がどの範囲で管理するのかについては、各管理権原者と防火管理者のそれぞれの管理委託契約等の内容に係ることになるので、必ずしも明確でないケースが多いわけです。そこで、このようなケースを含め、消防法は、統括防火管理者をして全体の管理に当たらせるとしているわけです。

しかし、本問のようなケースでは、消防法は統括防火管理者が個別の防火管理者に対して撤去を指示して、迅速に問題を解決することを予定しており（法第8条の2第2項）、おおむね、この指示で撤去は完了すると見込まれます。

しかし、この指示が履行されない場合は、当該物件の存置が特定階の特定の場所に限定され、棟全体の防火管理業務に直ちには悪影響を与えないものである限り（一般にはそうといえるでしょう。）、当該個別の区分所有者を名宛人として、防火管理業務適正執行命令を発令すべきです。

3 複合用途ビルが同一の所有に係る場合の名宛人

複合用途ビル一棟全部を同一の所有者（共有者を含む。）が所有している場合にも、この所有者がテナント部分（賃貸部分）を含む全棟の管理権原者となり、自ら防火管理者を選任する一方で、各テナント（賃借人）も、

第6章　現場から寄せられた問題

その賃借部分については、一般にはテナント契約等で自ら管理する権原を有しているのが通例ですから、法第8条第1項の管理権原者といえます。ただし、共用部分については、ビルの所有者が管理するのが通例ですが、テナント契約で、当該テナントが賃借部分前面の廊下等一定の範囲で管理権限がある場合もあります。

　いずれにしても、当該テナントが個別に防火管理者を選任する義務があることに変わりはないので、このビル所有者と各テナント全員で、統括防火管理者を選任する必要があります。

　そうすると、本問のケースにおいては、前述の区分所有建物の場合と同様、原則として、統括防火管理者から個別の防火管理者への指示によることになります。また、仮にこれに従わない場合にも、当該テナントを名宛人として、防火管理業務適正執行命令を発令することも同様です。

　なお、テナントの変動割合が多いビルなどでは、必ずしも個々の防火管理者が選任されているとは限らず、したがって統括防火管理者の選任もないケースも考えられます。そうした場合は、ビル所有者及びその選任に係る防火管理者で対応するほかはありません。

第10回 防炎性能表示以外の方法による性能確認

防炎対象物品について、表示以外の方法で防炎性能を確認できれば点検基準に適合していることになりますか。

防炎対象物品の点検基準について説明していきましょう。

防炎防火対象物において使用する防炎対象物品の点検基準として、防炎性能を有する旨の表示が付されていること、とされています。しかし、この表示は、本来防炎物品の販売業者等が販売する際に求められるものと思われます。

Q 現に使用されている防炎対象物品について、表示以外の方法で防炎性能を確認できれば、この点検基準に適合しているとして取り扱うことが可能ですか。

A 可能とはいえません。

1 防炎性能の表示に関する点検基準の仕組み

 消防法は、一定の防火対象物に対して、消防法施行規則で定める点検基準に適合しているかどうかの点検義務を、その管理権原者に課しており（法第8条の2の2第1項）、この点検基準として規則第4条の2の6が定められています。他方、法第8条の3第2項には「防炎性能を有するものである旨の表示を付することができる。」とあり、表示を付することが任意

第6章　現場から寄せられた問題

であるかのような規定ぶりですが、表示に関する点検基準を定めた規則第4条の2の6第1項第5号では、所定の「防火対象物において使用する防炎対象物品に、法第8条の3第2項、第3項及び第5項の規定に従って、表示が付されていること。」と規定され、明らかに法第8条の3第2項を踏まえたうえで表示が付されているか否かを点検対象としています。

　したがって、仮に表示が付されていない場合は、「表示が付されていること」といった点検基準に抵触することは明らかですから、この基準に適合していないことになります。

　よって、仮に表示の付されていない防炎対象物品が防炎性能を有していたとしても、点検基準に適合しているとして取り扱うことはできません。

2 表示以外の方法による性能確認の当否

　前記のとおり、表示を定めた法第8条の3第2項は、いわゆる「できる規定」なので、点検基準である表示を付することは任意であるように思われます。したがって、前述の点検基準の仕組みを一応考慮外としたうえで、防炎対象物品の使用者が、任意に当該物品の防炎性能を確定できれば、点検基準に適合するとの取扱いが可能ではないか、疑問となります（なお、防炎物品の表示は販売業者にとどまらず、防炎物品として処理する業者や、防炎性能を有する材料等で製品を作製する業者も含まれます。同条第5項）。

　しかし、問題は、どのようにして防炎性能を確定するのかです。この防炎性能に関しては、例えば残炎時間や残じん時間、あるいは炭化面積等、詳細な基準が定められています（規則第4条の3）。これらの基準にしたがって性能を確認するには、一般的にはその一片を切り取って燃焼試験等を行うことになりますが、それには所有者の同意が必要ですし、仮に同意があっても、かかる燃焼試験を行うことは簡単ではありません。

　実際は当該物品に関する登録表示者たるべき者や、登録確認機関であれば可能ですが、これらの者に逐一性能の確認を求めるのも実務的ではないでしょう。依頼するには費用と時間がかかりますし、そもそもそうした依頼に応ずる仕組みがないので、依頼に応ずるか否かは相手の任意です。

224

第10回　防炎性能表示以外の方法による性能確認

　したがって、表示の有無で性能を確認するのが最も確実かつ簡便な方法といえるので、表示以外の方法を採るのは、実現可能性や確実性に欠け、相当ではありません。前記の表示に関する点検基準を定めた規則第4条の2の6は、こうした事情を見越したうえでの規定のように思われます。

第6章　現場から寄せられた問題

第11回　一部未使用建物に対する本則規定適用の当否

一部のみ使用している大規模な建物についての考え方を教えてください。

間仕切壁等の区分あり・なしについて説明していきましょう。

大規模な建物の一部を倉庫として使用していますが、その余の部分は空室で何の使用にも供されていません。

Q この建物に対し、どのような本則基準(注)が適用されますか。

A 原則として建物登記や家屋補充課税台帳上の登録に従って本則基準を適用し、現況が登記・登録と異なるときは現況に従って同基準を適用します。ただし、建物に間仕切壁等がある場合は、原則として、未使用部分は無用途とみて当該部分には本則基準の適用はありません。

1　間仕切壁等で区分されていない場合

まず、この使用部分と未使用部分との間が、間仕切壁等で明確に区分されているのかどうかが問題となります。もしそうした間仕切壁がないということであれば、あくまでも一棟としての用途として対応します。大規模ということであれば、通常は建物登記がありますので、登記事項として倉庫や事務所等の種類が記載されますから、原則として倉庫である旨の登記があれば、全体として令別表第1(14)項の倉庫として、本則基準の適用があります。これ

は使用部分が全体の過半を占めているか否かにかかわりません。

　また、仮に登記がない場合には、建物への固定資産税の課税のために、家屋補充課税台帳に倉庫等の種類が登録されていますので（地方税法第381条第4項）、これによって倉庫として取り扱ってよいでしょう。

　ただし、登記や登録事項と現況が異なる場合、例えば登記が事務所や工場である場合は登記等を基準とせず、現況を基本として対応すべきです。火災予防上の危険や人命危険は実際の用途に応じて決定されるからです。この現況の確認の手段としては、建物の構造（倉庫としての一般的な仕様がなされているか等）、用途（未使用部分を含む過去の使用履歴を示す入出庫伝票、帳簿、取引状況を示す注文書、納品書、各種契約書、国土交通大臣へ登録した倉庫業者であれば倉荷証券（商法第600条）の発行控等）、及び質問調書等を利用して用途を確認してください。なお、現況を基本とすることは、登記、登録がない場合も同様です。

2 間仕切壁等で区分けされている場合

　この場合も、原則として一棟として倉庫の登記、登録があれば、未使用部分も倉庫として利用することが想定され、無用途になりません。全部が倉庫として本則基準が適用されます。また、登記、登録がない場合も、基本的には間仕切壁がない場合と同様に対応すべきですが、未使用部分があえて区分けされていることを踏まえると、仮に同部分に関する用途を示す資料が全くないときは、これを倉庫とみることに慎重にならざるを得ません。この場合は他に倉庫とみられる特段の資料でもない限り、無用途とみるのが適切でしょう。

　この無用途とみる場合は、用途の存在を前提とする(16)項ロの非特定複合用途防火対象物には該当しないことに留意してください。使用部分についてのみ本則基準が適用され、未使用部分には本則基準の適用はありません。また、この場合は未使用部分は倉庫としての延べ面積にも含まれません。

　(注) 本則基準…令第8条から第30条までに規定する消防用設備等の設置・維持に係る技術基準をいいます。

第6章 現場から寄せられた問題

第12回 空室を無用途として取り扱うこと及び延べ面積から控除することの可否

ビルの空きテナントについての考え方を教えてください。

空室部分の取扱いについて説明していきましょう。

新宿区歌舞伎町ビル火災を受け、小規模複合用途防火対象物への規制が強化されました。

Q1 空きテナントを有する雑居ビルのうち、この空室部分はいわゆる無用途として取り扱うべきですか。

A1 空室が特定の事業に供されることが予定されている場合を除き、無用途として取り扱います。

空室は無用途といえるか

　空室には、①コンクリート粗壁だけの状況、②標準的な内装や建築設備（建築基準法第2条第3号）の全部又は一部が施工されている状況、③前テナントの建具や調度、設備が存置されたままのいわゆる居抜きの状況、といった状態のものがありえます。

　①②の状態（この状態の空室を「スケルトン区画」といいます。）は、外形的にみて何らかの用途に供されているとはみられません。したがって、令別表第1の各用途には該当せず、無用途として取り扱うべきでしょう。なお、同表(15)項の事業場は、(1)項から(4)項まで、(5)項イ、(6)項又は(9)項イ

第12回　空室を無用途として取り扱うこと及び延べ面積から控除することの可否

以外の複合用途防火対象物を意味しますので、無用途は同項には該当しません。

　ただし、ビル全体あるいは当該空室部分が事業計画書や入居案内書、登記や固定資産税の課税証明書、納税証明書、その他の関連資料等から特定の事業の用に供されるものであることが判断できる場合は、無用途とみることはできません。当該特定の用途として取り扱うべきでしょう。なお、③のケースは、前テナントの用途が残存していますので、無用途とはみなされません。

> **Q2**　この空室部分は令別表第1に掲げる防火対象物に該当しないとみて、このビルの延べ面積には含まなくてもよいですか。

> **A2**　空室部分は建物の延べ面積に含まれます。

空室を延べ面積から控除することの可否

　この空室が、特定の用途に供されることが予定されている場合には、スケルトン区画か否かを問わず無用途とはいえず、その床面積を延べ面積から控除することはできません。

　問題は、空室がスケルトン区画であり、かつ、特定の用途に供される予定がない無用途の場合です。この場合は「延べ面積」が特定の用途に供されている防火対象物の技術上の基準の一つの要素となっているので、無用途の場合には、当該部分がこの延べ面積に含まれないのではないかが疑問となるからです。

　しかし、同区画が令第8条で規定する「別の防火対象物」でない限り、消防用設備等は1棟を1設置単位とするのが原則ですから、1棟の一部が空室になったからといって、これを延べ面積から控除するのは、この1棟を設置単位とする原則に沿いません。また、空室部分を控除すると、すでに設置してある消防用設備等があれば、改めてその要否を検討せざるを得

第6章

229

第6章　現場から寄せられた問題

ず、適切でもありません。

　なお、ビルの新築に際しては、ビル内にスケルトン区画が存在し、事前にその用途が計画されている場合には、当該区画を含むビル全体について技術上の基準への適合性を確保した上で、例外的に当該区画に対して令第32条を適用して、消防用設備等の全部又は一部の免除を行うというのが実務の取扱いです^(注)。

　本件は、ビルの新築のケースではありませんが、同様に、同区画を含むビル全体に技術上の基準が適用されるべきであり、その上で同区画に対する令第32条の適用の余地を残すためにも、空室の床面積を控除することは適切ではありません。

　よって、空室部分はビルの延べ面積に含めてよいことになります。

　(注)「スケルトン状態の防火対象物に係る消防法令の運用について」（平成12年3月27日消防予第74号）

230

第13回 消防検査と現場確認の要否

消防用設備等の設置届出が提出され、その添付書類の確認のみで検査を完了することは可能でしょうか。

検査の消防法上の位置付けや書類審査の限界について説明していきましょう。

令第35条第1項で定めている防火対象物の関係者から、消防用設備等の設置届出が提出された場合は、これを検査することになります。

Q この検査の方法として、届出の添付書類だけで技術上の基準の適合性を確認し、現場で確認を行わないことは可能ですか。

A 現場確認が必要です。

1 検査の消防法上の位置付け

　消防長又は消防署長は、旅館、ホテル、病院その他令第35条第1項で定めている防火対象物の関係者から設備設置の届出があったときは、遅滞なく検査を行い、当該設備が技術上の基準に適合していると認めたときは、検査済証を交付することとされています（規則第31条の3第1項～第4項）。しかし、この検査について現場確認を要するかについては特に規定はありません。したがって、設例にあるように、届出の添付書類だけで技術上の基準への適合性や、有効にその機能を発揮できるものと確認できるのであれば、現場確認は必ずしも必要ではないでしょう。

第6章　現場から寄せられた問題

2 書類検査の限界

　しかし、検査とは技術上の基準に照らして、異常や不正の有無、適・不適などを調べることを意味しますので、届出に添付される図書や設備の試験結果報告書は、当該設備が技術上の基準に適合するものか否か、あるいは不正や異常がないか等を調べるための資料、つまり技術上の基準に適合しているか否かを確認するための手段であって、資料自体で右基準に適合させることを目的としているものではありません。

　また、仮にこうした添付書類上で技術上の基準に適合していると判断することができたとしても、実際上も当該設備が基準に適合しているとは限りません。当該設備がこの添付書類の記載どおりに設置されており、有効にその機能が発揮できるか否かは、現地に臨んで実際に確認してみて初めて明らかになるはずでしょう。いわば、書類上は問題ないが、現物はこれと異なり有効に機能を発揮できていない、といった事態も容易に想定されます。

　したがって、現地で確認をして初めて検査が完了しますので、これを省略することはできません。

3 実務の運用

　なお、実務においても軽微な工事に係る設備等以外は、現場確認を省略できない旨運用されていることも参考にすべきでしょう（「消防用設備等に係る届出等に関する運用について」（平成9年12月5日消防予第192号）第1.2⑵)。

第14回 廃校を避難所とする防火対象物に対する設備の要否

廃校を避難所として利用する場合、消防用設備等の維持・設置は必要でしょうか。

廃校が令別表のどれに該当するかというところから説明していきましょう。

当市は、既に廃校となった小・中学校を災害時の避難所として指定しています。しかし、平時には一切利用していません。

Q 消防法令の定める各種消防用設備等の設置・維持が必要でしょうか。

A 廃校は、避難設備等を常時備える等して避難所としての機能・形態を具備しており、他の用途への使用を制限している場合を除き、消防法令に基づく消防用設備等は必要ありません。ただし、各自治体の自主的判断の下で、設備を設置しておくことは、望ましいと思われます。

　設例の避難所は、廃校を利用したものということですから、令別表第1(7)項の小・中学校でないことは明らかですし、同項の「その他これらに類するもの」にも該当しません。そこで同表第1の防火対象物のうち、この廃校が該当するとして考えられるのは(15)項の事業場でしょう。
　この事業場というのは、事業活動がもっぱら行われる一定の施設のことですが、この事業とは、一定の目的と計画に基づいて同じような行為を反復・継続して行うこととされています。そこでこの廃校は、災害時に市民の避難に供するといった一定の目的があり、この目的に基づいて避難の指

第6章　現場から寄せられた問題

示や避難をさせるといった行為が、災害時発生の都度、反復して行われる施設であるといえるでしょう。

しかし、継続して行われるものといえるかは継続しての意味が関わるわけですが、この指示や避難は災害時にのみ行われるもので、場合によっては何年も何十年も利用されないということもありえるわけですから、指定自体は継続しているとはいえても、避難所としての利用が継続して行われているとまではいえないでしょう。また、避難所としての使用のほか、展示場や物品の即売会等に使用されるケースもあり得るところです。したがって、もっぱら避難所としてのみ使用されるとも限りません。よって、事業としての継続性を欠くといってもよいと思われます。

ただし、この廃校が避難者を受け入れる諸設備を常時備えており、他の用途への使用を一般に制限しているような場合には、この事業の継続性が認められますので、避難所としての用途の認定が可能です。この場合は(15)項の用途として対応しなければなりません。

そこで、こうした事業の継続性が認められる場合を除き、この廃校は(15)項の事業場には該当せず、法第17条第1項の適用はありません。しかし、災害時には避難場所としての利用が予定されていますので、何らかの消防用設備等を設置することが望ましいことに変わりはありません。

では、どの程度の設備を設置したらよいかについては、その維持費用も踏まえると、廃校の規模や構造、各自治体の財政状況、災害時での利用予測や利用頻度、あるいは二次避難先などの確保状況等の避難者をめぐる周辺環境などに応じて、個別的に必要とされる消防用設備等も決まってくると思われます。ただし、消火器の設置は最低限度必要かもしれません。いずれにしても、上記のような要素を踏まえて、各消防本部の合理的な裁量によることになります。

第15回 消火活動上必要な施設等を破損した場合の責任

消火活動中に破損した消火活動上必要な施設の賠償責任について教えてください。

今回は火災現場で活動中の事案ですね。説明していきましょう。

　火災現場での消火活動中において、法第17条第1項が規定している「消火活動上必要な施設」である排煙設備を使用した際、何らかの理由でこれを破損しました。

Q1 その損害の賠償責任は生じますか。

A1 消火活動上必要な施設の破損について、その責任を負うことはありません。

消火活動上必要な施設の破損について

(1) 破損は受忍の限度内

　消火活動上必要な施設として、排煙設備のほか4種類の設備（以下、この排煙設備を含め「本件設備」といいます。）がありますが（令第7条第6項）、以下、この本件設備について説明します。

　本件設備は、消火や延焼防止、あるいは人命の救助のために、文字どおり消火活動のために用いられることが予定されています。したがって、火災を消し止める等、一刻の猶予もない状況の下での使用が想定されていま

第6章　現場から寄せられた問題

すから、それらの使用に際し、煙で見えづらい場合や、時に手荒になったり使用手順や使用方法を誤るなどして、意に反した破損が生じることも否定はできません。

そうすると、本件設備はそうした破損等の事故が発生する余地を当然に内包した性格のものといえますので、本件設備の所有者は破損による損害の発生を受忍すべき義務があるというべきでしょう。つまり、この破損には違法性はないと思われます。

(2)　消火活動の法益の優越性

また、この破損は火災を鎮圧して被害を軽減するといった消火活動の公益性と、破損による財産的損害とを比較した場合、前者の公益性が優位することは明らかで、この面でも違法性を欠くといえます。

いずれにしても、消火活動下において、本件設備の使用に伴う破損が生じても、違法性がないものとして消防機関の賠償責任は生じないと解されます。

Q2 マンションのベランダにある仕切板を破損した場合、その損害の賠償責任が生じますか。

A2 マンションベランダの仕切板の破損についても、原則として責任は生じないと解されます。

マンションのベランダにある仕切板の破損について

マンションのベランダは、隣家住戸のベランダと相互に連結し、その間を簡単な仕切板によって区切られているケースがあります。この仕切板の破損のケースは様々に考えられますが、例えば特定の住戸の火災に際し、隣戸からこの火元の住戸に入るなどして消火活動を行うために、この仕切板を破損することが考えられます。この場合は、法第29条第1項による消火活動中の緊急措置に該当します。つまり、この仕切板は消防対象物たる「物件」（法第2条第3項）として、その処分が可能ということです。

236

第15回　消火活動上必要な施設等を破損した場合の責任

　また、隣戸からではなく、火元の住戸に対して直接消火活動のために仕切板を破損した場合も、基本的には同じことがいえますが、仮にその必要がないのに何らかの理由で破損した場合は、この緊急措置には該当しません。しかし、消火活動に付随して、あるいはそれに伴って生じた結果ともいえますので、破損したときの具体的状況にもよりますが、この場合も仕切板の所有者（通常は全区分所有者の共有）は、その損害を受忍すべき事情に大きな差違はないと考えられます。よって、原則としてその破損には責任を負わないとみてよいでしょう。

第6章

第6章　現場から寄せられた問題

第16回　用途の解釈・運用を変更した場合の取扱いと法的問題点

従来消防本部が定めていた用途が変更となり、新たに消防用設備等が必要となった場合の損害賠償等について教えてください。

用途変更の解釈や運用変更に係る法的性質等について説明していきましょう。

当消防本部は、従来から延べ面積が500㎡の葬儀場・セレモニーホールの用途を、令別表第1(15)項のその他事業場として取り扱ってきましたが、今般、その実態を踏まえ、その用途を同(1)項（ロ）の集会場に変更することとし、これに従って指導することにしました。

Q この用途変更により新たに自動火災報知設備が必要になることから、こうした負担が増大する関係者から新設費用等の損害賠償等を求められることがありますか。

A 賠償責任は生じません。

1 解釈・運用の変更の法的性質

本問の事例では、葬儀場を、その他事業場の(15)項と解釈して運用していたのを、(1)項（ロ）の集会場に用途を変更して運用することとした場合、新たに自動火災報知設備が必要となります。

そこでまず、この用途の解釈や運用の変更の法的な性質は何かを考えてみると、これは、要するに行政内部での取扱いの変更にすぎず、関係者、

つまり国民に対して行った行政行為ではないということです。そうであれば、その行為が国民との関係で適法・違法を論ずる余地はありません。

（注１）に示した判例は、一般に公権力の行使に当たる公務員の行為が違法となるのは、個別の国民に対して負う職務上の法的義務に違反して、その国民に損害を加えた場合としています。したがって、解釈や運用の変更は、消防機関内部での取扱いの変更ですから、外部の国民に対して負うところの職務上の法的義務として行ったものでないことは明らかでしょう。

そうすると、相手方が今まで設置を要しなかった自動火災報知設備を新たに設置することが、仮に経済的、あるいは精神的な負担であるとしても、それは、消防機関がその職務上の法的義務に違反して与えた損害ではないことになり、損害賠償の問題は生じません。

2 旧解釈・運用が正しく、新解釈・運用が誤った場合の擬律

本件で、仮に(1)項（ロ）の解釈・運用が誤っていた場合の擬律も問題となります。例えば、関係者が今まで必要でなかった自動火災報知設備の設置を強要されたとして国家賠償法による損害賠償請求の訴えを提起したところ、裁判所がその訴えを認めて葬儀場は従前の(15)項の事業場であると判断した場合です。そうすると、消防機関の解釈の変更により設置した自動火災報知設備は必要なかったということになるので、その設置費用について賠償義務を負うのか、という点です。

この場合、(15)項の事業場と判断するとすれば、例えば葬儀場が同項の用途として争いのない火葬場と一体となってその一部とみられるとか、一体でなくても火葬場と密接な関係にある特殊な施設であるとみて(15)項の事業場とみる、というようなことが考えられます。

しかし、他方で葬儀場というのは、葬儀の目的で親族や友人その他の関係者が集合する場所であって、葬儀の用に供する客席なども備わっているのが一般的形態ですから、これは集会場とみることには合理性があります。

そうすると、葬儀場を集会場とみるか、事業場とみるかは、その形態によってはいずれにもそれなりの理由があるということになります。こうし

第6章　現場から寄せられた問題

たケースについて、（注2）に示した判例によると、ある事柄について法律解釈も実務もまちまちに分かれている場合に、公務員が一方の見解に従って公務を執行したところ、後で裁判所がそれを違法だと判断してもその公務執行に過失はなく、賠償義務はないというものです。

　本問に関していえば、葬儀場を新たに集会場と解釈して運用したとしてもこれに相当の理由があれば、この運用に対し裁判所が⒂項のその他事業場であると判断しても消防機関に過失はなく、賠償責任もないことになります。

3 従前、自動火災報知設備の設置を免れていた利益の法的性質

　ただし、本件では葬儀場・セレモニーホールの一般的形態からすると集会場とみるのが相当で、これを⒂項の事業場とみることはやや無理があると思われます。そうであれば、本件の関係者はそもそもが自動火災報知設備の設置義務があったということですから、これを設置したからといって損害には当たりません。今までこれを免れたことは事実上の問題であって、法的保護に値するような利益とは到底いえません。したがって、いずれにしても新たな解釈に従って、粛々と指導を進めて何ら問題はないということです。

（注1）「国家賠償法第1条第1項は、国又は公共団体の公権力の行使に当たる公務員が個別の国民に対して負担する職務上の法的義務に違背して当該国民に損害を加えたときに、国又は公共団体がこれを賠償する責に任ずることを規定するものである。」（最判S 60.11.21民集39・7・1512）
　　　なお、最判H 17.9.14民集59・7・2087も同旨

（注2）「ある事項に関する法律解釈につき異なる見解が対立し、実務上の取扱いも分かれていて、そのいずれについても相当の根拠が認められる場合に、公務員がその一方の見解を正当と解しこれに立脚して公務を執行したときは、のちにその執行が違法と判断されたからといって、ただちに公務員に過失があったものとすることは相当でない。」（最判S 46.6.24民集25・4・574）

第17回 居住権の主張と違反処理の制約

居住権を理由に消防用設備等の設置拒否は認められますか。

消防用設備等の設置が居住権と関わりがあるのか、又はないのかについて説明していきましょう。

今般、立入検査によって屋内消火栓設備が未設置であることが判明したので、その設置を指導しました。

Q この建物に居住する関係者は、居住権を理由にこの設備の設置を拒否しています。この拒否は認められますか。

A 居住権を理由とした消防用設備等の設置拒否はできません。

ここでは消防用設備等の設置を求めることが建物居住者の居住権とどのように関わりがあるのか、あるいはないのかという観点で整理してみます。

この居住権という概念は、文字どおり建物に居住できる権利のことですが、これは法令上の概念というわけではなく、主として建物の賃貸借関係において、生存権を根拠に借家人を保護するために主張される学説上の概念です。ただ、令和元年7月1日施行の民法の改正により、夫婦の一方が死亡した場合、他方の配偶者は同居していた建物の無償使用収益権を取得することができることとなり（同法第1028条～第1035条）、この無償使用収益権は「配偶者居住権」として位置付けられています。

他には、憲法で居住移転の自由として保障されていますが、この居住と

第6章　現場から寄せられた問題

いうのは、移転の自由と一体となって居住することを保障するものです（同法第22条第1項）。この権利も法令によって制約されることがあり、例えば破産者が裁判所の許可なく居住地を離れることができないことや（破産法第37条）、感染症の予防及び感染症の患者に対する医療に関する法律による建物への一時立入禁止などの居住制限などがあります（同法第32条第1項）。

　このように、居住権はいわば居住すること自体を権利として認めるものですが、建物への消防用設備等の設置義務その他の消防法上の義務は、居住者の生命、身体、財産を保護するためのものであって、その居住権を保護するものではありません。また逆に、これらの義務を履行することが、建物への居住を制限する、あるいは禁止する、といったものでもないので、総じて居住権とは直接関わりのないものとみてよいでしょう。

　よって、建物の居住者が居住権を理由として屋内消火栓設備の設置を拒否することはできません。

第18回 複数の出入口のある特定一階段等防火対象物への対応

複数の避難口がある建物ですが、特定一階段等防火対象物としての規制は必要になりますか。

まずは特定一階段等防火対象物に対する規制について説明していきましょう。

本件建物は、傾斜地に建てられている4階建のビルです。公道に面する玄関は4階にあり、1階にも直接地上に通ずる避難口があります。しかし、屋内には階段が1つしかありません。

Q 火災の際は、3階にいる者は4階から、また、2階にいる者は1階からの避難が容易になりますが、特定一階段等防火対象物としての規制は必要でしょうか。

A 1階と4階に出入口のある特殊な構造の建物では、1階と2階を避難階以外の階から除外する旨を規定する令第4条の2の2第2号を類推適用し、3階と4階についても避難階以外の階から除外するための明確な内部基準（裁量基準）を設けて、同建物を特定一階段等防火対象物としての規制から除外することも可能です。

1 特定一階段等防火対象物に対する規制

　特定一階段等防火対象物とは、原則として避難階以外の階から避難階又は地上に直通する階段が1つしかないものを意味します。(注)そしてこの避難階とは、直接地上へ通ずる出入口のある階のことです（建築基準法施行令第13条第1号）。また、避難階以外の階とは、避難階及び1階と2階

第6章　現場から寄せられた問題

を除いた階をいいます。

このように建物内に階段が１つしかない場合は、唯一の避難経路がこの階段であり、火災の際は階段に煙が充満して避難が困難になるため人命危険が高くなります。そこで消防法は、この特定一階段等防火対象物に対しては定期点検報告義務（法第８条の２の２第１号）、一定の場合に自動火災報知設備の設置義務（令第21条第１項第７号）、避難器具の設置義務（令第25条第１項第５号）、消防機関の検査を受ける義務（令第35条第１項第４号）、消防設備士等に点検をさせる義務（令第36条第２項第３号）等の規制を加えています。ただし、避難階以外の階から１階と２階が除かれているのは、通常地上までの距離が短く、避難が容易であることがその理由です。

なお、階段が一つであっても、階段が屋外にある場合、あるいは屋外に面するバルコニーや屋外に開く窓を有する付室を通じて階段に避難できる構造を有する特別避難階段である場合（建築基準法施行令第123条第３項）、又は、階段の各階又は階段の中間部分ごとに直接外気に解放され、かつ天井まで届く面積が２㎡以上の開口部がある場合は、特定一階段等防火対象物の範疇から除外されています（令第４条の２の２第２号、規則第４条の２の３、平成14年消防庁告示第７号）。

本件は、こうした各場合に該当しないケースとして、以下検討します。

2　複数の出入口が地上に直通する建物への対応

以上を踏まえて本件建物をみると、４階に公道に面する玄関があり、１階にも地上に直通する出入口がある、といった特殊な構造を有していますので、火災の際は、３階からは４階の玄関を通じて地上に出ることが容易であり、また、２階は上記のとおり避難階に準じた階としての位置付けですから、これまた２階からの避難は容易と考えられます。

そうすると、こうした特殊な位置や構造を有する建物では、利用者の避難が困難になる等の人命危険は低いとみられます。したがって、この問題の解決は容易ではありませんが、３階と４階についても地上に通ずる出入

口までの距離が短いという点では、１階と２階とで大きな違いはないと考えられます。そこで、１階と２階を避難階以外の階から除外している令第４条の２の２第２号を類推適用し、３階と４階も同様に避難階以外の階から除外して、特定一階段等防火対象物の規制から除外することも可能ではないかと思われます。

　ただし、当該消防機関の経験や、火災の実例に照らし、避難の困難性や人命危険が決して低くはないと判断されるケースでは、こうした規制の除外は適切ではありません。したがって、この規制を除外する場合には、避難の困難性や人命危険が低い理由を明確にした上で、除外するための内部基準（裁量基準）を設けて運用する必要がある点に留意しておいてください。

(注)「特定一階段等防火対象物」については、感知器について定めた規則第23条第４項第７号ヘに定義されていますが、屋内に階段が１つしかない一定の防火対象物に関する本文で述べた各義務規定において、この感知器に関する定義規定とおおむね同様な規制文言が使用されていますので、ここでは便宜上、本件建物についても特定一階段等防火対象物としておきます。

第6章　現場から寄せられた問題

第19回　非特定防火対象物に係る消防用機械器具等の型式失効に対する対応の要否

非特定防火対象物の消防用機械器具の型式が失効した場合における対応について、教えてください。

令第30条第2項括弧書きの読み方からまず説明していきましょう。

今般、工場内にある消防用機械器具である消火器と消火器用消火薬剤に関する技術上の規格が省令の改正により変更されました。

Q 技術上の規格が改正され、既存の型式承認が失効する場合でも、非特定防火対象物の消防用機械器具等については、令第30条第2項の括弧書きによって、改正後の規定（以下「新基準」という。）の適用を除くと解釈できるので、型式失効に伴う新たな型式承認取得は不要である、と解してよいでしょうか。

A 新たな型式承認取得が不要であるとは解されません。

1　令第30条第2項括弧書きの読み方

　まず、令第30条第1項をみてみると、検定を要する消防用機械器具等については、法第21条の2第2項において、総務省令で定める技術上の規格に適合していなければならないと規定しています。この規格の適合を要する消防用機械器具等では、特定・非特定を区別していません。この令第30条第1項には、特定対象物の機械器具だけ規格に適合すればよいな

どとは書いてありません。

　ただ問題は、同条第2項の括弧書きに、法第17条の2の5第1項の規定の適用を受ける消防用設備等に係るもの、つまり消防用機械器具等を除くとあります。

　すなわち、法第17条の2の5第1項が規定する基準法令の遡及適用がない非特定防火対象物に設置してある消防用機械器具等には、新基準の適用を除く、つまり新基準の適用はない、従来のままでいいですよ、と解釈できるのではないかということです。

2 法第17条の2の5第1項は、特定・非特定を区別していないこと

　しかし、この法第17条の2の5第1項は、そもそも上記のように非特定防火対象物だけに同項を適用するなどとは書いてありません。同項は、特定・非特定を問わず、両方に基準法令を適用しないと規定しています。

　ただ、同条第2項第4号で、そのうちの特定防火対象物だけを第1項の適用から除外して基準法令を遡及適用しますよ、といっているわけで、この結果、第1項は非特定対象物にのみ適用があるということになります。第1項自体は特定・非特定を区別していません。したがって、括弧書きにある同条第1項の適用を受ける消防用設備等も、非特定対象物に限定されているものではありません。

3 令第30条第2項の括弧書きの意味

　そこで先ほどの「除く」という意味ですが、これは令第30条第2項本文にある特例を定めることを除く、つまり基準法令に適合しない消防用設備等に係る機械器具には、特例を定めませんよ、という意味です。これは、基準法令に適合しない設備の機械器具等にまで特例を設けて保護する必要はない、というのがその趣旨です。このように、除く対象は特例の適用であって、改正省令の適用ではないことに留意してください。

　以上のとおり、令第30条は、第1項、第2項ともに非特定対象物を除くとは規定していないので、非特定防火対象物に係る機械器具も、型式承

第6章　現場から寄せられた問題

認が失効すれば、新たな技術上の規格の適用があり、所要の型式承認手続が必要となりますので、誤解のないようにしてください。

第20回 権原者不明の地下タンク貯蔵所への消防対応

権原者が不明の地下タンク貯蔵所について、消防機関としてどう対応すればよいでしょうか。

法人が倒産した場合の管理権原者と、この場合の消防機関の対応について説明していきましょう。

　かつて設置許可を受けた灯油を貯蔵する地下タンク貯蔵所が、転々譲渡され、最後にこれを譲り受けたA法人が廃業、倒産し、社長も死亡したか行方不明です。現在は、倒産前の会社から土地建物を購入したB法人が、地下タンク貯蔵所がある土地を所有しています。

Q このタンクの中に灯油が残っているのかどうか不明ですが、タンクは腐食が進んでいる可能性が高く、灯油が残っていれば漏れ出す危険もあるので放置できません。この対応をどうすべきでしょうか。

A 資料提出命令等で地下貯蔵タンク内の灯油の有無等を調査したうえで、法第5条の3第2項により、灯油の収去措置が可能です。

1　A法人倒産に伴う地下タンク貯蔵所の権原者

　まず、地下タンク貯蔵所を最後に譲り受けたA法人が廃業、倒産しており、この会社の代表者も行方不明又は死亡ということですから、法人が実体としては存在していないことは明らかでしょう。そうすると、事実上地下タンク貯蔵所及びそこに設置されている地下貯蔵タンクの権原者が誰なのかを確知できないといった事態とみてよいと思われます。

第6章　現場から寄せられた問題

　このＡ法人が、こうした廃業、倒産ではなく、破産手続開始決定を受けた場合は、地下タンク貯蔵所等の権原者は破産管財人であり（破産法第78条第1項）、破産の終結後は、Ａ法人は清算法人として残存するので（会社法第471条第5号、第475条第1号、第476条）、権原者を確知できないとまではいえず、本件とは異なります。

　そこで本件で地下タンク貯蔵所の権原者を確知できないということであれば、原則として貯蔵タンク内に貯蔵されている灯油の権原者も確知できないことになるので、法第5条の3第2項を適用して、消防吏員によるタンク内の灯油の収去措置が可能ということになります。

2 土地の移転に伴う地下タンク貯蔵所移転の有無

　ただ本件では、倒産する前のＡ法人から土地を購入した現在の土地所有者Ｂ法人が、貯蔵所あるいは灯油の所有者ではないのかが問題となります。

　これについては、地下タンク貯蔵所が民法第242条によって土地の所有権に付合して（P.17参照）、土地所有権の一部となるのではないかが一応問題となります。仮に付合するとなれば、地下タンク貯蔵所は当該土地所有権の一部となりこれと共に移転しますので、原則として現在の土地所有者であるＢ法人が地下タンク貯蔵所の所有者になります。

　しかし、この貯蔵所は独立して譲渡引渡しの対象となっていますから（法第11条第6項）、土地に付合したとはみられません。したがって、土地と地下タンク貯蔵所とは別々の所有権の対象となり、Ｂ法人がこの両者を合わせてＡ法人から譲り受けたといった場合でもなければ、その所有権を取得することはありません。

　そうすると、地下タンク貯蔵所の所有権者は依然として倒産したＡ法人ということになります。この場合は、タンク内の灯油もこれを譲渡の対象から除外するといった特約でもない限り、Ａ法人に帰属しているとみてよいでしょう。したがって、第二石油類としての灯油の所有権はＡ法人にあります。

250

3 結論

　以上によれば、本件はＡ法人の倒産により、灯油の所有権はＡ法人にあるものの、その維持、管理を行う権原者を確知できなくなったものとして、法第５条の３第２項の適用場面ということになります。ただし、本件ではそもそもタンク内に灯油が残存しているか否か不明ということですから、まず、現在の土地所有者のＢ法人に対して、貯蔵所を占有している関係者として法第４条による残置灯油の有無についての資料提出又は報告を求めるべきでしょう。その結果を待って、法第５条の３第２項の発動を検討すべきことになります。

第6章　現場から寄せられた問題

第21回　判断能力が著しく不十分な本人、及びその長女や保佐人に対する是正指導

判断能力が著しく不十分な建物所有者に、消防用設備等の設置指導は可能でしょうか。

長女、保佐人がいる場合と、本人への指導について説明していきましょう。

　本件建物には、必要な消防用設備等が設置されていません。この建物の所有者は、判断能力が著しく不十分であるとして、家庭裁判所で保佐人が選任されています。また、この所有者には同居する長女がおり、是正指導は本人の代理人としてこの長女と保佐人に対して行っています。

Q1　こうした指導は本人にも効果が及びますか。

A1　長女や保佐人に対する是正指導は、本人への効力はありません。

長女及び保佐人に対する指導の効力

　本件では、長女や保佐人に対する指導によって、事実上、違反が是正されることが期待されますが、法的にも指導の効果が本人に及ぶか、という観点で説明しましょう。
(1)　長女は本人の代理人か
　まず、長女は本人の代理人としての地位にはありません。したがって、この長女に対する指導（様々な違反是正をめぐる消防機関の意思表示を含

む。）の効果は、本人に及ぶことはなく、本人に対して指導したことにはなりません。本人に指導の効果が及ぶためには、本人と長女との間で個別的な委任関係が必要です。例えば、この委任関係を示す委任状の内容として、「消防法令の違反に対し、消防署と交渉し、その指導を受ける一切の件」等が考えられます。

消防機関が長女からこうした委任状の提示を受ければ、長女への指導は本人に効力が及びます。この場合は、長女に委任する本人の判断能力が著しく不十分であったとしても、意思能力がある限り、委任は有効です（民法第3条の2）。

(2) 保佐人は本人の代理人か

保佐人とは、本人が精神上の障害があって、事理を弁識する能力（第5章第5回参照）が著しく不十分な場合に、家庭裁判所が、本人や配偶者等の申立てによって選任する者です。その権限は、原則として本人が行う一定の行為に対して同意することです（民法第11条、第13条）。

したがって、保佐人は、本人の代理人たる地位にはありません。ただし、家庭裁判所が本人や配偶者等の申立てによって、特定の法律行為について保佐人に代理権を付与する審判があれば、当該行為についての代理人となります（民法第876条の4第1項、家事事件手続法第39条、別表第1第32の項）。しかし、消防機関との間で違反是正に関して交渉したり、指導を受けるといった行為は、この「特定の法律行為」には該当しませんので、この面での代理人になることは困難でしょう。

結局、保佐人に対する指導は、本人に効力が及ばないとの結論になります。

Q2 また、本人に対し、直接指導することは可能ですか。

A2 本人に対し直接指導することは可能です。

第6章　現場から寄せられた問題

本人に対する指導の可否

　前述したとおり、本人たる建物の所有者は、事理弁識能力が著しく不十分な状態ですが、保佐人の同意を要する行為を除いては、自由に法律行為を行うことができます。また、仮にこの同意を得ずに行った行為であっても、取消しの対象となるにすぎませんから（民法第13条第4項）、一応有効に行為ができます。違反是正に関しても、消防機関と交渉したり、その指導を受けたりすることは「取引行為」ではありませんが、これに準じて、自ら有効にそれらの行為ができると解されます。

　よって、消防機関としては、本人に対して指導することに法的な障害はありません。

第22回 賃貸借で設備設置に争いがある場合の行政指導

建物の賃貸人と賃借人双方が、お互いに相手が自動火災報知設備設置の設置義務者と主張しています。双方に警告してよいのでしょうか。

今回は特約がないようですね。賃貸借契約における特約の意義から説明していきましょう。

自動火災報知設備の設置義務について、特約がないことから、建物の賃貸人と賃借人が、お互いにその相手方に履行義務があると主張しています。

Q1 双方に対して行政指導である警告の発令が可能ですか。

A1 特約がない場合は、指導や命令は賃貸人（所有者）に対して行うべきで、同人と賃借人の双方に行うことは適切ではありません。

1 賃貸借契約における特約の意義

　本件で消防用設備等の設置についての特約がないことが問題となっていますが、この特約とは、同設置を賃借人が設置する、という特約のことです。そこでまず、賃貸借契約におけるこの特約の意味について検討しておきます。
　賃貸借契約は、賃貸人が賃借人に建物の使用収益をさせること、その対価として賃借人が賃料を支払うこと、そして、契約が終了したら貸し主に返還すること、という合意だけで成立します（民法第601条）。消防用設

第6章　現場から寄せられた問題

備等の設置義務については、賃貸借契約の成立要素ではありません。

　しかし、消防用設備等を設置することは、関係者に課せられた消防法上の義務ですから、その義務を負う者が、関係者である建物所有者なのか、同じく建物を占有する賃借人なのかがここで問われているわけです。

　ところで、自動火災報知設備や屋内消火栓設備といった固定式の消防用設備等は、それが例えば取り外しの容易な特定小規模施設用自動火災報知設備などであったとしても、建物の天井等、建物自体に取り付けられるものですから、そうした建物への工事は、当然、その所有者しかできません。したがって、この所有者が設置義務を負担する、ということになります。

　にもかかわらず、賃借人がその設置義務を負担するというのであれば、どうしてもその旨の賃貸人との合意、つまり特約が必要になります。勝手に他人の建物に工作物を付加するなどして手を加えることができないからです。

　本件では、こうした特約がない、ということですから、所有者である賃貸人のみが設置義務を負うということになります。では、仮に特約があって、賃借人がこの特約に従って設備を設置した場合には、賃貸借契約が終了したときに、その設備に要した費用を有益費という名目で賃貸人に請求できることになり（民法第608条）、それによってバランスが取れることになります。

2　行政指導として義務のない者に設置を指導できるか

　そこで、本件ではこの特約がないということですから、賃借人には自動火災報知設備の設置義務はありません。しかし、命令ではなく警告、つまり行政指導としてならば、双方に義務ありとしてもよいのではないか、との設例です。特に本件では、お互いが相手方に義務ありと主張しており、いわばその主張に乗っかった形で、相手方双方に義務ありとしてもよいのではないか、というわけです。確かに行政指導の一般原則によれば、指導に従うか否かは任意なので、任意の履行を求めるのならば差し支えないのではないか、ともいえるでしょう。

しかし、第1に、警告が行政指導であるからといって、義務のない者に設置を求めることは違法となります。例えば、将来道路となる道路区域内では、知事の許可がない限り3階建以上の建物は建てられません（都市計画法第53条第1項、第54条第3号）。ところが、担当者が誤って実際は区域内なのに区域外だとして3階建ての建物が建てられると指導したとします。しかし、建築確認申請の段階では、これは道路区域内での建築という理由で確認が下りるとは限りません（建築基準法第6条第1項、同法施行令第9条第12号）。このような場合は、自治体は3階建建物として準備に要した費用等について、賠償責任を負うことがありえます。

賃借人が指導に従い自動火災報知設備を設置したところ、後になってこの義務がないと分かったとなれば、いかにその設置が任意だとはいえ、先の指導は違法だったとして、その要した費用の賠償を求めることが全くないとはいい切れません。

行政指導とはいっても、あくまでも法的な根拠に基づく適正なものでなければなりません。

第2に、当事者の主張については、相手方に義務ありと主張していることは、反面で、自分には義務がないということですから、双方に義務があることにならないし、双方に設置を求める理由にもならないことはいうまでもありません。

よって、警告であっても、双方に設備の設置を指導することは適切ではありません。

Q2 履行義務に争いがある以上、命令の発令は双方の合意があるまで留保すべきですか。

A2 所有者に対する命令を留保することも相当ではありません。

第6章　現場から寄せられた問題

特約の存否と所有者の設置義務との関係

　また、本件でも、所有者は特約の有無にかかわらず、常に名宛人となりますので、双方に設置義務の争いがあるからといって、これは訴訟が係属している場合も同じですが、所有者に対する命令を留保することも相当ではありません。

　これは、例えば賃貸借契約で、賃借人が建物の固定資産税を負担するといった特約がまま見受けられますが、この特約があるからといって、賃貸人である建物所有者の納税義務が消滅するものではないのと同様です。したがって、仮に、後で特約の存在が明らかになったとしても、所有者は、消防法上は関係者で権原を有する者であることに変わりはありませんから(注)、その設置義務がなくなることはありません。この場合は、双方に設置義務がある、ということになります。

> (注) この点につき、特約があれば、賃貸人の設置義務は消滅するとの考えもあります。しかし、特約の存否に争いがあったり、特約自体の内容が明確でない場合には、賃貸人、賃借人のいずれに対しても命令ができないことになります。これでは火災の被害を軽減するといった消防の主目的を達成できません。
>
> 　所有者たる賃貸人が、所有者として設備を正当に設置できる地位にある以上、この設置義務は公法上の義務として、特約があっても消滅しないと解するのが正当と思われます。

第23回 工事中の対象物に対する是正指導の当否とその限界

現在建物内の1フロアが工事中で、遊技場が入居する予定です。工事中の指導について教えてください。

工事中の建物における避難器具等の設置指導について説明していきましょう。

　本件建物は、3階建ての準耐火構造で、屋内階段が1つしかありません。1階と2階は事務所ですが、3階は室内工事中で、追ってテナントとしての遊技場が入居する予定で、そのための賃貸借契約も締結済みです。この建物は、現時点で必要な消防用設備等が設置されていますが、遊技場が入居すると、特定一階段等防火対象物となり、避難器具が必要となります。

Q1 3階部分が工事中であっても、避難器具の設置指導ができますか。

A1 設置指導が可能です。

　これは令別表第1⒂項の防火対象物の部分である建物の3階が工事中である場合、令別表第1⒃項イに掲げる用途としては、いまだ確定していないので、令第25条第1項第5号を適用してよいのか、という問題です。
　確かに、工事中の対象物では、工事中の人員を除いて、人の利用に供されることはなく、現に遊技場として営業が開始されるまでは、遊技場としての用途が確定しているとはいえないでしょう。また、人の利用がなけれ

第6章　現場から寄せられた問題

ば、火災予防上の危険や人命危険のおそれもないので、規制の必要性も乏しいとも考えられます。

　しかし、消防法は、工事中の建築物について、消防法令の適用を認めているケースがあります。例えば、基準法令の適用に関する法第17条の2の5第2項第4号、防火管理者の選任に関する令第1条の2第3項第2号、防炎物品の使用に関する令第4条の3第1項、技術上の規格の特例に関する令第30条第2項等、多くの規定を設けています。また、令別表第1の用途としては、現に人の利用に供されているか否かを問いません。現況が人の利用に供されていなくても、客観的にみて当該用途に供されうる形態のものであれば、無用途であるとまではいえないでしょう。そうすると、当該階が工事中ではあっても、特定の用途に供されうることが認定できれば、令別表第1の用途とみてよいと考えられます。

　本件では、工事の態様や工事計画書、設計書等で遊技場として供されうることが認められ、賃貸借契約上も遊技場がその目的として明記されていれば、令第25条第1項第5号による特定一階段等防火対象物として、避難器具の設置指導が可能です。

Q2 テナントが入居すれば、特定一階段等防火対象物となり、かつ、建築構造違反ともなって、火災危険性が増大することから、関係者に対し入居を再考するよう指導することは可能ですか。

A2 入居を再考するよう指導することはできません。

　まず、入居の再考を求めるといった指導も、外形的にみて行政指導の一対応と思われますが、そもそもそういった指導が行政指導といえるかが問題となります。この行政指導とは、消防機関がその任務又は所掌事務の範囲内において、一定の行政目的を実現するために行う指導のことですが（行政手続法第2条第6号）、この行政指導の定義に照らすと、消防の任務として、消防組織法第1条が、国民の生命、身体、財産を火災から保護する

こととしており、大きな意味では、関係者に対し入居の再考を求めることも、この任務に含まれると解されます。

しかし、この行政指導にも、その目的と手段についての比例原則（P.157参照）が及びますので、入居の再考を求めることが、社会通念上やむを得ないものか否か、あるいは火災予防上の危険を除去するための手段、態様として、必要最小限度のものかが問題となります。

そうすると、この建物は3階建てで、地上の避難口までの距離が比較的短いこと、現時点で必要な消防用設備等が備わっていることを考慮すると、屋内階段が1つしかないことを考慮しても、入居を阻止することが火災予防上の危険を除去するための最小限度の措置であるとまではいえません。

したがって、入居の再考を求めることは適切ではありません。本件では遊技場としての営業を開始するのであれば、避難器具に関する消防法上の義務を説明して、その履行を促すことに尽きると思われます。

第6章　現場から寄せられた問題

第24回　令第32条の特例適用の対象

令第32条の特例適用について教えてください。

対人的性質か対物的性質なのかを考え、説明していきましょう。

Q 令第32条の特例適用の対象となるのは、「対象物」「関係者で権原を有する者」のいずれと解すべきですか。
　ちなみに、「対象物」であれば、いったん特例の適用があれば、その後関係者で権原を有する者が変更になったとしても、特例の効力はそのままであり、そうなると新たな権原者は特例適用のことを知らないまま設備を設置する可能性があります。他方、「権原者」であれば、この権原者が変更すると、特例の効力が失われてしまうため、再度特例の適用をする必要があります。

A 「対象物」とみるべきでしょう。

1　令第32条の法構造

　令第32条は、防火対象物の位置、構造、又は設備の状況といった物的な客観的条件が存在することで、設置、維持に関する技術基準の規定を適用しないこと、つまり、法第17条第1項が定める必要な消防用設備等の設置を免除するという構造になっています。
　言い換えると、こうした客観的な条件の存在と必要な設備の免除とが、お互いに見合いになっている関係、あるいは代替関係にあるということで

第24回　令第32条の特例適用の対象

す。したがって、本条は物的な客観的条件を具備する防火対象物が対象となっていることになります。

2　令第32条の対物的構造

　設例は、令第32条の免除措置が、いわゆる対人的な性質を有しているのか、それとも対物的な性質なのか、という観点で捉えているようで、これはこれで一つの見解としては考えられます。この点、法第17条の4の設備の設置維持命令は、人に対して設置すること、あるいは維持することといった行為を求める処分ですから、対人的処分の性質があります。そこで、同条の免除措置もこれと同じ構造なのか、いや、そうではなく対物的なものか、というわけです。

　確かに法第17条の4は、所定の消防用設備等を設置維持していないといった不作為に対して、設置せよ、維持せよ、といった作為を命ずるもので、対人的処分の性質を有しています。しかし、令第32条の方は、一定の客観的条件を具備する防火対象物に対し、消防長等がその裁量で消防用設備等の設置を免除するというものですから、物に対するものであって、人に対して何かをせよ、といった作為を求めるものではありません。この意味で、同条は人、つまり権原者を対象にするものではない、ということです。したがって、権原者に変更があっても特例は新たな権原者にも及ぶことになります。

3　特例適用を知らずに譲り受けた場合の擬律

　以上によれば、建物を譲り受けるなどして、新たに権原者となった者が特例を知らずに本来の設備を設置することがありえますが、それは、その人にとっては、法に定めた原則どおりの設備を設置したということにすぎません。同条の適用によって、法律上の設置義務自体を消滅させるものではありませんし、ましてや免除対象の設備の設置を禁じているものでもありません。

　もっとも、新たな権原者が、免除された設備の工事着工届出をした段階で（法第17条の14）、免除が判明することはありえるので、実際は免除対象の設備を設置するケースは多くはないと思われます。

第6章

第6章 現場から寄せられた問題

第25回 令第32条適用とパッケージ型消火設備の関係

屋内消火栓設備に代えてパッケージ型消火設備が設置されていた建物が火災で全焼しました。この特例について質問があります。

特例措置の取消等について説明していきましょう。

令第32条適用対象建物で、火の不始末が原因で火災が発生し、全焼しました。この建物には、屋内消火栓設備に代えてパッケージ型消火設備が設置されていました。

Q1 この場合、火の不始末を原因とした火災を理由に、令第32条による措置を取り消すことが可能ですか。

A1 令第32条による措置を取り消すことはできません。

令第32条は、その条文にもあるとおり、防火対象物の位置、構造又は設備の状況、といった客観的な条件の存在がその適用要件ですから、防火管理を適切に行っている、といった主観的な要素は同令の適用要件ではありません。同様に、火の不始末といった逆の意味での主観的要素も適用をしない要件ではありません。したがって、この火の不始末といった事情は、特例を取り消す理由とはなりません。

なお、特例の取扱いは、個別の防火対象物に対する消防長等による裁量行為であり、処分行為ではないので、法的に取消し、あるいは撤回の対象とはなりません。単に取扱いの変更にすぎませんが、設例では建物が全焼

264

しているので、先の特例適用は当然失効していることになります。

Q2 同条の特例を適用してパッケージ型消火設備の設置を認めていた場合、再建された建物に対し、この特例を取り消して、本来設置すべき屋内消火栓設備を設置させるべきですか。

A2 特例を取り消すか否かにかかわらず、関係者による屋内消火栓設備又はパッケージ型消火設備の選択に任せるべきでしょう。

　令第32条は、一定の条件が認められた場合に「この節の規定は（中略）適用しない。」と規定しており、この節の規定として、必要とされる防火安全性能を有する消防の用に供する設備等に関する基準を定めた令第29条の4も含まれています。

　したがって、この令第29条の4の規定も令第32条による適用の対象外となりますので、仮に同条を適用して、パッケージ型消火設備の設置を認めたとの趣旨であれば、設例は正しくはありません。同条の適用場面としては、例えば本来屋内消火栓設備が必要であるところ、前述した客観的な条件があった場合には、消防長等の裁量で、その設置を免除するといったことは考えられますが、これに代えてパッケージ型消火設備を設置させることは想定されていません。

　仮に同条を適用して令第29条の4に基づくパッケージ型消火設備を設置させる措置をしたとしても、同設備は屋内消火栓設備と同等以上の安全性能を有するものですから、この措置を取り消して（あるいは取扱いを変更して）屋内消火栓設備を設置する必要性に乏しいといえます。

　再建された建物に屋内消火栓設備が必要であれば、関係者において、この設備に代えてパッケージ型消火設備を設置するか、あるいはこの設備を設置せず、本来の屋内消火栓設備を設置するかは、この関係者の専決事項です。したがって、仮に関係者がパッケージ型消火設備の設置を申請した場合は、消防長又は消防署長が、上記安全性能を有するか否かを判断するものの、その選択自体を消防長等の裁量で決するものではありません。

第6章 現場から寄せられた問題

第26回 点検報告期間の緩和に令第32条を適用できるか

点検報告期間の緩和について、令第32条を根拠とすることは可能でしょうか。

令第32条の規定を読み解き説明していきましょう。

当市は、特定防火対象物に対する点検結果の報告を、規則第31条の6第3項第1号の規定に従って、年に1回行うよう指導しています。

Q この報告期間を令第32条を適用して、3年に1回とする指導を検討しています。可能ですか。

A 点検結果の報告期間の緩和はできません。

　令第32条は、「この節の規定」による消防用設備等の全部又は一部の免除を規定しています。「この節の規定」とは、第3節の第8条から第33条の2までの規定を指しますが、この免除の基準となる「消防用設備等の基準」とは、消防用設備等についての設置維持に関して政令で定める技術上の基準と同義です。そして、この「政令で定める技術上の基準」は、①消防用設備の種類ごとに規定されている基準（令第10条から第29条の3まで）、②必要とされる防火安全性能を有する消防の用に供する設備等に関する基準（令第29条の4）、③検定対象機械器具等の規格に係る基準（令第30条第1項）、④用途等に応じて規定されている基準の特例（令第31条）を意味します。

なお、令第32条の基準特例も消防用設備等の基準に含まれますが、ここでは自らを免除対象とすることとは矛盾しますので、除外します。

そうすると、これらの基準を定めた各規定を見れば明らかなとおり、点検結果の報告に関するものは含まれません。また、本来この点検結果の報告は、消防機関において、点検が適正に行われているか、点検箇所が適正に整備されているか等を把握するためのものであって、消防用設備等の技術上の基準を意味するものとはいえません。したがって、令第32条を適用して点検結果の報告期日を年1回から3年に1回に緩和することはできないと解されます。

なお、同条の冒頭にある「この節の規定」には、総務省令への委任を定めた令第33条も含まれるので、一見すると同条から委任を受けたように見える点検及び報告を規定する規則第31条の6も、令第32条の適用対象となるように思われます。しかし、同規則は、法第17条の3の3が直接委任した規定であって、令第33条の委任を受けて規定されたものではありません。

いずれにしても、報告期間を定めた同規則は、結局、令第32条の「この節の規定」には含まれず、同期間の変更は、これを定めた同規則の変更によるしかありません。

第6章　現場から寄せられた問題

第27回　再告発と一事不再理との関係

違反事項があり、既に処罰された事案があります。この事案について、再度告発・処罰はできますか。

憲法上の原則「一事不再理の原則」から説明していきましょう。

Q 法第17条の4の設置命令の不履行により告発し、同法違反により処罰された事案において、再度同法を適用して設置命令し、不履行の場合は同罪で告発することは可能ですか。

A 再告発は可能です。

　本問は、一度処罰された違反事案について、再度告発して処罰できるのか、言い換えると、一事不再理の原則に触れるのではないか、という問題です。

1　一事不再理の意義

　この一事不再理の原則というのは、「同一の犯罪について、重ねて刑事上の責任を問わない」とする憲法上の原則のことをいいます（憲法第39条後段）。これを受けて刑事訴訟法第337条第1号は、確定判決を経た事件は免訴とする旨を規定しています。この確定判決を経た事件とは、判決で言い渡した罪となるべき事実、つまり処罰の対象となった犯罪事実のことをいいます。では、命令違反の場合に、判決で処罰した犯罪事実とは何かです。

268

第27回　再告発と一事不再理との関係

　まず、命令違反とは何を意味するのかといいますと、消防用設備等の設置命令のように、命令に履行期限が設けられている場合は、この履行期限までに所定の設備を設置しなかったということを意味します。また、履行期限が直ちに到来する「原則即時」とされるような場合（法第3条の措置命令、第8条の2の2第4項、第8条の2の3第8項による表示の除去・消印命令等）は、直ちに履行することが求められるので、命令の交付と同時に履行期に入り、この命令を実行するのに合理的な期間（時間）（この期間が「履行期限」になります。）を経過するまでに命令を履行しなかったことを意味します。

2　命令違反による犯罪の成立時期と終了時期

　そして、なぜこの命令違反が処罰されるかといえば、命令の履行によって守られるべき消防法上の法的な利益、つまり、火災の危険を除去し、軽減するといった消防法が目的としている法的な利益、これを法益といいますが、この法益が命令違反によって侵害されたからというのがその理由です。ただし、この法益が侵害された後も、つまり履行期限が経過した後も、法益侵害の状態は継続しますが、犯罪行為としては、法益侵害が発生したことで終了します。

　例えば、窃盗罪は物を盗んだ後も、物といった財産権の侵害状態は継続していますが、物を盗むという行為自体は盗んだ時にしか成立せず、かつ、行為自体としては終了しています。

　命令違反についても、履行期限までに命令を履行しなかったという事実（不作為）は、履行期限を経過した時点でしか成立せず、かつ、犯罪行為としては終了しています。その後は命令に違反したという状態は継続しますが、その状態は、履行期限までに履行せよといった命令の内容を成しているわけではありません。なぜなら、履行期限は既に経過しているからです。

3　再命令、再告発が可能である理由

　このように、犯罪行為としては履行期限の経過により終了していますが、

269

第6章　現場から寄せられた問題

消防法令に違反しているといった状態は依然として継続しています。したがって、改めて命令を出すことは可能です。そして、その命令違反は、前の命令違反が犯罪としては既に終了しているので、これとは別の犯罪ということになり、同一の犯罪ではありません。以上により、後の命令違反によって処罰しても、一事不再理の原則に違反することにはならないので、再命令、再告発も可能だということになります。

第28回 消防用設備等設置届出書の作成と行政書士法との関係

施工を請け負った業者が書類を作成し提出した場合、行政書士法に抵触しますか。

施工業者の本来業務も鑑みて説明していきましょう。

Q 消防用設備等の設置工事を担当した消防設備士やその工事施工業者が、自ら消防用設備等設置届出書を作成して消防署に提出した場合、官公署に提出する書類の作成を業とする行政書士法に抵触しませんか。

A 行政書士法に抵触することはありません。

　行政書士の独占業務等を規定する行政書士法によると、行政書士は、他人の依頼を受け報酬を得て、官公署に提出する書類その他権利義務又は事実証明に関する書類を作成することを業とするとあり（同法第1条の2第1項）、行政書士でない者がこの業務を行ったときは1年以下の拘禁刑又は100万円以下の罰金に処せられることとなります（同法第19条第1項、第21条第2号）。

　この「業として」とは、反復的に又は反復の意思をもって法律事務の取扱等をし、それが業務性を帯びるにいたった場合を指すというのが判例です（最判S 50.4.4、民集29.4.317）。つまり、行政書士でない者は、反復的に報酬を得て官公署に提出する書類の作成を業務としてはならないということです。

　報酬を得てというのは、行為の営利性を意味しており、また、書類の作

第6章　現場から寄せられた問題

成を業務とするというのは、行為の業務性を意味していますが、この営利性・業務性という二つの要件を備えてはじめて同法第19条の業法違反が成立するということです。

　そこでまず、消防設備士や工事施工業者の行為に、この営利性があるかということですが、これらの者は工事を行って報酬を得ることを目的としており、届出書を作成して報酬を得ることを直接の目的とはしていません。つまり、届出書の作成についての営利性がありません。また、届出書を作成して届け出ることを反復して行うことを業務としているかといえば、これも必ずしもそうとはいえないでしょう。

　消防設備士は、消防用設備等の設置工事又は整備を行うことを本来の業務としており、また、工事施工業者も、この消防設備士の補助者として工事を行い、これによって報酬を得ることを業としているので、いずれも報酬を得て届出書を作成することを本来の業としているものではないといえるでしょう。

　よって、行政書士法第19条には違反しません。

第29回 建物図面、着工届出書を開示できるか

消防が保管する建物図面等の貸出しを求められた場合の対応について、教えてください。

建物図面等の法令上の位置付けから、説明していきましょう。

Q 未設置の消防用設備等を設置する際に、設備事業者等の関係者から、当該防火対象物の所有者の委任状をもって建物図面や消防用設備等の着工届出書の貸出しを求められた場合、情報公開条例の手続を経ないで応じてよいですか。

A 建物図面や着工届出書は、非公開の可能性が高いので、公文書公開条例の手続によるのが適切でしょう。

1 建物図面、工事着工届出書の法令上の位置付け

　本問の建物図面や工事着工届出書は、既に消防機関に提出され、かつ消防機関が職務上保管している文書や図面といえますから、消防機関が職務上取得した文書・図面であることは明らかです。そうすると、これは公文書等の管理に関する法律第2条第4項に定める行政文書に該当します。また、こうした文書・図面は、各自治体が定めている情報公開条例上の公文書にも当たります。

　これら公文書の開示の仕組みについては、行政機関の保有する情報の公開に関する法律で規定していて、各自治体の情報公開条例もこれに準じ、同じ仕組みの規定を設けていることが多いようです。これによれば、一定

第6章　現場から寄せられた問題

の場合を除いて開示請求があれば開示するのが原則です。ただ、この開示
できない一定の場合というのは、個人に関する情報については、個人が識
別できる情報の場合です。また、法人についてはその権利や競争上の地位
等といった正当な利益が害する場合も開示できません。

　したがって、建物図面や工事着工届出書が、こうした個人情報や法人情
報に該当していれば、条例上の公開手続によらないで開示することは、原
則として公務員の守秘義務に抵触するおそれがあります。その場合は、仮
に事務処理要綱等で公開を定めたからといって、この守秘義務を解除する
ことにはなりません。

　そこで、これらが公文書であるとして、次に問題となるのは、この個人
識別情報や法人情報に該当するかどうかという点です。立入検査結果通知
書についてですが、これは情報公開条例に基づく非開示文書には当たらな
い、つまり開示していいですよとする高等裁判所の裁判例がありますので
（東京高判 H 15.11.27、判時 1850.41）、これらが開示可能な文書・図書
に当たる可能性もあります。ただし、建物図面は個人や法人のプライバシー
に直接に関連しており、特に個人の建物図面等は、居住状況に関する情報
として、非開示の対象となる可能性が高いものです。そうであれば、非開
示文書に当たる可能性もあります。

2　本件文書・図書は自己情報として開示できるか

　そこで、仮にこうした文書等が開示できないものであった場合でも、文
書の所有者本人が関係者を通じて開示請求をした場合は、開示してもよい
のではないかという問題があります。これは、いわば自己情報の開示の問
題です。これについては、自分の情報ならば開示してよい、といった法制
度になっていませんので、裁判所ではこれを認めていないのが一般的なよ
うです（最高裁事務総局行政局監修「主要行政事件裁判例概観11」66頁、
67頁）。

　そうすると、法的には、委任状があったとしても、消防機関がこうした
公文書を開示してよいことにはなりません。ただし、建築図面等が開示可

能文書であれば、委任状があれば開示することはもちろん可能です。

　そこで、結論としては、建築図面等は非公開の可能性が高いと思われますので、慎重を期して、情報公開条例の手続により対応するのが相当です。

第6章　現場から寄せられた問題

第30回　市境界線をまたいだ河川敷上での花火大会に対する指定催しの指定

2市間を流れる河川敷で花火大会等が行われる場合の指定催しの指定について教えてください。

まず、催し主催者の指定申し出先から説明していきましょう。

　A市と隣接するB市との市域境界線の一部が、両市の間を流れる河川の河川敷の真中に存在しています。この河川敷を利用して毎年花火大会等の催しが行われますが、両市の火災予防条例には、消防長が指定催しの指定（同条例（例）第42条の2）をするとされています。

Q1 催しの主催者は、AB両市の消防長に対して指定の申し出が必要ですか。

A1 A市B市いずれの消防長に対しても指定の申し出が可能です。

　消防組織法第6条や火災予防条例（例）第1条によれば、市町村の消防事務は、その区域内にとどまることを原則としています。したがって、河川敷上に両市の市境界線が引かれている場合でも、この境界線が各市の消防事務の責任の範囲を画していることは明らかでしょう。

　したがって、この境界線をまたいで河川敷全体で行われる祭礼、縁日、花火大会その他多数の者が集合する屋外の催しのうち、大規模なものとして消防長が指定する指定催しの指定についても、境界線で区画された範囲についてのみ、それぞれの市が指定権限があると考えられます。

第30回　市境界線をまたいだ河川敷上での花火大会に対する指定催しの指定

　しかし、催しは、河川敷全体で行われ、各市が責任を負う区域に分割して行われるものではないので、その指定も当然全体としての催しに対して行わざるを得ません。また、催しが行われる地域、地区が当該消防長の管轄に属することを指定要件として明示されているものでもありません。そうすると、いずれの市の消防長にも指定催しの指定権があることになります。

　この結果、催しの主催者は、両市のいずれか一方の消防長に対して指定を求めることができ、また、この求めがなくても、両市のいずれの消防長も単独で指定することが可能と解されます。

Q2　A市の消防長による指定は、B市へも効力が及びますか。

A2　A市消防長の指定の効力はB市に及びます。

　いずれの市の消防長による指定も可能ということであれば、実際上、境界線をまたいだ一方の行政機関（例えばこの項でB市の消防長）の地区に関する所掌事務を義務なくして他の行政機関（例えばこの項でA市の消防長）が行うことも意味しますが、これは行政上の事務管理（民法第697条）に該当します。この場合、事務管理の要件である本人たるB市側の意思（民法第697条第2項）は無視されます。A市の消防長による権限行使は、公益に関するものであることがその理由です。また、本人B市の利益（同条第1項）も問題になりません。B市側は改めて指定を行う必要がない点で、行政上の無駄を省き、その限度で利益が存するからです。同様に、B市の消防長のためにという意思（同条第1項）も、B市側の受益が上記のとおり明白であることから、厳格に考える必要はないと考えられます。

　このように、A市の消防長が行った指定は、事務管理としてB市の消防長のためにも行ったことになりますので、指定の効力はB市にも及ぶことになります。

第6章　現場から寄せられた問題

　なお、救急業務等で他の市の住民を当市の救急病院に搬送するケース等
は、この事務管理に該当します。一方の市の救急業務が他市へ効力が及ん
でいるケースです。また、消防組織法第18条第3項に規定する消防長の
命令による区域外での消防団の応援出動や、同法第39条に規定する市町
村の相互応援等、消防事務は必ずしも当該区域のみに限定されているわけ
ではないので、一方の指定が他方に効力を及ぼすと解しても、特に問題は
ないとみてよいでしょう。

Q3 A市の消防長が催しの指定を行った場合、B市に対してどのような措置をすべきですか。

A3 A市の消防長は、B市の消防長に対して、催しの指定をした旨を遅滞なく通知しておくべきでしょう。

　上記の例で、A市の消防長は、B市の消防長に対して、催しの指定をした旨を遅滞なく通知しておくべきでしょう（民法第699条）。これにより二重の指定も避けることができます。

第7章　その他

第7章　その他

第1回　消防の不作為の責任

継続して行政指導を行っている防火対象物から出火し死者が出た場合、消防機関の責任はどうなるのでしょうか。

消防機関の法的責任について、説明していきましょう。

　自動火災報知設備や屋内消火栓設備が未設置の防火対象物があります。度々違反を是正するよう行政指導をしていますが、設置命令は発令していません。

Q この防火対象物から出火し、中にいた人が逃げ遅れて死亡した場合、こうした生命身体に対する損害についての消防機関の国家賠償責任について、どのように考えるべきでしょうか。

A 賠償責任が問われることがありえますので、留意すべきです。

1　はじめに

　本件は、行政機関がその権限を行使しないこと（不作為）による法的責任が問題となりますが、これについては、最高裁の判例でその判断枠組みがほぼ固まっています。そこで、以下は少し長くなりますが、この判断枠組みに従い、消防機関が行うべき是正指導・措置を実施しなかったことによる責任の考え方について、説明してみましょう。

第1回　消防の不作為の責任

2 判例による違法判断の大枠

　本件では、自動火災報知設備、屋内消火栓設備（以下「自動火災報知設備等」といいます。）の設置命令を行わなかった不作為が違法といえるか、また、この不作為と結果（出火・人の死亡）との間に相当因果関係があるかが問題となります。そこでまず、不作為の違法についてみてみましょう。この不作為は、一般に行政機関に委ねられている規制権限を行使しないこと、つまり規制権限の不行使が違法かどうかで決せられます。この点については、判例で、その違法判断の大前提となる枠組みが示されています。

　それは、公権力の行使に当たる公務員の行為（この行為には不作為を含みます。）が国家賠償法上違法となるのは、一般的にいえば、個別の国民に対して負う職務上の法的義務に違反して、その国民に損害を加えた場合であるというものです（最判Ｓ60.11.21民集39・7・1512）。

　すなわち、

　　①　まず、権限を行使すべき法令が存在すること。
　　②　次に、この権限を行使しなかったことによって、損害を受けたとする個別の国民がいること。
　　③　この損害を受けたとする個別の国民に対して、権限を行使すべき義務（作為義務）があること。
　　④　この義務の違反があること。

以上が、規制的権限の不行使が違法となる判断の大きな枠組みです。

3 判例による違法判断の具体的枠組み

　では、どういった場合に、この作為義務があることになるのかが問題となります。まず、法令でその権限を「行使しなければならない」と規定されている場合は、権限行使が必要となりますので、原則として作為義務があることになり、その不行使により国民に損害が発生すれば違法となります。

第7章　その他

しかし、法令が権限を行使するかどうかについての裁量を認めている場合、つまり、「何々することができる」といった、いわゆる「できる規定」の場合については、直ちには作為義務を認めることはできません。かつてはこのような場合、権限行使が行政の裁量に任せられている以上は、その不行使が国家賠償法上違法になる余地はないと考えられていました。しかし、現在の通説判例は、こうした場合でも一定の場合には作為義務が生じ、権限不行使が違法となるとされています。

では、この一定の場合というのは、どういった場合なのかということですが、それは、「公務員による規制権限の不行使は、その権限を定めた法令の趣旨、目的やその権限の特質等に照らし、具体的事情の下においてその不行使が許容される限度を逸脱して、著しく合理性を欠くと認められるときは、これによって被害を受けた個別の国民との関係で、国家賠償法上違法となる」というものです（最判Ｈ16.10.15民集58・7・1802）。これは、権限行使が裁量に任せられていることと、その権限の不行使が違法になることとのバランスを取るために、権限不行使が著しく「合理性を欠く」といった要素を加えたものといえるでしょう。

以上が、判例による違法判断の判断枠組みとなります。

なお、消防庁予防課の「違反処理標準マニュアル」においても、違反処理に伴い予測される争訟事案として、消防機関側の権限不行使を理由とする損害賠償請求がなされた場合、「火災発生の時点における火災予防上の知見の下において、消防法令の目的及び消防機関に付与された権原の性質等に照らし、その許容される限度を逸脱して著しく合理性を欠くと認められるときは、当該権限の不行使は、裁判所によって国家賠償法第1条第1項の適用上違法とされることがあると思われる」として、最高裁判所と同様の判断が示されています。

4 判断枠組みの消防法への当てはめ

では、本設例に照らし、こうした判断枠組みを、法第17条の4第1項の規定でみてみましょう。

第1回　消防の不作為の責任

　同条項は「消防長又は消防署長は、第17条第1項の防火対象物における消防用設備等が、技術基準に従って設置・維持されていないと認めるときは、その設置又は維持のため必要な措置をなすべきことを命ずることができる」と規定しています。

　この規定が、公務員が権限を行使すべき根拠を定めた法令であること、そして、そうした権限を行使するための要件（命令要件）を規定していることは明らかです。

　問題は、この法第17条の4が、個別の国民との関係で職務権限を行使すべき義務を定めたものかどうかという点です。つまり、消防法は、関係者で権原を有する者に対する消防長等の権限行使を定めていますので、火災で被害を受けたとする個々の国民との関係で、権限行使を定めたものとは直ちには見られないからです。

　しかし、法第17条第1項に関係者に対し「消火、避難その他の消防の活動のために必要とされる性能を有するように設置せよ」とあります。この趣旨は、技術基準に従った自動火災報知設備等が設置されることによって、当該防火対象物内にいる人々を火災から保護し、火災の被害を軽減するのだということにほかなりません。

　つまり、所定の同設備等を設置するよう措置すべき命令権限は、そうした保護を受けるべき個々の国民との関係において認められていると考えられます。

　ただし、法第17条の4は、命じなければならないとは規定していません。「命ずることができる」とありますので、その権限行使に消防機関の裁量を認めているという規定です。

　したがって、同設備の未設置があっても、直ちに命令をしなければならないといった作為義務が成立するわけではありません。権限行使とは、全体として統一と継続性を保った調和のあるものとして行使すべきであると考えられますので、消防法上の権限を具体的に行使すべきかどうか、あるいはどの時期にどのような方法を選択するかは、原則として、消防機関の裁量と判断に委ねられていると考えられます。

第7章

283

第7章　その他

5 消防法の趣旨、目的、権原の性質

　そこで、消防法の趣旨、目的、権原の性質について考えてみます。消防の任務、あるいは消防の目的は、国民の生命、身体、財産を火災から保護するとともに、火災による被害を軽減することにあります（消防組織法第1条、法第1条）。こうした消防の任務や目的を達成するために、例えば、法第5条は火災の予防上必要がある場合に、公益優先の見地から、必要な措置を命ずるもの（措置命令）とし、また法第17条の4は、防火対象物の火災予防について、国民の生命、身体、財産を火災から保護するとともに、自動火災報知設備等を所定の技術上の基準に適合せしめて、火災による被害の軽減を図るといった消防の主目的を担保することとしています。

　したがって、こうした消防機関に付与された権限とは、法第5条や第17条の4に定められた命令要件を充足している場合には、国民の生命、身体、財産を保護するために行使すべきものであることを意味しています。そしてそれは、国民の負託に基づくものであるということです。

　したがって、こうした命令要件を充足している防火対象物に対しては、消防機関は、積極的にその権限を行使しなければならない帰結となります。

6 権限不行使についての合理性の有無

　そこで問題は、裁量に任せられている権限を行使しないことが、著しく不合理かどうかがポイントとなりますが、それは具体的事案に沿って判断します。

　まず、違反の内容が、自動火災報知設備等の未設置といった重大な消防法令の違反であるという点です。違反の内容が大変重いということです。これは権限を行使すべき方向に働きます。

　次に、消防法違反がある防火対象物で火災が発生した場合、火災の発生を早期に知らせることができないわけですから、建物内にいる人の生命、身体、財産に損害が生ずるであろうことは、経験則上、容易に予測しうるといえるでしょう。つまり、不備があれば、重大な被害が発生するといっ

た結果発生の予見可能性があることになります。

また逆に、同設備等の設置命令を発令さえしておけば、そうした人の生命、身体、財産に対する損害を回避できる可能性が大きいということにもなります。そして、その命令を発令することに特段の支障がないことを前提とすれば、同設備等を設置することで、重大な結果を回避できる可能性、つまり、結果回避可能性が認められることになります。こうした予見可能性、結果回避可能性の存在は、過失の責任要件でもありますが、違法性判断にも影響を与えます。

さらに、行政指導も度々行っていたが、是正されていないといった事情もあります。これは、違反の態様が悪質であることを意味し、権限行使の必要性を大きくするものです。また、立入検査等で違反事実の収集も行われ、命令発令の支障もないことがうかがわれます。

こうした事情を踏まえると、自動火災報知設備等の未設置により、火災が容易に拡大して、人の生命や身体、財産に重大な損害が発生すれば、それらの設置命令を発令しなかった不作為は、当該防火対象物の構造・用途・設備の状況にもよりますので、一概にはいえないものの、著しく合理性を欠くと評価される余地があるということになります。

7 命令発令不行使と結果との因果関係

次に、命令権限不行使によって、当該結果が発生したといえるような関連性、つまり、相当因果関係の存在が必要です。当該対象物の構造・用途・規模のもとで、自動火災報知設備等の設置があれば、初期消火等により現実に避難が可能であり、人命危険を回避できたといえる場合に、相当因果関係が認められます。したがって、その存否は具体的な状況に左右されるので、一概にいうことはできませんが、命令発令の不行使が違法である場合には、この因果関係も認められやすくなるとはいえるでしょう。

第7章　その他

8　過去の行政指導が免責事由となるか

　ところで、過去に度々違反を是正するよう指導をしていたということ、つまり、行政指導を繰り返したということは、何か消防機関の法的責任を軽くする要素となるかという点が問題となりますが、原則として影響はないと考えられます。行政指導は、あくまでも相手方の任意の協力に期待すべきものであって、強制できるものではありませんから、相手方がこれに従わない以上は、より強い違反是正措置をとるべきであったということになるからです。

9　まとめ

　以上のとおり、自動火災報知設備等の未設置といった重大な法令違反が長期間継続しており、相手方が速やかに指導に従わない場合には、迅速にその設置命令を発令すべきであって、発令が可能であるにもかかわらずこれをしないことの不作為により、人の生命が失われるといった重大な損害が生じたときは、その法的責任が問われることがありえますので、留意すべきです。

第2回　公表制度の運用をめぐる問題（その1）

第2回 公表制度の運用をめぐる問題（その1）

違反対象物公表制度の運用について、教えてください。

公表制度の運用に伴う問題点について、説明していきましょう。

　当市では、消防庁からの通知に基づき、条例で違反対象物の公表制度を設けています。この制度を運用するに際し、疑問が生じました。

Q1 立入検査の結果、違反事実が判明した場合、立入検査結果通知書において「14日以内に是正されない場合は公表する」旨を通知（以下「本件通知」といいます。）することは、行政指導の一般原則である「任意性の原則」に抵触するおそれはありませんか。

A1 本件通知は、任意性の原則に抵触するものではありません。

　消防庁では、「違反対象物に係る公表制度の実施について（通知）」（平成25年12月19日付消防予第484号）において、「消防法令に関する重大な違反のある防火対象物について、その法令違反の内容を利用者等へ公表することにより、利用者等の防火安全に対する認識を高めて火災被害の軽減を図るとともに、防火対象物の関係者による防火管理業務の適正化及び消防用設備等の適正な設置促進に資する」と公表制度の目的について定めています。

　そして、公表制度の運用の一環として、火災予防条例施行規則中に、違

第7章　その他

反事実があった場合には、立入検査結果通知書をもって、通知書の交付日から一定期日を経過しても改善が認められないときは、公表する旨の規定（公表の予告）を設けているのが一般的であり、本件においても、この予告期間を14日とする運用がなされています。

そこで、こうした公表予告が、行政指導の任意性の原則に触れて、強制に当たるのではないかとの疑問が生じます。

行政指導には、相手方の任意の協力によって実施されるものであるといった原則（任意性の原則）があり、行政手続法第32条にも、その旨の規定があります。そこで、14日を経過しても違反が是正されない場合に公表するというのは、この任意性を超えて強制に及ぶものではないかという懸念です。

しかし、本件通知は条例上の根拠に基づくものであって、そもそも行政指導（行政手続法第2条第6号）ではありません。行政機関は地方公務員としてこの条例を遵守する法的義務があります（地方公務員法第32条）。そうすると、この条例の規定に基づき公表を予告することは職務上当然のことであって、この予告を「強制」あるいは「強要」と評価することは困難でしょう。

そもそも、本件通知を受けた相手方は、消防法令上の義務を履行すべき立場にあるのですから、公表の予告を受けるまでもなく、この義務を履行しなければなりません。したがって、この法律上の義務履行を促すために、条例上認められた公表の予告をしたからといって、それが強制にわたるとみることはできません。

よって、本件通知は、任意性の原則に抵触するものではありません。

第2回　公表制度の運用をめぐる問題（その1）

Q2 違反の公表を行った結果、防火対象物が店舗である場合、集客への影響や営業への支障、あるいは関係者への影響等が生じることが予想されますが、その場合、関係者から何らかの訴訟が提起されるおそれはありませんか。また、どのような訴えが予想されますか。

A2 訴訟の可能性は極めて低いと考えられます。

1 公表と抗告訴訟

　公表制度は、消防本部等が管轄する危険な建物の情報を一般に公表するものですから、国民の権利義務に直接影響を与えるものではなく、行政処分には当たりません。また、当該建物の所有者等の関係者に対する不利益処分としての位置付けがなされているものでもありません。

　したがって、公表自体の取消し、無効等確認、差止めなどの訴訟（これらを「抗告訴訟」といいます。）の対象とはなりません。また、公表を定めた条例自体を争うことも、当該条例が国民の具体的な権利義務ないし法律関係の存否について定めるものではないので、法律上の争訟とは言い難く、許されません。

　この意味で、「公表」を争う抗告訴訟の可能性は極めて低いと考えられます。

2 公表と実質当事者訴訟、国家賠償訴訟

　ところで、この抗告訴訟以外の訴訟として考えられるのは、行政事件訴訟法第4条の法律関係を直接争う実質的当事者訴訟や、公表が違法であることを理由とする損害賠償請求訴訟（国家賠償法第1条）等です。

　実質的当事者訴訟として考えられる具体的な例は、①当該建物で営業を行う所有者や賃借人が、公表されると自らの営業に重大な損害を生ずる地位にあることの確認、②①と同じ理由での公表の差止めを求める等の訴え、③従前は自動火災報知設備やスプリンクラー設備の設置義務がなかった防

第7章

289

第7章　その他

火対象物が、新たにその設置義務を課せられたことから公表の対象となり、その結果、その所有者や賃借人に営業上の損失が発生したとして、その損失補償を求める訴訟などが考えられます。③も実質的当事者訴訟に含まれます。

　また、損害賠償請求訴訟としては、公表が違法であるとして、その被った損害の賠償を求めるケースがありえます。具体的な例としては、①公表に至る手続要件が欠けているとの主張（例えば、スプリンクラー設備を設置すべき延べ面積の算定に誤りがあったとの主張など）、②手続要件が遵守されていても、公表が権限の濫用であったり、信義誠実の原則に違反するなど、現在の法秩序からみて是認されないとの主張などが考えられます。

　しかし、公表制度のもつ公益性や、条例に根拠を有している点を考えると、どのような訴訟が提起されても、請求が認められることは難しいのではないかと思われます。

第3回 公表制度の運用をめぐる問題（その2）

違反事実があるのに公表しないと違法になるのでしょうか。

違反対象物公表制度をめぐる幾つかの疑問について、説明していきましょう。

　当市では、火災予防条例で消防法令上、重大な違反のある防火対象物の公表制度を設けています。

Q1 違反事実があるのに公表しない場合、法的に問題となりますか。

A1 不当とはいえても違法とまではいえません。

　火災予防条例では、違反事実を公表することは、義務ではなく「公表することができる」とされているのが一般的であり、消防長の合理的裁量に任されていると考えられます。したがって、消防長が公表しないこと（不作為）は、条例の趣旨、目的、その権限の特質等に照らし、具体的事情の下において、その不行使が許容される限度を逸脱して、著しく合理性を欠くと認められない限り、違法とはいえません（最判H16.10.15民集58・7・1802。詳しくは本章第1回の解説を参照）。

　そこで、違反事項の公表を定めた火災予防条例の趣旨、目的が何かが問題となります。これについては、条例の根拠となる消防庁の通知（「違反対象物に係る公表制度の実施について（通知）」（平成25年12月19日付

第7章　その他

消防予第484号）)に、公表の目的として次のように述べられています。

「消防法令に関する重大な違反のある防火対象物について、その法令違反の内容を利用者等へ公表することにより、利用者等の防火安全に対する認識を高めて火災被害の軽減を図るとともに、防火対象物の関係者による防火管理業務の適正化及び消防用設備等の適正な設置促進に資する」

ここに記載のある公表の目的に照らすと、公表が、個々の国民の生命・身体・財産を保護することを直接の目的とはしていないことは明らかです。

また、公表事項も、違反防火対象物の名称、所在地、違反内容に限定され、関係者の氏名等は公表事項から除外されているのが一般的です。さらに、消防長の権限の特質としても、個々の国民の権利を制限したり、義務を課する処分性を有しているものでもありません。こうした火災予防条例の趣旨、目的、権限の性質に照らすと、権限の行使は消防長の合理的な裁量に任せられていると考えられますので、その不行使が著しく不合理であるとまではいえず、違法との評価は当たりません。ただし、公務員には条例遵守義務がありますので（地方公務員法第32条)、火災予防条例に該当する事実があるのに、あえて公表しないのは（公表しないことの合理的な理由がない場合)、この義務に違反するおそれがあります。したがって、少なくとも「不当」な行為であるとの評価は免れないでしょう。

Q2 違反事実を公表した後に、大部分の違反事実は是正されましたが、全部については是正が完了していない場合、公表は削除すべきですか。

A2 あらかじめ定めた公表対象となる違反内容に従って判断すべきですが、この定めがないときは、当該消防用設備等の態様・機能に照らして削除の有無を決定すべきでしょう。

公表されている違反状態の大部分が改善されたが、まだ一部が改善されていない場合の取扱いについては、基本的には条例の施行規則の中で、公表の対象となる違反の内容について定めておくべきでしょう。そのうえで当該規定の内容に照らして公表事項か否か、あるいは公表から削除すべき

か否かを決定すべきです。

例えば、この違反の内容として、全くの未設置である場合のほか、所定の設置義務のある床面積を基準に一定割合（例えば過半）以上の床面積での未設置や、設備の機能面で重大な支障のある場合等です。

しかし、こうした規定のない場合には、消防法令の定める技術上の基準に照らして、消防用設備等の構造・用法・機能が消防用設備等として認められるか否かという観点から、是正の有無を判断するほかはありません。

当該消防用設備等の構造・用法・機能からみて、一部に不備な点があっても、当該消防用設備等の本来の役目が果たしうる態様・機能を有していれば、是正されたものとみて公表を削除すべきでしょうし、そうでない場合は削除すべきではありません。

Q3 公表建物を知られたくない等の目的で、従来の建物の名称を変更したような場合、旧名称を並記して公表すべきですか。また、今後の名称変更に対して、どのように対処すべきですか。

A3 消防長が適切に判断することになりますが、名称変更後の建物の公表においては、従来の建物の名称を併せて表示しておくのが相当でしょう。今後は、名称の変更について常に注意を払っておくべきです。

公表してある建物の名称が変更された場合、変更後の建物の名称をどうするかについては、条例の施行規則や運用要綱等に特に定めがなければ、変更後の公表の時期、方法等を含め、消防長が適切に判断することになります。ところで、公表は、建物の危険性を関係者や利用者等に周知することを目的としていますから、そうした関係者等が、危険な建物がどこにあり、何という建物かが認識できなければ、目的を達することができません。ところが、従来から親しんできた、あるいは認識してきた建物の名称が突然変更されれば、当該建物の利用者等が、従来の建物と同一かどうかで戸惑うこともあろうかと思われます。そこで、そうした戸惑いを払拭させるため、名称変更後の建物の公表において、従来の建物の名称を併せて表示

第7章　その他

しておくのが相当でしょう。

　名称変更への今後の対応ですが、消防機関が変更を覚知した段階で、その都度、公表の変更を検討するしかありません。名称の変更は、相手方が行うものですから、変更の申告を待つのが原則です。しかし、公表を知られたくないといった目的で、名称を変更するような望ましくないケースでは、消防機関でも積極的に名称の変更の有無について、引き続き注意を払っておく必要があります。

第4回 有料老人ホームの用途区分について

有料老人ホームの用途区分に関する消防庁の通知に関する幾つかの疑問について教えてください。

消防庁の通知について、説明していきましょう。

　有料老人ホームの用途区分に関する消防庁の通知（平成26年3月14日付消防予第81号。以下「本件通知」といいます。）によれば、令別表第1(6)項ロ(1)に規定する「避難が困難な要介護者を主として入居させるもの」については、介護保険法に定める要介護状態区分が3以上の者（以下「要介護者」といいます。）の割合が施設全体の定員の半数以上であることを目安として判断すること、としています。例えば、有料老人ホームのように、介護居室等、避難が困難な要介護者が入居することを想定した部分の定員がある場合は、当該定員の割合が一般居室を含めた施設全体の定員の半数以上であることを目安とすることとされています。

Q1 本件通知の例示のケースにおいて、実際に避難が困難な要介護者の割合が、施設全体の定員の半数未満の場合でも、(6)項ロ(1)の用途判定をすることになりますか。

A1 (6)項ロ(1)と判定しないことも可能であると解します。

　有料老人ホームについての(6)項ロ(1)で定めた「避難が困難な要介護者を主として入居させるもの」に関する本件通知は、消防組織法第37条に基

第7章　その他

づく市町村等に対する助言として発出されたものですので、市町村がこの助言に従った運用をすれば、違法といった問題は生じません。

　しかし、有料老人ホームの利用実態に鑑みた場合、この通知をそのまま当てはめにくいケースが出てきます。例えば、「要介護者が入居することを想定した部分の定員（以下「要介護者入居定員」といいます。）の割合が、一般居室を含めた施設全体の定員（以下「全体入居定員」といいます。）の半数以上」である場合（以下「通知事例」といいます。）において、質問にあるように実際に入居する避難が困難な要介護者（以下「実際要介護者」といいます。）が全体入居定員の半数未満であるケースがあります。こうしたケースでは、要介護者が全体入居定員の半数以上であること、とされている本件通知の本文の趣旨には合いませんが、通知事例には沿っていることから、こうしたケースでも本件通知に示されている「要介護者を主として入居させるもの」に当たるか否かがまず問題となりえます。

　通知事例は、要介護者を主として入居させるものの例として掲げられていますが、それはあくまでも例示であり、目安であって、そのとおりに運用することまでを求めているものではないと思われます。

　また、本件通知では、施設を利用する入居者が短期間で変動するときは、一定期間（3か月程度）の実績の平均をみて、定常的な利用状態を判定する旨述べられています（同通知3(3)）。さらに、用途区分の判断は福祉部局への届出等のほか、営業形態、サービス内容等の事業内容を把握して行うこと（同2(1)イ）や、利用実態の判断は、原則として入居人数によることともされています（同2(2)ア）。

　そうすると、例えば、3か月の利用状況をみて、この間に実際要介護者の入居人数が要介護者入居定員を割る状況が継続する場合は「主として入居させるもの」ではないと判定することも十分可能です。また、本件通知の本文の趣旨にも沿っていますので、そのように判定したからといって、本件通知に抵触するものでもありません。

　よって、(6)項ロ(1)と判定しないことも可能であると解します。

296

第4回　有料老人ホームの用途区分について

Q2 本件通知の例示のケースにおいて、仮に(6)項ロ(1)と用途判定し、実際に高額な消防用設備等であるスプリンクラー設備を設置させた場合、過剰な行政指導として国家賠償法上の賠償責任を問われることになりますか。

A2 賠償責任は生じません。

　実際要介護者が全体入居定員の半数未満のとき、この状態が仮に3か月程度の期間継続しているにもかかわらず、(6)項ロ(1)と判定し、スプリンクラー設備の設置を行わせた場合は、一方で通知事例に沿っていることに変わりはないので、設置をさせたことが誤りであるとはいえませんが、他方本件通知の本文の趣旨には沿っていないので、過剰な行政指導として評価される余地が生じます。

　しかし、他面、行政指導は相手方を拘束せず、相手方がスプリンクラー設備を設置するか否かは、その自由意思に任せられます。したがって、こうした行政指導とスプリンクラー設備の設置の間には、それを強制したといったような特別の事情でもない限り、原則として法的な因果関係はありません。

　また、スプリンクラー設備を設置すること自体は事業者の入居者に対する安全配慮義務（P.4参照）の一環として、入居者の安全に資するものといえますから、この指導が国家賠償法上違法であるとまでは断言できません。よって、結論を言えば、同法による賠償責任は生じません。

Q3 本件通知の例示のケースにおいて、実際に避難が困難な要介護者の割合が、施設全体の定員の半数未満であるため、仮に(6)項ハ(1)と用途判定し、その結果、スプリンクラー設備がないことが原因で火災による死者が発生したことが判明した場合、(6)項ロ(1)と判定しなかった不作為の責任を問われることになりますか。

A3 (6)項ロ(1)と判定しなかった不作為が違法となることはありません。

第7章

297

第7章　その他

　Ｑ１で述べたとおり、実際要介護者の入居が、一定の期間、全体入居定員の半数未満であるようなケースでは、本件有料老人ホームを(6)項ハ(1)と用途判定することは可能です。この場合は、本件通知によったものとして特に問題はありません。よって、(6)項ロ(1)と判定しなかった不作為が違法とはいえず、その責任を問われることはありません。

　ただし、(6)項ロ(1)と判定するか、(6)項ハ(1)と判定するかは、当該施設の要介護者の具体的な利用状況によります。すなわち、３か月程度の利用実績の平均をみて、(6)項ハ(1)と判定した場合でも、その後の３か月の利用実績の平均が(6)項ロ(1)と判定すべき状況となり、その状態が３か月を超えて継続する場合は、(6)項ロ(1)と判定し、所要の設備を設置すべきでしょう。その設置後に(6)項ハ(1)と判定すべき利用実績が継続したとしても、既に設置した設備を撤去する必要はありません。入居者の安全により資するものであるからです。

第5回 消防活動の不備による再燃火災と失火責任法適用の有無

消火活動後、残り火が再燃した場合における消防職員の責任について教えてください。

国家賠償法上の責任について、説明していきましょう。

消防職員の消火活動が不十分で残り火が再燃して火災が発生しました。

Q 消防職員にも「失火ノ責任ニ関スル法律」が適用され、重大な過失がない限り、国家賠償法上の責任はないという理解でよいのでしょうか。

A 重過失がある場合にのみ責任を問われるという理解でよいでしょう。

1 公権力の行使と民法との関係

　まず、消防職員の消火活動、又は行うべき消火活動を行わなかったという不作為は、国家賠償法第1条第1項の公権力の行使に当たります。したがって、この公権力の行使に過失（これを「軽過失」といいます。）があれば地方公共団体が賠償責任を負うのが原則ですが、この責任については同法によるほか、民法の規定が適用されることになっています（国家賠償法第4条）。これは、公権力の行使によるものは国家賠償法を適用するが、同法に規定のない事項については、補充規定としての民法の規定を適用するという趣旨です。

第7章　その他

2 「民法」に失火責任法を含むか

　そこで、この「民法」に民法典だけではなく民法の付属法規である「失火ノ責任ニ関スル法律」（以下「失火責任法」といいます。）を含むのかという点が問題となります。というのは、同法は国家賠償法とは責任要件を異にしており、国家賠償法に規定のない事項を定めているからです。

　失火責任法は、「民法第709条ノ規定ハ失火ノ場合ニハ之ヲ適用セス但シ失火者ニ重大ナル過失アリタルトキハ此ノ限ニ在ラス」と規定しているので、失火の場合には、民法第709条に規定する過失（国家賠償法と同様に「軽過失」を意味します。）があっても同条の不法行為責任は問われず、「重大ナル過失」（以下「重過失」といいます。）がある場合にのみ、不法行為責任が問われることになります。この重過失とは、通常人に要求される程度の相当の注意をしないでも、僅かの注意さえすればたやすく違法有害な結果を予見することができた場合であるのに、漫然とこれを見過ごしたようなほとんど故意に近い著しい注意欠如の状態を指すものと解されています（最判S32.7.9民集11・7・1203）。なお「軽過失」とは、過失の程度が軽いということではなく、重過失との対比で便宜上そのように表現しているもので、一般通常人に求められる注意義務を怠るとの通常の意味での過失を意味します。

　そこで、この失火責任法が「民法」に含まれることになれば、消防職員の消火活動等には、失火責任法が適用され、重過失がある場合のみ、地方公共団体に賠償責任が生ずることになり、逆に含まれないとなれば、国家賠償法第1条第1項により、「軽過失」の有無により責任の有無を判断することになります。

3 失火責任法の趣旨

　では、いずれに解すべきかについては、失火責任法が民法第709条を排除した理由と関連します。その理由としては次のとおりとされています。
(1)　失火者は自分の財産をも焼失してしまうのが普通だから、各人それぞ

300

れ注意を怠らないことが通常であること。したがって、過失について酌むべき事情のある場合が少なくないこと。

(2) 我が国の家屋は木造家屋が多く、市街地などで火災が発生すれば、消防施設や道路状況等から、類焼によって莫大な損害を生じるため、全ての損害を賠償させるのは失火者に酷であること。

(3) こうした事情から、我が国では失火者に対し民事責任を問わないという慣習があったこと。

4 否定説

しかし、公務員には3の排除理由は当てはまらず、軽過失の場合でも地方公共団体は責任を負うべきである、といった次のような批判（「民法」に失火責任法を含まないとの説）があります。

(1) 私人が加害者になる場合と異なり、公権力を行使する公務員が加害者となる場合は、3(1)のような過失について酌むべき事情のある場合は少ないのではないか。

(2) 公務員の加害行為によって賠償の責に任ずるのは国や地方公共団体であるから、単なる私人とは比較にならないほどその賠償能力は高く、3(2)のように失火者に酷とはならないのではないか。

(3) 消防職員が消防の専門家であることを考慮すると、故意に近い形で再燃を見逃すことはほとんどありえず、消防職員に重過失ありとされる場合は、皆無に等しい結果となるのではないか（よって常に免責される）。

5 否定説への反論

しかし、4(1)の過失について酌むべき事情の有無・内容は、具体的なケースに応じて「重過失」の有無や評価に際して考慮されればよいことですし[注]、4(2)の賠償能力についても、私企業とはいえ経済的基盤が強大なものもあれば、地方公共団体とはいえ財政力の余裕が乏しいものもあるので、賠償能力を特に問題とするのは相当ではないともいえるでしょう。また、4(3)の消防職員の専門性から、重過失がある場合は、ほとんど考えられないの

第7章　その他

ではないかという意見については、確かにそのようにもいえなくはありません。しかし、消防職員は、国民の生命、財産等を火災から保護するために、火災の予防、消火等をその職務とする以上、一般人よりも高度の注意義務を課せられており、事案によっては、一般人にとっては軽過失に当たる場合でも、消防職員にとっては重大な過失に当たると評価される場合もありうるところでしょう。したがって、常に重過失がないと評価されるとみることはできません。

6 結　論

　以上のとおり、再燃火災の際の消防職員にも、失火責任法の適用がありますので、重過失がある場合にのみ責任を問われるとの理解でよいことになります。最高裁判所も、国家賠償法第4条の「民法」に失火責任法が含まれるとして、公務員に重大な過失のあることを必要とする、と判示しています（最判S53.7.17民集32・5・1000。なお、最判H元.3.28判時1311・66も同旨）。

　（注）これは、公務員自身の財産に対する注意義務が問題となるのではなく、職務を遂行するうえでの注意義務が問題になるので、後者の判断や評価に際しては、職務に関する酌むべき事情がありうる、との趣旨です。

第6回 非特定防火対象物の危険性の判定

非特定防火対象物における消防用設備等未設置について、どのように危険性が判断されるのでしょうか。

非特定防火対象物における消防用設備等未設置について、説明していきましょう。

Q 延べ面積800㎡の工場で、屋内消火栓設備と自動火災報知設備が設置されていません。このような非特定防火対象物の危険性については、どのように判定されるのでしょうか。

A 特定、非特定を問わず、等しく消防用設備等の設置が義務付けられていることから、その危険性の判断に差異があるものではありません。

1 非特定防火対象物とは

消防法では、「非特定防火対象物」についての規定はありませんが、法令変更後の法令の遡及適用を規定した法第17条の2の5第2項第4号で「特定防火対象物」の用語が用いられており、これを受けた令第34条の4が、特定防火対象物に該当する防火対象物を掲げています。したがって、その反面解釈として、そこに掲げられていない防火対象物をもって、便宜上、非特定防火対象物と呼ぶことにします。

非特定防火対象物は、令別表第1(5)項ロ、(7)項、(8)項、(9)項ロ、(10)〜(15)項、(16)項ロ、(17)〜(20)項の防火対象物がこれに該当し、こうした対象物としては寄宿舎、共同住宅、各学校、図書館、寺院、工場、倉庫、事務所等、おおむね不特定多数の者又は災害時に配慮を要する者が利用する施設以外

第7章　その他

の施設ということになります。

2 必要とされる消防用設備等に差異なし

このような非特定防火対象物は、デパートやホテル、あるいは店舗、病院といった不特定多数の者や要配慮者が利用する対象物と比較すると、火災の危険や人命の危険が相対的に低い、とはいえるでしょう。しかし、消防法施行令は、特定・非特定を区別せずに、同一の消防用設備等の設置を義務付けている場合があります。例えば、消火器具に関する令第10条第1項第1号、第2号、屋内消火栓設備に関する第11条第1項第2号、屋外消火栓設備に関する第19条第1項、動力消防ポンプ設備に関する第20条第1項第1号、消防機関へ通報する火災報知設備に関する第23条第1項第3号、消防用水に関する第27条第1項、排煙設備に関する第28条第1項第3号、連結散水設備に関する第28条の2第1項、連結送水管に関する第29条第1項第1号、第2号等です。

また、用途や延べ面積、階、収容人員等に違いがあるものの、同一の消防用設備等の設置を義務付けている規定も多く見受けられます。例えば、消火器具に関する第10条第1項第1号〜第3号、スプリンクラー設備に関する第12条第1項第3号、第12号、自動火災報知設備に関する第21条第1項第1号〜第4号、漏電火災警報器に関する第22条第1項第1号〜第4号、非常警報設備に関する第24条第2項、誘導灯に関する第26条第1項第1号、第2号等です。

このように、特定・非特定を問わず、必要な消防用設備等の設置を義務付けているというべきですから、非特定防火対象物についても、特定防火対象物と同様の危険性があるとみてよいでしょう。

3 結　論

したがって、本件工場が非特定防火対象物であることをもって、危険性の判断に違いが生ずることはありません。本件では重要な消防用設備等である屋内消火栓設備や、自動火災報知設備が未設置ということですから、

第6回　非特定防火対象物の危険性の判定

むしろ、屋内消火栓設備や自動火災報知設備を要しない特定防火対象物以上の火災危険性があることになります。すなわち、延べ面積が700㎡未満の特定防火対象物である飲食店や物品販売店舗では屋内消火栓設備が、また、300㎡未満であれば自動火災報知設備の設置は必要ありませんが（令第11条第1項第2号、第21条第1項第3号イ）、これら特定防火対象物と、本件工場を比較した場合、延べ面積に違いがあるものの、消防用設備等の設置の要否という観点でみると、火災危険・人命危険がより大きいのは、この双方の設備を要する本件工場の方であるといえるでしょう。

　このように、防火対象物を特定・非特定といった用途の特性のみで区別して危険性を判断することは、適切ではありません。

第7章

第7章 その他

第7回 消防法上の命令に対する聴聞・弁明の機会の付与

各命令における聴聞・弁明の機会の付与やその根拠法令について教えてください。

聴聞・弁明の機会の付与について、説明していきましょう。

　違反是正を行ううえで根拠となる消防法の義務規定のうち、その幾つかについて行政手続法（以下「行手法」といいます。）上の弁明手続の要否、及びその根拠規定が明確でないものがあり、苦慮しています。

〈参考〉

　消防法に基づく命令は、行手法上の不利益処分、つまり特定の者を名宛人として、直接にこれに義務を課し、又はその権利を制限する処分（行手法第2条第4号）に当たります。したがって、聴聞(注1)又は弁明の機会を与えた後でなければ処分ができません（行手法第13条第1項）。ただし、行手法第3条第1項及び第13条第2項に該当する場合には、聴聞、弁明の機会の付与(注2)（以下、弁明の機会の付与を「弁明手続」といいます。）を要しない場合があります。

　なお、聴聞と弁明手続との違いは、相手方に及ぼす不利益の程度の違いによるもので、不利益の程度が高い場合は聴聞、それ以外は弁明手続となります。法第8条の2の3第6項の定期点検報告の特例認定取消し、法第12条の2第1項の製造所等の許可の取消し、法第13条の24の危険物保安統括管理者等の解任命令、法第36条第1項の防災管理点検の特例認定の取消し等の処分を取り消す場合等のほかは、弁明手続のみが問題となります。

第7回　消防法上の命令に対する聴聞・弁明の機会の付与

(注1) 聴聞…名宛人となるべき者に対して、審理の場を設けたうえで口頭による意見陳述・質問等の機会を与え、名宛人となるべき者と行政庁との間でやり取りを行い、事実判断を行う手続をいいます。

(注2) 弁明の機会の付与…不利益処分の原因となる事実に関する意見陳述のための機会（原則として書面によります。）を与える手続をいいます。

Q1 屋外における火災予防、消防活動障害除去命令について、弁明手続は必要ですか（法第3条第1項）。

A1 弁明手続は不要です（行手法第3条第1項第13号）。

　屋外における火災発生危険あるいは延焼拡大危険のある行為や物件については、消防吏員による現場での臨機適切な措置が必要であり、相手方もその場の状況を承知しているので、弁明手続をとるいとまがないか、その必要性も低いといえます。そこで、こうした場合に消防吏員によって行われる行為の禁止や物件の除去等は、弁明手続等の適用除外を規定する行手法第3条第1項第13号の「公益に関わる事象が発生し又は発生する可能性のある現場」、つまり火災発生危険や延焼・拡大危険が発生し、又は発生する可能性のある屋外において、公益を確保すべき権限を有する消防職員によってなされる処分ということになり、同条項の適用により弁明手続は必要ありません。

Q2 資料提出命令、報告徴収について、弁明手続は必要ですか（法第4条第1項）。

A2 弁明手続は不要です（行手法第3条第1項第14号）。

　資料の提出や報告徴収は、消防機関において消防法の違反やその程度を確認する等の業務を遂行するうえで必要となる情報を入手するための手段ですので、相手方に弁明を行わせる意味が乏しいといえます。そこで、行

第7章　その他

政庁が情報を入手するために行う処分について、弁明手続等の適用除外を規定する行手法第3条第1項第14号の「報告又は物件の提出を命ずる処分その他その職務の遂行上必要な情報の収集を直接の目的としてされる処分」に該当し、弁明手続は必要ありません。

Q3 防火対象物の火災予防、消防活動障害除去命令について、弁明手続は必要ですか（法第5条の3第1項）。

A3 弁明手続は原則として必要です（行手法第13条第1項第2号）。

　法第5条の3は、防火対象物において、火災の予防に危険であると認める行為者や、消防活動に支障と認める物件等の所有者等で権原を有する者に対し、その行為の禁止や物件の除去等を命ずるものですから、受命者にとって不利益な処分となります。よって、当該行為者や物件の権原者の弁明手続が必要となります。ただし、緊急に除去等の措置が必要な場合には、行手法第13条第2項第1号の「公益上、緊急に不利益処分をする必要があるため、（中略）意見陳述のための手続を執ることができないとき。」に該当し、弁明手続が不要となる場合があります。

　なお、法第5条の3の処分が、前述した行手法第3条第1項の場合と異なり、弁明手続を要するのは、必ずしも現場での措置を前提としていないからです（権原者が現場ではなく、別のところに居住・所在しているケースがあります。）。したがって、現場での処分を前提とする行手法第3条第1項第13号の適用がない点で、両者は相違しています。

Q4 防火管理者の選任命令について、弁明手続は必要ですか（法第8条第3項）。

A4 弁明手続は不要です（行手法第13条第2項第3号）。

308

第7回　消防法上の命令に対する聴聞・弁明の機会の付与

　防火管理者の選任命令は、管理権原者に一定の義務を課する不利益処分ですが、選任・不選任の事実は明らかであり、また、防火管理者を選任しなければならない防火対象物が令第1条の2第3項によって明確に定まっているほか、選任すべき防火管理者の資格が令第3条第1項において技術的な基準をもって明確にされています。したがって、いずれもその違反事実が客観的に確認されるものですから、相手方に選任、不選任、あるいは資格等について意見を述べる機会を与える実益がありません。そこで、施設や設備の管理について、技術的な基準が明確である場合に、その基準が充足されていないことが客観的に確認できるときは、適用除外とする行手法第13条第2項第3号に該当し、弁明手続は必要ありません。

　なお、防火管理者の選任は同条項の「施設の管理」に含まれます。

Q5 地下街における消防長等による指定について、弁明手続は必要ですか（法第8条の2第1項）。

A5 行手法の不利益処分には当たらず、弁明手続が適用される余地はありません。

　不利益処分は、特定の名宛人を対象に行われるものですが、本条における「消防長若しくは消防署長が指定するもの」とは、管理権原が分かれている特定の地下街をその対象としているものと解釈できます。したがって、前記の指定は、例えば建築基準法第9条の違反建築物に対する措置や同法第46条の壁面線の指定等の、いわゆる対物処分に近い処分であって、特定の名宛人を対象としたものではないと考えられます。

　仮に当該地下街の管理権原者全員を名宛人とするとしても、この指定を受けた管理権原者が協議して統括防火管理者を定め、同人をして必要な防火管理上の業務を行わせる等の義務を負担することになりますから、指定は、これら一連の手続における前段階的な先行行為とみることができます。そうであれば、このような先行行為は、管理権原者に直接義務を課するも

第7章

309

第7章　その他

のとみることは困難です。この面からも、処分性が否定されます。したがっ
て、地下街の指定は行手法の不利益処分には当たらず、弁明手続が適用さ
れる余地はありません。

Q6 点検の表示に係る虚偽表示除去、消印命令について、弁明手続は必要
ですか（法第8条の2の2第4項）。

A6 弁明手続は不要です（行手法第13条第2項第3号）。

法第8条の2の2において義務者が遵守すべき技術上の基準は、法第8
条の2の2第2項、第3項で、具体的かつ一義的に示されており、この基
準に違反している事実は客観的に明らかであり、この状態を解消するため
に必要な具体的措置（除去・消印）を指定して命ずるものであるため、相
手方の意見を考慮する必要はありません。よって、前述した行手法第13
条第2項第3号が適用され、弁明手続は必要ありません。

第8回 立入検査時における警察官の立会い等について

立入検査のときに、警察官の立会いを求めることはできるのでしょうか。

警察官の立会いや合同での立入検査について、説明していきましょう。

当市にある遊技場への立入検査を準備していますが、検査を円滑に進めるため、警察と合同して立入検査を行うことや、検査に入る際の警察官の立会いを求めることを検討しています。

Q 立入検査の立入りの際に、一般的に警察官の立会いを求めたり、警察と合同で立入検査を行うことは可能ですか。

A 警察官による（合同）立入検査については法令根拠がなく、可能であるとはいえません。また、消防機関が立ち入る前に警察官に一般的な立会いを求めることができるか、という件も適切ではありません。

立入検査と警察の関与

(1) 消防と警察との関係

　消防と警察は、いずれも国民の生命・身体・財産を保護するという点で、目的を同じくしており（消防組織法第1条、警察法第2条第1項）、両者は一般的な協力義務を負う関係にはあるといえるでしょう（消防組織法第42条）。この協力すべき業務の種類や程度については、法第35条第2項の犯罪捜査の協力等、個別に規定しているもののほかは、特に規定があり

第7章　その他

ませんが、一般に消防が警察活動をすることや、警察が消防活動をすることまでは予定されていません。そこで、両者の協力の態様として考えられるのは、情報の交換や火災の原因調査と犯罪捜査の連携等、それぞれの任務遂行上の連絡協調のほか、一方の業務についての補助的支援活動等でしょう。

⑵　立入検査への警察官の関与

　では、この連絡協調や補助的支援活動として、立入検査への立会いや合同の立入りが可能でしょうか。まず、警察官の家屋への立入りについては、法令上の根拠が必要と思われます。これについては、警察官職務執行法に立入りについての規定がありますが、その要件は、人の生命、身体又は財産に対する危害が切迫している場合に限定されています（同法第6条）。これ以外の立入りについては、いわゆる風営法に基づく警察職員による立入り（同法第37条第2項）等を除き、認められていません。合同の立入りについては、何の規定もありません。

　法人、個人を問わず、他人の建物に立ち入って検査を行うには、法律上の根拠が必要です。例えば、福祉部局等による老人福祉施設への立入検査については、老人福祉法にその旨の規定がありますし（同法第18条第1項、第2項、第31条の5第1項）、建築部局等による建築物等への立入検査についても、建築基準法に明記されているところです（同法第12条第7項、第77条の13第1項、第77条の49第1項）。しかし、警察官の（合同）立入検査については法令根拠がなく、これが可能であるとはいえません。

　また、消防機関が立ち入る前に警察官に一般的な立会いを求めることができるかについては、消防法に特に定めはありません。しかし、警察官に立会いを求めることは、あたかも警察の威力を借りて立入りを強制するに等しく、法律が罰則（法第44条第2号）をもって間接的にしか強制力を認めていない趣旨に沿いません。よって、この立会いも適切ではありません。

第 9 回 店舗関係者による制服での立入検査等へのクレームについて

立入検査時、店舗の駐車場に消防車両を停めたり、店舗内外を制服で歩くことについてのクレームに対して、どのように対応すればよいのでしょうか。

立入検査時における店舗側のクレームについて、説明していきましょう。

飲食店を経営する店舗に立入検査を行うため、店舗に隣接する専用駐車場に消防車両を駐車し、制服着用で店舗の検査に入りました。

Q1 この駐車や制服着用による入店に対し、関係者から、来客用の駐車スペースが制約され、また、店舗内外での制服姿は営業に支障が出るとのクレームがありました。こうしたクレームは認められるのでしょうか。

A1 消防車両の駐車は、「みだりに」業務を妨害したとはいえず、店舗のクレームは認められません。消防吏員の制服着用も職務を行ううえで当然の前提というべきであって、このクレームも認められません。

1 駐車は消防法上の立入りか

　立入検査に際し、この建物の位置や構造及び消防用設備等の位置関係等を駐車場から検査するため、駐車場に駐車させることは法第 4 条第 1 項の「立入り」に該当します。

　しかし、本件は、そうした検査のための駐車ではないので、当該駐車と立入検査との間には直接の関連性がありません。したがって厳密にいえば、この駐車をもって直ちに同項が想定する「立入り」と評価することは困難

第7章　その他

でしょう。したがって、駐車場への駐車自体は、同項に規定する「立入り」とみることはできません。

2 駐車は検査の付随行為

しかし、立入検査のため駐車場に駐車させることは、広く、予防・査察活動の一環として、消防組織法第1条の消防の任務に含まれるとみてよいでしょう。また、立入検査の公益性に照らし、検査の効率と円滑化のため、店舗に隣接した駐車場を利用することは、当該店舗がその使用権原を有しているものである限り、不当であるともいえません。したがって、店舗駐車場への駐車は、検査行為に付随する行為とみて、立入検査の業務に含まれると解されます。

3 駐車に正当理由はあるか

問題となるのは、法第4条第3項で立入検査の実施に当たっては、関係者の業務をみだりに妨害してはならないと規定していますので、かかる駐車が店舗の業務に支障を来しているのではないか、という点でしょう。確かに、消防車両が駐車していれば、その限度で店舗の来客者の利用が妨げられます。しかし、この「みだりに」とは、「正当な理由なく」という意味ですから、当該店舗のすぐ近くに無料の広い駐車場があるのにあえてそこを利用しないとか、専用駐車場が僅かな駐車スペースしかないのに、終日又は長時間にわたって駐車場を独占的に使用し、実際上も店舗来客者の使用を妨げている、といった特段の事情がない限り、当該駐車場への駐車には正当な理由がある、とみてよいでしょう。要は、立入検査が、元来、火災予防上の必要性がある場合に行われることに鑑みると、そういった検査の公益性と、店舗側の経済的利益との比較の問題といえます。

そうであれば、本件の駐車によって、抽象的な来客の駐車に支障があるといった事情のみでは、当該駐車場への駐車には正当な理由がない、とはいえません。結局、消防車両の駐車は、前記の特段の事情でもない限り、「みだりに」業務を妨害したとはいえず、店舗のクレームは認められません。

314

第9回　店舗関係者による制服での立入検査等へのクレームについて

4　制服着用は営業支障となるか

　次に、店舗内外での制服着用が営業妨害になるのか、という点を検討してみましょう。法第4条によれば、立入検査を行う主体は消防職員であることが明示されています。この場合の消防職員は「消防吏員その他の職員」（消防組織法第4条第2項第5号）を意味し、このうちの消防吏員については、その服制について同法第16条第2項により、消防庁の定める基準により各市町村の規則でこれを定めています。

　したがって、立入検査を行う者が消防吏員の場合には、制服着用は職務を行ううえでの当然の前提となっているというべきでしょう。この制服をみた店舗の客に店舗の法令違反を疑わせたり、店舗内の雰囲気を壊されたとして不快な思いをさせたとしても、それは、店舗側の受忍の範囲内のものであり、制服着用が違法な行為でないことはもちろん、不当な行為でもありません。したがって「みだりに」店舗の業務を妨害することには当然当たらず、この点の店舗のクレームも認められません。

> **Q2**　消防の制服着用での立入検査が拒否されたので、非番の日に私服で訪問し、消防職員であることを秘して建物内を見て回り、消防法違反の事実を確認した場合、この確認した違反事実は有効となりますか。

> **A2**　適法な実況見分とはいえません。

　本問では、立入検査が拒否された防火対象物の種類が不明ですが、非番の日に建物内を見て回ったということですから、一般人も自由に出入りできる防火対象物、例えば飲食店や物品販売店舗、あるいは遊技場等を想定して検討してみましょう。

　まず、違反事実を単に確認した、という事実だけでは、その確認した事実を書面に作成したり、ビデオカメラや撮影機能を有するスマートフォン等で録画や写真に記録する、あるいは他の職員からの質問に答えて違反状

第7章　その他

況等について質問調書を作成する等の証拠資料の形にしなければ、有効、無効を論ずる前提を欠くことになります。

　そこで、違反を確認した事実を写真に撮り、これを添付するなどして陳述書なり報告書なりに文書として作成したとして、当該文書の中身は、要するに、実況見分の結果と変わらないことになります。実況見分は、一般には立入検査の一環として行われるものであり、かつ、上司の個別的、あるいは一般的な指示の下に行われなければなりませんが、非番の日に私服での実況見分を指示する等はありえないことでしょう。したがって、適法な実況見分とはいえず、そうした文書は違反を認定すべき証拠としての効力はないと考えられます。また、非番の職員は、関係のあるものでもないので、質問調書の被質問者とはなりえず、質問調書としての効力もありません。

　なお、立入検査の目的で訪問したとすれば、相手方が、立入検査のための立入りを拒否している以上、相手方の意に反して立ち入ったことになります。そうすると、正当な理由なくして人の看守する建造物に侵入したといえなくはなく、住居侵入罪（刑法第130条）が成立する余地が出てきます。その場合は、違法に収集した証拠として、告発した場合の証拠能力が否定される懸念があることも念頭に置いてください。

項目別！予防のモヤモヤを解決！！

ここでは忙しい現場消防職員の方に向けて、
「このモヤモヤしている状況を一刻でも早く解決したい！！」
と思われる項目に絞って掲載しています。
是非ご参考にしてください。

項目別！予防のモヤモヤを解決!!

「名宛人」のモヤモヤ

1 所有を裏付ける公的資料がない場合の名宛人の特定

質問調書で相手方が所有を認めても、所有を確定させる公的資料がない場合の名宛人の特定方法をどうすべきですか。

公的資料である登記や建築確認もない建物の名宛人をどのように特定するか、という問題ですが、大きく２つのアプローチの仕方があります。

１つは、固定資産税の納税通知書及び課税明細書（以下「納税通知書等」といいます。）から特定をする方法です。納税通知書等は、家屋補充課税台帳に基づき、納税義務者としての所有者名及び課税対象建物が表示されています（地方税法第１条第１項第６号、第７号、第349条第１項、第364条第１項、第３項第２号）。この納税通知書等は、必ずその所有者宛てに送付されますので、建物占有者にその提出を求め、そこに記載のある所有者が原則として名宛人であるとみてよいでしょう。この場合、提出者が所有者であることを確認するため、運転免許証や健康保険証などで、納税通知書等の所有者と同一人かどうかを確認する必要があります。もし同一人でないことが判明したときは、不一致の理由について建物占有者に質問する等して、所有者を確定してください。

もう１つの方法は、土地の所有関係から調査する方法です。土地の所有者がその上に所在する建物も所有しているのが通常ですので、この方法で建物所有関係を推認します。登記所で居住している建物の住居表示に対応する所在地番を確認し、この地番の土地の所有者を調査します。そこで建物敷地の土地所有者が判明しますので、この所有者に建物の所有関係を確認してください。所有を認めれば、建物の納税通知書等で、所有を確認す

ることになります。

　土地所有者が建物の所有を認めない場合は、土地上に建物が乗っている権利関係を確認します。通常は土地所有者と建物所有者との間で建物所有を目的とする土地の賃貸借契約を結んで、土地賃借人が建物を建てて居住しています。そこで、土地所有者から賃貸借契約書を提出させ、そこに記載されている賃借人から建物所有の確認（質問調書）をとって所有を確認し、併せて建築確認書や納税通知書等などを徴求して、建物所有を確定してください。

② 固定資産税の納税義務者と名宛人

 登記簿や家屋課税台帳若しくは家屋補充課税台帳に所有者として登記・登録されている者を名宛人としてよいですか。

　必ずしもそうとはいえません。建物所有者が名宛人であることを前提にしますと、固定資産税の納税義務者は、賦課期日である１月１日現在、登記簿又は登記がない場合は家屋補充課税台帳に登記又は登録されている建物の所有者です（地方税法第343条第１項、第２項、第359条）。しかし、同日以前に名義人が死亡している場合には、賦課期日現在、現に建物を所有している者が納税義務者となりますので（同法第343条第２項後段）、登記・登録されている者が常に名宛人となるとは限りません。名宛人の生死に疑問がある場合には、一応、賦課期日現在の生存を確認しておくことが肝要であり、もし死亡していることが判明した場合は、登記・登録されている名義人とは異なる建物の現在の所有者が名宛人となりますので、留意してください。

項目別! 予防のモヤモヤを解決!!

③ 医院開設者と院長が異なる場合の名宛人

Q 診療所の所有者であり開設者でもある元院長の父親が、院長を息子に変更し、息子が医院を経営している場合、診療所の消防用設備等の設置について、息子を名宛人としてよいでしょうか。

A 診療所（入院施設を有しないか、19人以下の患者を入院させる施設をいう。医療法第1条の5第2項）では、入院病床の有無や床面積、収容人員等の規模の違いにより、本問の診療所が仮に入院施設を伴っていない場合でも、誘導灯や消火器具、自動火災報知設備、あるいは避難器具等が必要となる場合があります。

そこでこうした消防用設備等が未設置である診療所において、その是正義務者を元院長の父親又は現院長の息子のいずれとみるべきかという点が問題となります。しかし、ここでも診療所の所有者である父親が義務者であることに変わりはありません。診療所の経営を誰が行っているか、あるいは院長が誰であるかは、設備の設置義務に影響を与えるものではありません。院長たる地位は医院の長を示す一種の肩書きであって、法的な意味はありません。

なお、父親が高齢で診療の主体が息子に移っており、経営も息子に任せているといったケースはよく見受けられます。しかし、医療法上は、父親が開設者であることから、診療所の構造設備の防火安全性を確保し（同法第20条）、階により直通階段や避難階段を設ける義務があることに変わりはありません（同法第23条第1項、同法施行規則第16条第1項第8号、第10号、同法第24条第1項）。こうした医療法上の義務が父親にあることを踏まえると、院長や経営が息子に代わったからといって、必要な前記消防用設備等の設置義務までが息子に移転したとみることはできません。依然として父親が名宛人となります。

320

④ 賃借人が名宛人となる契約条項

Q 消防用設備等の設置に関し、賃貸借契約書の中で、賃借人が名宛人となる場合の条項としては、どのようなものがありますか。

A まず、賃貸借契約書に建物の維持管理費用や修繕費用について賃借人が負担する、といった一般的な条項があるだけでは、賃借人を名宛人とするには不十分です。建物を維持管理することや修繕することと、消防用設備等を設置することとは、明らかに意味内容が異なるからです。したがって、消防用設備等の設置、又はその設置工事を賃借人が行う旨が、明確に表現されていることが必要です。消防用設備等ではなく「防火設備」あるいは「防火施設」といった表現でもよいでしょう。ただし、維持管理費用や修繕費用を賃借人が負担する、と書かれている場合でも、念のため、消防用設備等の設置をいずれが行うのかについて、当事者に確認しておくべきです。その結果、賃借人には設置する義務はない、ということであれば、賃借人を義務者とはできません。

賃貸借は、一方の当事者が他方の当事者に物を使用・収益させ、他方の当事者がこれに対する賃料を支払うこと及び契約終了の際は建物を返還することの約束だけで成立します（民法第601条）。このように、消防用設備等の設置については、賃貸借の要素とはなっていないので、その設置を賃借人に負担させるには、その旨の別段の合意が必要となります。

なお、「福祉施設」（令別表第1(6)項ロ、ハ）については、法令、条例、規則あるいは施設設置指導要綱等で、行政側で消防用設備等の設置義務を事業者（賃借人）に負担させているケースがあります。また、建物を賃借して病院や診療所を開設した場合には、開設者である賃借人が医療法により施設の構造設備の防火上の安全性を確保したり、一定の場合に直通階段や避難階段を設けることが求められることがあります（同法第20条、第23条第1項、同法規則第16条第1項第8号、第10号）。

項目別！予防のモヤモヤを解決!!

「命令」のモヤモヤ

① 立入検査拒否者に対する命令の発令

Q 自動火災報知設備の設置命令を発令する直前の立入検査を拒否され、用途、規模及び同設備の設置を確認できない場合、以前に警告した際の違反調査の結果や、警告時と変わらない建物外観、更には同設備の設置届出がないこと等を根拠として、命令は可能ですか。

A まず、用途、規模に限っていえば、用途が登記事項である建物の種類と一致している場合、例えば、店舗、寄宿舎、共同住宅、事務所、旅館、工場、倉庫等（不動産登記規則第113条）であれば、これについての直近の登記事項に変更がない限り、用途の認定にこの登記事項を援用できるでしょう。規模についても、延べ面積については登記事項ですから、これで確認できます。

　問題は、自動火災報知設備の未設置を確認できない点ですが、前の立入検査で未設置を確認しており、それから間がなければ、再度の立入検査は必ずしも必要ないでしょう。しかし、それから時間が相当程度経過している場合、例えば、建物の規模に応じた設備の設置工事に要する合理的な期間を経過しているような場合等では、改めて設置の有無について確認が必要です。その手段としては、設置に係る資料の提出命令、あるいは設置の有無についての報告徴収があります。

　相手がこれにも応じない場合は、警告時の立入検査やその他の違反調査の結果、あるいは工事着手や設備設置の各届出がなされていない事実、更には前記提出命令等を拒否した際の相手方の対応状況といった事情を総合して、命令の可否を決定するしかありませんが、これらの事情から、未設置が強く推定されるときは、命令発令も可能と思われます。万一、命令後

既設が判明したときは、命令を取り消す（自庁取消しといいます。）しかありません。しかし、設置の有無について疑問が残るようでしたら、命令発令前に、立入検査の拒否や資料提出命令、若しくは報告徴収違反による告発を検討すべきでしょう。なお、建物外観は、用途の判断材料にはなりえても、設備の設置の有無の判断は困難です。

❷ 警告、命令、再警告、再命令の当否

Q 警告をしたら必ず命令をすべきですか。再警告、再命令は可能ですか。

A 警告後は必ず命令をしなければならない、とする法令根拠はありません。したがって必ずとはいえませんが、警告は命令の前段階の措置ですので、情況に変更のない限り、再警告ではなく命令に移行すべきでしょう。また、再命令は事実上、前の命令の履行期限を伸延する結果となり、命令の実効性を阻害しますので、再命令が不可能とはいえませんが、告発の方を検討すべきです。

❸ 当事者の死亡と既出命令の取扱い

Q 消防用設備等の設置命令の名宛人が危篤状態の父親と、その息子の2名ですが、その後、父親が死亡した場合、既出の命令内容を変更又は取消し、若しくは新しく命令を行う必要がありますか。

A 既に父親と息子に発令している命令が、各自に全部の履行を求めているものである限り、父親が死亡しても息子に対する命令の効力に何の変更もありません。息子のみを相手に是正を進めることにな

項目別! 予防のモヤモヤを解決!!

ります。

　既に発令している父親宛の命令は、死亡により当然効力を失いますので、これを取り消したり変更する必要はありません。また、息子に対しても、従来の命令の効力に何らの変更がない以上、改めて命令内容を変更したり、訂正した命令を発令したりする必要もありません。

④ 階段への物件存置と法第5条の3の要件

Q 複数の階段がある建物の1か所の階段に、その利用を困難にするような物件が存置されている場合、法第5条の3の命令は可能ですか。

A 法第8条の2の4では、階段等避難上必要な施設について、避難の支障となる物件が存置されないよう管理しなければならないとされ、法第8条では、防火管理者による階段等の維持管理が義務付けられています。しかし、法第5条の3の適用には更に厳しい要件があり、警察比例の原則（P.68参照）に適合することや、物件存置による火災の個別的具体的危険があること等です。

　したがって、置かれている物件の形状や性質、量、放置状態、建物の構造、用途、規模、避難経路の状況、消防用設備等の設置状況に照らし、火災予防の危険性、避難の支障を具体的、個別的に判断し、物件撤去が必要やむを得ないと認められる場合に、法第5条の3が適用できることになります。単に複数の階段があることの一事をもって、適用できるとも適用できないともいえません。あくまでも個別判断によることになります。

　なお、法第5条の3の要件の詳細及び法第8条の2の4との関係については、第2章第8回の解説を参照してください。

⑤ 命令解除通知書面の要否

Q 命令の解除通知は全て必要ですか。また、解除通知は書面で行うべきですか。

A 違反事実が全て解消した場合（例えば必要な消防用設備が設置された場合等）は、命令は当然失効しますので、標識の撤去をすれば、必ずしも解除通知は必要ありません。また、違反事項の一部が是正されたり、代替措置が講ぜられる等して、火災の危険が大きく減少し、命令を維持することが不適切となる場合がありますが、この場合も標識（公示）を撤去することで、黙示的に命令を解除したとみられますから、必ずしも解除通知は必要ありません。しかし、標識によらずに公報での掲載により公示を行った場合や、一般に命令文書が受命者に交付されているときは、命令の外形が受命者のもとに残存しますので、命令が解消されたことを受命者に明確にするため、解除通知を文書で行うのが妥当と思われます。

⑥ 判断能力を欠く者への命令が無効となる場合

Q 成年後見人が選任されていない状況で、名宛人が判断能力がないと判断されましたが、あえて同人に対し命令を行った場合、どのような問題点がありますか

A まず、仮にそうした判断を消防機関が行ったとしても、命令は名宛人本人に発令してよいわけです。ただし、その場合問題となるのは、受命者が命令を受け取ったときにその内容を全く理解できない状態（意思無能力）であったことを立証した場合は、命令の受領能力がないものとして、命令の効力を受命者に対抗できません（民法第98条の2）。

項目別! 予防のモヤモヤを解決!!

警告を発した場合も同様です。この対抗できない、とは、受命者の方で命令が無効であることを主張できる、という意味です。この点が問題点といえばいえるでしょう。

　なお、成年後見人が選任されている場合の名宛人、及び判断能力を欠く場合（認知症等）の告発については、第1章第7回及び第5章第5回の各解説を参照してください。

「証拠収集等」のモヤモヤ

① 代理人に対する質問調書の可否

 質問調書の作成に際し、本人の代理人を被質問者とすることは可能ですか。その際、本人の委任状は必要でしょうか。

質問調書は、立入検査に際し、関係のある者から聴取した内容を書面にしたものですが、この「関係のある者」とは「関係者」より広い概念ですので、本人の代理人を含みます。よって、代理人を被質問者とする調書の作成は可能というべきで、その場合は委任状が必要でしょう。しかし、例えば本人である父親が入院中であるとか、外国にいて質問するのが困難なケースで、父親に代わって事情を知るその息子等の親族に質問する場合は、父親の代理人としてではなく、関係のある者本人に対する質問となります。また、建物を管理する不動産業者の従業員や建物所有者である法人・個人の従業員等で、対象物の実体を把握している場合には、代理人としての供述というより、自らの体験に基づく実体に関する供述の面が強いと思われます。したがって、この場合も不動産業者本人や建物所有者の代理人ではなく、関係のある者本人としての供述とみてよく、委任状は不要です。

② シヤチハタ印の当否

 質問調書における被質問者の供述印はシヤチハタ印でもよいですか。

項目別！予防のモヤモヤを解決!!

　シヤチハタ印は、その形状がおおむね同一であるので、例えば、井上という印であれば、全て同じ形状の井上の印として他との区別ができないケースがあります。また、印がゴムでできている場合は、押し方によって形が変形しやすくなったり、経年により劣化しますので、印としての同一性を保てなくなるおそれがあること等から、適切とはいえないでしょう。

　近時は印鑑不要の議論が盛んですが、質問調書への押印は、本人の供述に係ることを担保する重要な手段ですから、不要とはいえません。また、印影が本人のものであることを推認しうるためには、印鑑自体にある程度の個性も必要です。いわゆる三文判でも、これを常用していれば、その印の個性と相まって本人の印影と推認できます。シヤチハタ印も同様に、これを常用していることが立証されれば、印としての個性及びその同一性に乏しいとはいえ、この三文判と大同小異というべきですから、供述印として取り扱ってよいでしょう。

　（「シヤチハタ印」は、シヤチハタ株式会社の登録商標です。）

③ デジタルカメラと改ざん防止機能の当否

　デジタルカメラは改ざん防止機能を有するものを使用すべきですか。

　最近ではデジタルカメラで撮影した映像を、デジタルカメラ自体を操作して加工できるものがあります。したがって、そうした映像写真を、例えば違反事実の証拠として使用するような場合の証拠能力（厳格な証明資料として用いられるための法律的な資格をいいます。）に不安がある、というのが質問の意図でしょう。

　しかし、改ざんの方法として、デジタルカメラの映像データをパソコンに取り入れて加工することが可能ですので、仮にデジタルカメラだけに改

328

ざん防止機能を付けても、あまり意味があるとも思えません。一般に写真は、要証事実との関連性さえ立証できれば証拠能力があるとされていますので、消防機関内部で写真映像を違反処理に使用する場合はもちろん、告発や命令の証拠として使用する場合でも、消防機関側で加工等を加えていなければ、それが加工されたものであると主張する側で立証すべきものではないかと思われます。よって、改ざん防止機能を有しないデジタルカメラでも利用して構いません。

④ 作成図面の署名者

Q 立入検査で図面を作成しましたが、所有者に若干認知症がある場合、任意にこの所有者に加えて息子の防火管理者に図面への署名を求めたいと思いますが、いかがでしょうか。

A 所有者や息子が同意すれば、特に問題はありません。本来、立入検査によって内部状況や違反事実のある関係箇所等を図面化することは、実況見分の一環であり、見分内容を分かりやすくするための一方法ですから、消防機関側の責任で行うべきことで、名宛人等の同意や署名は必要ありません。

しかし、図面が間違いないことを所有者等に確認してもらう趣旨でその署名を求めても、立会人を立ち会わせてその説明を受けたこととあまり変わりはなく、問題はありません。根拠は消防組織法第1条の任務行為に当たります。

この図面への署名者については、所有者に限らず図面内容を確認できる地位にいる者であればよいわけで、防火管理者である息子は、当然それに該当します。また所有者が認知症気味とはいっても、図面内容を説明し、同人から相違ない旨の認識と回答があれば、特に問題とすることもありません。

項目別！予防のモヤモヤを解決!!

⑤ 認知症り患者に対する質問調書

Q 本人である名宛人が、数時間前のことを記憶していないような状態（認知症と思われます。）であった場合でも、本人から質問調書を取るべきですか。

A ケースバイケースです。家族が本人の聴取に反対しなければ、本人の同意を条件に、一応調書を作成しておくべきでしょう。本人の状態は家族が最もよく承知していますから、家族が質問に耐えられると判断している場合が多いと思われるからです。しかし、家族が聴取に反対している場合には、質問調書の作成は任意ですので、聴取しないこともやむを得ません。ただし、この場合でも、本人が聴取に応ずる姿勢を示している場合には、本人が回答しやすいような工夫をして（例えば簡潔な質問を1問1答形式にするなど）行うことは可能です。なお、いずれの場合でも、事情を知っていると思われる本人の家族からも調書を取っておくのが相当です。

⑥ 消防作成図面の効力等

Q 床面積が未確定の場合、消防機関側で測定した面積は有効ですか。

A 消防法では「床面積」の意義、算定方法については特に規定がないので、建築基準法等に基づくこととなります。これによると、「床面積」は建築物の各階又はその一部で、壁その他の区画の中心線で囲まれた部分の水平投影面積で算定されます（建築基準法施行令第2条第1項第3号）。登記の床面積も同様です（不動産登記規則第115条）。こ

の区画とは、壁のほか、扉、シャッター、手すり、柱等があります。また、「一部」とは、複合用途防火対象物の特定の用途部分だけの床面積を求める場合のことです。この算定結果は「壁芯表示」といわれますが、そうした測定は言うは易く、行うは難しで、消防機関のみで正確に測定することは一般的には容易なことではありません。

そこで、この壁芯表示にできるだけ近づける方法で測定し、かつ、その測定結果が消防法が定める床面積基準の範囲内に十分収まるものであれば、有効な図面として取り扱ってよいでしょう。例えば、基準面積が700㎡以上の場合で、測定面積が600㎡以下、あるいは800㎡以上のように、基準面積に比べて余裕があるケースです。

問題は、測定面積が法の基準面積に近接する場合、例えば前記例示で720㎡や680㎡等の場合です。しかし、こうした場合に限らず、測定誤差を考慮した結果、法の基準を逸脱する可能性があると考えられるときは（前記例示で誤差が上下20㎡以上あると考えられる場合等）、原則としてこの図面の使用は控えるべきでしょう。

本来、命令要件を確定するための床面積は、登記や壁芯表示での建物図面等の客観的資料（場合によっては、その資料提出命令）によるのが原則です。したがって、消防機関が測定するとすれば、建築確認どころか登記もない、任意の図面の提出もない、更には、固定資産税の納税通知書には建物の明細がついており、そこには床面積の表示がありますが、そうした納税通知書の呈示もない、といったケースでしょう。こうした場合は、測定面積が基準面積に近いか否かにかかわらず、作成図面の有効、無効を論ずる前に、相手方の責任で床面積を確定させる必要があります。そこで、その作成に係る建物図面を提出させ、あるいは床面積に関する情報を報告せよとの法第4条の命令を発令するのが本筋でしょう。

項目別! 予防のモヤモヤを解決!!

7 面談困難なケースでの質問調書作成の要否

Q 法人が所有する建物に消防法令違反があるが、本社は県外にあり遠方なので、代表者に会って直接質問することが難しいような場合、質問調書は命令・告発に必要ですか。必要な場合、どのようにして聴取したらよいですか。

A 法人であれ、個人であれ、命令・告発を行うには質問調書が不可欠というものではありません。違反調査報告書や実況見分調書等で、違反事実が明確となれば、あえて関係者の質問が必要となるものではありません。違反事実の把握が十分でない場合には、関連の資料提出命令、報告徴収により補完することも可能であり、文書で当該建物の責任者宛に、こうした命令を行えば足りることです。

また、違反は本社建物にではなく、当該建物にあるわけですから、どうしても違反事実の把握に質問調書が必要であれば、当該建物（事務所、工場等）の長、あるいはその総務担当者等の管理責任者に関係のある者として質問すればよく、むしろその方が実体をよりよく知った者に対するものとして望ましいわけです。遠方にいる会社の代表者が、必ずしも違反事実を把握しているとは限らないからです。

8 建築部局見解を書面化することの当否

Q 消防法上の是正措置を行ううえで、建築部局から書面ではなく口頭又は電子メールで述べられた見解を、消防機関の方で書面化して証拠資料とした場合、有効ですか。

332

「証拠収集等」のモヤモヤ

A 書面化したものが質問調書の形式を踏んでいれば（建築部局の見解を述べた者の署名・押印、録取者の署名・押印があれば）問題なく有効です。しかし、単に建築部局の見解を文書化したものであれば、これはいわゆる伝聞証拠であり、原則として証拠能力がないというのが証拠法上の大原則です。よって、避ける方がよいでしょう。建築部局に書面として作成してもらうか、少なくとも消防機関作成の書面に建築部局担当者に署名・押印してもらう等して、建築部局作成の書面とすることが必要です。

項目別！予防のモヤモヤを解決!!

「違反処理」のモヤモヤ

1 実況見分、質問の拒否

実況見分や質問を拒否した場合は、どう対応したらよいでしょうか。

質問を拒否しても罰則の適用はなく、拒否は自由です。また、強制できる根拠もありませんから、拒否されれば強制はできません。

　しかし、立入検査自体を拒否していなければ、実況見分は、消防機関が一方的に違反状態や物の存在を現認し、調査することですから、原則として相手方の拒否の対象となりません。したがって、実力で妨害するような例外的な場合を除き、実況見分は可能ですし、そのまま進めてよいでしょう。ただし、違反状態が現存する特定の部所や部屋への入室を拒否するような場合は、立入検査自体の拒否となりますので、当該箇所への立入りを強制することはできません。なお、写真撮影については、消防組織法第1条に基づく合法的行為ですが、検査行為自体とは異なりますので、拒否されたら控えるのが相当です。

2 違反を認めている場合の処理

立入検査外で関係者が違反事実を認めている場合、違反処理は可能ですか。

「違反処理」のモヤモヤ

> **A** 関係者が名宛人である場合、まず、その旨の質問調書を作成すべきでしょう。その作成は、立入検査外でも可能です。例えば、関係者を消防署に呼んで、同所で作成することもできます。ただし、質問調書が作成できたとしても、違反の事実は消防機関が自らの手で確認する必要がありますので、違反調査報告書や立入検査結果報告書等に加え、実況見分調書で違反の事実を確認することが原則として必要となります。したがって、立入検査外と否とを問わず、質問調書や本人の自認のみでは、違反処理としては十分ではありません。

③ 防火管理義務のない建物への対応

> **Q** 防火管理義務のない対象物には、どのように違反処理をすべきでしょうか。

> **A** 消防法では、その構造や規模、あるいは用途に応じた様々な規制を加えていますが、一定の収容人数に満たない防火対象物では、防火管理義務がありません。この義務がないのは、当該防火対象物に出入りし、勤務し、又は居住する者の数（収容人員）が10人未満、30人未満、あるいは50人未満といった比較的少人数の防火対象物に限られています（令第1条の2第3項第1号の反対解釈）。

しかし、これら防火管理義務のない対象物は、人的面における規制の問題であり、物的面、つまり構造・規模・用途に対する規制（法第17条）は当然受けます。例えば、防火管理義務のない収容人員が30人未満のホテル等でも、床面積が150㎡以上で各階が無窓階といった形態のものは、屋内消火栓設備が必要となりますし、自動火災報知設備に至っては、無窓階でなくても必要です。

このように防火管理義務のない建物でも、その用途や構造、規模により、所定の消防用設備等の設置が義務付けられていますから、違反処理の方針

ややり方に大きな違いがある、というものではありません。そもそも収容人員が少ないからといって、火災の危険も低下する、あるいは火災予防の必要性が低い、というものでもありません。むしろ逆に、国民の側に防火管理義務がない分だけ、消防機関側の火災予防の責務が増大している、ということもできます。したがって、防火管理義務の有無にかかわらず、同じようなスタンスで是正指導に当たるべきでしょう。

❹ 使用していない工場への是正対応

 工場として使用されていない工場に対しても、未設置の消防用設備等の設置は必要ですか。

消防法は、防火対象物の用途や構造、規模等に着目して、必要な消防用設備等の設置を義務付けています。しかし、これら消防用設備等は、現に人の用に供すること、あるいは供していることを設置要件とはしていません。しかし、設置が義務付けられている防火対象物のうち、工場のようにその用途が要素となっている場合に、工場として全く使用されていないということになると、そもそも用途としての工場とはいえないのではないか、との疑問が生じます。そうであれば、工場であるが故の消防用設備等の必要性に疑問符がつく、ということにもなります。この場合は、長期にわたって稼働していないとか、工場内の機械類が撤去され、わずかな工具類しか残置されていない等の状況によっては、違反是正を一時留保する、ということになるでしょう。ただ、これは違反是正を一時留保するということであって、是正自体を行わないということではありません。

　建物が工場としての外形をとどめている、あるいは今までは工場として稼働してきたという事実、更には登記簿上、工場としての表示に何の変更もないというような場合には、将来、工場として稼働することは大いにあ

りえます。仮に経営者が廃業したと述べていたとしても、いつ何時、居抜きで工場として第三者に譲渡したり、この第三者が工場として再稼働するとも限りません。あくまでも現時点で一時留保する、ということで対応することになります。

⑤ 協力に消極的な建築部局への対応

Q 建築部局が業務多忙を理由に、意見を求めても指導方針を示さず、協力に積極的でない場合、消防機関のみで是正を進めても問題ありませんか。

A 建築基準法令の運用や違反の是正等についての方針は、建築部局の専権事項であり、消防機関がこれを踏まえて何か対応する、ということではありません。消防機関の立場から、火災予防の危険があれば、粛々と是正に取り組むべきでしょう。

　しかし、違反是正を進めるうえで、建築部局の意見が必要な場合が出てきます。例えば、屋内消火栓設備の設置基準に関する倍読み規定（令第11条第2項）の関係で、耐火構造か準耐火か、あるいは難燃材料を用いているか等です。また、法第5条や第5条の2で、個別的具体的火災の危険を判断する際の基準法上の防火、避難設備を備えているか否か等です。

　そこで、建築部局では構造に関する資料を保有していますので、文書で消防機関側で意見を求めるべき事項を特定し、その用紙を使って直ちに回答できるようにするなど、相手方が多忙でも回答しやすい工夫が必要かもしれません。消防機関からの正式な文書照会であれば、建築部局も無視はできないはずです。

項目別! 予防のモヤモヤを解決!!

⑥ 建築基準法違反が併存する場合の消防対応

Q 消防法と建築基準法の両方に違反している場合、消防法違反だけが是正され、建築基準法違反は継続している、という場合、消防機関としての対応はどうしたらよいでしょうか。

A 消防法令違反が是正されても、防火、避難に関する建築基準法令に違反している場合、例えば、耐火構造とすべきところ木造のままであったり、防火区画が形成されていなかったり、階段も1か所しかなく、狭くて避難に支障がある、あるいは居室には採光・換気の不備があったり、内部壁が準耐火構造でできていない、非常用照明装置もない等といった建築基準法違反がある場合は、その用途、例えば福祉施設等によっては、法第5条の定める火災の個別的具体的危険が認められる場合があります。これはもはや建築基準法違反だけの問題ではなく、消防法違反のケースとなります。

　したがって、その違反の内容、程度及び防火対象物の用途、構造、規模等に照らし、法第5条や、場合によっては法第5条の2の適用要件について十分吟味する必要があります。なお、一般に個別的具体的危険までは認められなくても、前記のような不備となる事項について具体的に指摘し、改善を促すことは、消防組織法第1条の規制的行政指導（P.119参照）と解されますので、立入検査などで指導することは可能です。

「その他」のモヤモヤ

① 名宛人と連絡がつかない場合の対応

Q 自動火災報知設備が未設置の建物所有者と連絡が取れない場合、警告・命令は可能ですか。また所有者が行方不明の場合の対応はどうしたらよいですか。

A これは要するに、警告書や命令書を直接本人に交付できない、ということでしょう。交付がない限り、警告等の効力は生じません。本件で、所有者がその住居に居住している形跡があるのに消防機関からの連絡にあえて出ない、というケースであれば、所有者宅に居住している可能性は十分あります。その場合であれば、警告書や命令書を配達証明、内容証明郵便で送付することになります。もし所有者がこれを受領せず、あるいは不在を理由とする留置期間満了で戻ってきた場合、所有者が当該郵便物をもって消防機関からの警告・命令であることを推知しうるものであれば、留置期間終了時点で、所有者に到達（交付）したものと認められます（最判 H 10.6.11 民集 52・4・1034）。

なお、実務的には前記郵便による送付と併せ、念のため現地に出向いて住宅地図等で受命者の居宅を確認し、その郵便受けに警告書等を投函しておいてください。この場合は、自宅に投函したことの証明を残しておくことが肝要です。この証拠としては、自宅投函の旨の内部稟議書の作成、当日現地で投函したことの顛末書（誰が、いつ、何を、どこで、どのようにしたかを写真付きで記録したもの）等があります。この投函により、警告書は所有者に到達（交付）したことになります。なお、所有者が行方不明で、その住居に居住している形跡がなく、連絡が取れないケースの場合は、その住所や居所が不明であることを立証したうえで、民法第98条の公示

項目別！予防のモヤモヤを解決!!

の方法により、警告書や命令書を送付します。この場合は、前記郵便や投函の方法によっては到達とはみなされないので、留意してください。

② 配達証明と内容証明の取扱い

 配達証明と内容証明の使い分けをどうしたらよいですか。また、その利用の有無で法的な違いはありますか。

配達証明は、日本郵便株式会社が郵便物を配達し、又は交付した事実を証明し、内容証明は、郵便物である文書の内容を証明する特殊取扱い郵便物です（郵便法第47条、第48条）。

消防法では、命令は、消防法上の義務履行を求める意思表示ですから、どういった内容の義務履行を求めるのかについて、法的に立証できなければなりません。また、履行期限があれば、その経過によって犯罪が成立しますので、履行期限がいつ経過したかの立証も必要です。

したがって、そうした意思内容が立証可能なものとして内容証明が相当であり、またその意思表示が確実に相手方に到達したことを立証するための配達証明も必要です。警告も命令の前段階の措置として命令に準じます。この意味で、内容証明や配達証明は、法的に強い証明力を有していることになります。それ以外の通知文書等は、必ずしも内容証明にしなくても普通郵便でも差し支えありません。しかし、公文書としての性格がありますので、単なる連絡文書等の場合は別としても、重要な文書である立入検査の事前通知書や、立入検査結果通知書、改善指導書等は、相手方に確実に到達したことが必要ですので、配達証明にすることが望まれます。なお、普通郵便に付したときは、当該文書（の写し）を添付して郵送した旨の記録文書を作成し、内部の供覧に付して公文書化しておくことが肝要です。当該記録文書は、全体として公務員が作成した文書として証明力が高くなります。

340

「その他」のモヤモヤ

③ 令第35条をめぐる告示と訓令

Q 令第35条第1項第3号では「消防長又は消防署長が火災予防上必要があると認めて指定するもの」について設置検査を受けなければならないと定めていますが、この消防長等の指定基準を告示として周知すべきか、それとも訓令として周知しなくてもよいとみるべきでしょうか。

A 告示とは、行政機関が決定事項を公に知らせる形式をいい、訓令とは、上部行政機関が下級行政機関又は職員の権限行使について指揮監督のために発せられる形式をいいます。通達はこの訓令の一種です。したがって、告示は一般に周知されるものですが、訓令は行政内部の伝達手段ですので、一般に周知されません。

本件の令第35条第1項第3号は、延べ面積が300㎡以上の非特定の防火対象物のうち、火災予防上必要があるとして消防長等が指定したものは、消防用設備等の設置検査を受けなければならない、というものですが、この消防長等の指定は、防火対象物の用途、規模、構造、都市計画法上の地域指定（住居地域だとか商業地域、工業地域など）等を考慮して、一般的な基準の形式で指定するのが適当といわれています。

したがって、告示の形式で一般に周知し、公報に掲載するのが適切でしょう。ただし、訓令として一般に周知しなかったからといって、訓令自体が無効というわけではありません。

341

項目別！予防のモヤモヤを解決!!

④ 異なる字体の使用基準

Q 戸籍簿と登記簿で氏名の字体に相違がある場合、いずれを基準に是正措置を行うべきですか。

A 氏名を表す文字の字体（同一の漢字についての正字、俗字、新字、旧字等のそれぞれの形をいいます。）が異なっている場合、例えばサイトウのサイについて、戸籍簿では旧字の「齋」が使用され、登記簿では新字の「斎」が使用されている場合、どちらの字体を用いるべきか、という質問です。

字体そのものではなく、使用文字に関しては、戸籍法では略字や符号の使用が禁止され、字画（漢字を構成する点や線）を明らかにすることが求められています（戸籍法施行規則第31条）。また、登記の関係では字画のみ明確にすることが必要とされています（不動産登記規則第45条第1項、商業登記規則第48条第1項）。しかし、いずれにも字体に関する規定はなく、消防法も同様です。したがって、いずれの字体でも適法というべきでしょう。

本来、氏名は特定の個人を表す符号のようなものですから、特定の個人を表すものであれば字体を問わないはずです。したがって、例えば戸籍簿では旧字が、また登記簿では新字が使用されていたとしても、同一人を表示することに変わりはありません。

⑤ 市が町から事務を受託した場合の消防事務の継続

Q 当市は、近年、隣接する町から消防事務を受託しました。既に行われた町の消防事務（今回の場合は違反建物への違反措置）は当市にどのような影響を及ぼしますか。

342

「その他」のモヤモヤ

A この消防事務の受託は、地方自治法による町から市への事務委託と考えられます。事務委託は、町長が管理執行する事務の一部を市長に委託して管理執行をさせるもので（同法第252条の14）、その効果は、委託の範囲内において市長がその権限と責任を有することになります。その反面、町長は自ら法令上の義務履行を免れ、その管理執行権限を失います（同法第148条、第252条の16）。この結果、町の消防事務は市長の責任と権限において、町の区域についても行われることになります。

しかし、既に町で行われた消防事務自体及びその効果が、遡って消滅するものではないので、町で実施済みの消防事務をそのまま市に引き継いだうえで、あるいは、これを踏まえたうえで是正措置を行うことになります。

⑥ 工事着手届出による措置留保中の火災責任

Q 屋内消火栓設備の設置命令を交付しようとしたところ、その工事着手届出がありました。改善の見込みがあるとして交付を留保中に火災が発生した場合、消防機関はその責任を負いますか。

A この責任は、命令を留保したこと自体が違法かという点と、命令を留保したことと、必要な設備の設置が遅れたことにより早期の消火・避難ができず損害が発生したことの間に、相当因果関係があるか、という2点に整理できます。

まず、違法性の点でいえば、屋内消火栓設備の工事着手届出は、消防法上の義務の履行であって、かつ、届出は甲種消防設備士によるものですから（法第17条の14）、その後の工事の進行及び完成が強く想定されると考えてよいでしょう。また、命令書を交付した後に工事着手の届出がなされれば、同じように工事が進行することが予想されます。そうすると、命令を留保してもしなくても、工事が進捗し消防法上の義務不履行が解消さ

343

れる見込みがあることに変わりはないので、その留保が特に不適切であるとまではいえません。よって、違法性はないと考えられます。

次に、命令の留保と、損害の発生との間の因果関係についてですが、火災による損害は、火災の原因となる相手方の何らかの作為、又は不作為が直接の原因であり、設備の設置を遅らせた留保自体が原因だとはいえないでしょう。したがって、仮に留保が不適切であったとしても、留保と損害との間には相当因果関係はなく、法的な責任は生じないものと思われます。

⑦ 違反店舗の利用回避を促す署内メールの当否

Q 消防署内のメールで、違反している飲食店の利用を控える旨を広報した場合、当該飲食店に対する営業妨害とはなりませんか。

A 結論からいえば、営業妨害にはなりません。もし消防職員が当該店舗を利用した場合、店舗経営者に対し、消防職員が利用する以上、消防機関が違反状態を許容しているのではないか、あるいは火災の危険も少なく、違反是正の必要性がないのではないかとの誤解を与えるおそれがあります。また、店舗を利用する市民に対しても、この店舗は火災については心配ないとの誤解を与えることになりかねません。したがって、本件メールはこうした誤解を避けるためのものとして相当といえます。また、本件メールは、署外の第三者に広く知らしめるものではなく、署内のみの広報であり、いわば内輪の情報にとどまっている点でも相当といえるでしょう。したがって、その目的・手段の両面で問題はなく、営業妨害としての違法性は認められず、不法行為は成立しません。

「その他」のモヤモヤ

⑧ 消防同意の瑕疵と国家賠償

Q 令第32条の特例承認が誤っているのに、この承認を前提にして消防同意を与えた場合の賠償責任は生じますか。また、今後の違反処理の進め方はどうしたらよいですか。

A まず、令第32条の特例承認を誤った点の責任ですが、これは要するに、誤ったことが原因で技術基準に従って是正措置を行わなかったという不作為の問題になります。これについては、その不作為が同条の目的趣旨に照らし、著しく不合理かどうかにかかわりますので、一概にはいえず、具体的事案を踏まえて判断することになります。

次に、消防同意については、誤った特例承認を前提とする以上、消防同意に瑕疵がある、ということでしょう。そこで、この場合の国家賠償責任についてですが、消防同意は建築主事又は建築副主事や特定行政庁に対する行政機関相互の行為であり、これによって国民に直接権利義務を形成し、その範囲を確定する行為（行政処分）ではありません。また、誤ってした消防同意は、建築主事等を拘束せず、建築物の確認ができると解されますので、消防同意を独立して違法を論ずる意味が薄弱です（新潟地判S63.4.28判時1291・117）。よって、賠償の対象となる違法行為とみることは困難と思われます。

今後の違反処理の進め方ですが、消防同意と違反是正とは、直接の関連性はなく、同意したから是正ができないというものではもちろんありません。令第32条の適合性を欠く、ということであれば、正面から法第17条違反による是正を行うべきでしょう。前記令第32条の規定はその適用に特段に処分行為を伴うものではありませんので、処分取消、撤回等の行為を要するものでもありません。

345

著者紹介　國重　愼二（くにしげ　しんじ）

　昭和54年弁護士登録（第一東京弁護士会）、同会監事、同会司法研究委員会マンション研究部会会長、川崎市法規担当専門委員、同市災害時医療救護計画検討委員会委員、同市政府調達苦情検討委員会委員長、同市土地利用審査会会長、同市入札監視委員会委員長、同市建築紛争調停委員会会長、同市作業報酬審議会委員長、同市法律顧問、文部科学省原子力損害賠償紛争審査会特別委員、日本消防設備安全センター「弁護士相談事業に係る質疑応答集」編集委員、関東支部違反是正事例研究会助言者、東京消防庁上級予防技術研修講師、消防庁「違反是正推進に係る弁護士相談事業」担当、同庁「平成29年度違反是正の推進に係る実務研修」講師、同庁畜舎に関する検討部会委員、同庁「立入検査標準マニュアル、違反処理標準マニュアル改正のための基礎資料」の作成を担当

　現在は消防大学校講師を務める。

　主な著書（いずれも共著）として、『Q&A　マンション管理紛争解決の手引』（新日本法規出版）、『収用関係法律税務質疑応答集（加除式全2巻）』（第一法規出版）、『土地家屋の法律知識』、『内容証明の書式全集』、『マンション管理・紛争解決マニュアル』（以上、自由国民社）などがある。

2訂版
事例ごとにモヤモヤを解決！　査察お悩み相談室

令和3年4月10日　初　版　発　行
令和6年12月20日　2 訂 版 発 行

著　者　國　重　愼　二
発行者　星　沢　卓　也
発行所　東京法令出版株式会社

112-0002	東京都文京区小石川5丁目17番3号	03(5803)3304
534-0024	大阪市都島区東野田町1丁目17番12号	06(6355)5226
062-0902	札幌市豊平区豊平2条5丁目1番27号	011(822)8811
980-0012	仙台市青葉区錦町1丁目1番10号	022(216)5871
460-0003	名古屋市中区錦1丁目6番34号	052(218)5552
730-0005	広島市中区西白島町11番9号	082(212)0888
810-0011	福岡市中央区高砂2丁目13番22号	092(533)1588
380-8688	長野市南千歳町1005番地	

〔営業〕TEL 026(224)5411　FAX 026(224)5419
〔編集〕TEL 026(224)5412　FAX 026(224)5439
https://www.tokyo-horei.co.jp/

Ⓒ KUNISHIGE Shinji　Printed in Japan, 2021
　本書の全部又は一部の複写、複製及び磁気又は光記録媒体への入力等は、著作権法上での例外を除き禁じられています。これらの許諾については、当社までご照会ください。
　落丁本・乱丁本はお取替えいたします。

ISBN978-4-8090-2565-5